Sławomir Mrożek · Gesammelte Werke

Stücke
1971–1975

Sławomir Mrożek

Emigranten

und andere Stücke

Aus dem Polnischen von Christa Vogel

Diogenes

Originaltitel:
›Emigranci‹, ›Rzéznia‹, ›Garbus‹, ›Dom na granice‹
Umschlagillustration:
René Magritte, ›La folie Almayer‹, 1951

30/97/24/1
ISBN 3 257 06153 6

Inhalt

Emigranten

Schauspiel
in einem Akt

Personen

XX

AA

Bühnenbild

Graue, schmutzige Wände mit Wasserflecken. Eine niedrige Decke. Von der Decke herab hängt eine nackte Birne. Sehr helles, streuendes Licht. Rechts hinten eine Tür.

(Rechts und links vom Zuschauer.) Keine Fenster. Längs der rechten und der linken Wand – ziemlich weit vorn – je ein Eisenbett. Über dem an der linken Wand hängen ein Mantel und ein hölzerner Kleiderbügel an einem Nagel. An der Rückwand, nach links hin, ein altmodischer Ausguß. Er sieht aus wie ein Kübel, der an ein Ausflußrohr montiert ist. Den Ausguß bedeckt eine gelbliche, stellenweise abgeplatzte Emailschicht, das Rohr ist verrostet. Über dem Ausguß ein Wasserhahn aus Messing. Über dem Hahn ein primitives Brett, auf dem Brett zwei Rasiergeräte, eines ziemlich schäbig, das andere von etwas besserer Qualität. Über dem Brett an einem Nagel ein großer, billiger Spiegel, neben dem Ausguß, ebenfalls an Nägeln, zwei Handtücher.

Rechts hinten ein verschlissener Wandschirm. An der Rückwand, von der Decke bis zum Boden, Rohre von verschiedenster Stärke, Kabel, Leitungen etc., je nach Phantasie des Bühnenbildners angeordnet. In der Mitte der Bühne steht direkt unter der Birne ein Tisch. Zeitungen dienen als Tischdecke. Auf dem Tisch zwei schmutzige Teller, zwei Löffel, zwei Plastikbecher, zwei offene Konserven-

dosen, eine leere Bierflasche, eine Schachtel mit Teebeuteln, Zigarettenstummel. Zwei Stühle – einer links, einer rechts vom Tisch. Auf dem Stuhl links liegen graue Hosen, auf der Stuhllehne hängt eine Tweedjacke und ein seidenes Halstuch. Unter dem Stuhl ein Paar Schuhe.

Auf dem linken Bett liegt ein unrasierter Mann im Morgenrock und in Socken, mit den Füßen zum Zuschauerraum. Er ist schlank, zwischen dreißig und vierzig, hat dünne, schüttere Haare und trägt eine Brille mit dunkler Fassung. Er liest ein Buch. Auf dem Bett an der rechten Wand sitzt auf einer billigen Decke der Hund Pluto, ein ziemlich großes, grellfarbiges Stoffhundmaskottchen.

Auf dem Stuhl rechts neben dem Tisch sitzt ein Mann in einem schwarzen, unmodernen Anzug aus grobem Stoff, wie ihn die Bauern am Sonntag tragen, weißem Hemd und mit schreiend bunter Krawatte. Sehr spitze und sorgfältig blankgeputzte Schuhe. Der Mann ist kräftig, untersetzt, hat riesige Pranken und ein volles, glattrasiertes Gesicht, dichtes Haar. Sein linkes Profil ist dem Zuschauerraum zugekehrt, er betrachtet seinen Partner auf dem Bett. Auch er ist zwischen dreißig und vierzig.

Einen Augenblick lang liegt AA *und liest,* XX *sitzt da und sieht vor sich hin.*

XX Na, was is'n? AA *reagiert nicht. – Pause.* XX *wiederholt lauter* Na, was is'n?

AA *ohne seine Lektüre zu unterbrechen* Es heißt: Was ist nun?

XX *knetet sich die Waden.* Haste 'ne Zigarette?

AA *greift, ohne seine Lektüre zu unterbrechen, unter das Kopfkissen und zieht eine Schachtel Zigaretten hervor. Er hält sie* XX *hin. Der steht auf, schlurft zum Bett und nimmt sich eine Zigarette aus der Schachtel.* AA *liest immer noch.* XX *läßt die Zigarette heimlich in der Hosentasche verschwinden und nimmt sich eine zweite. Er zögert einen Augenblick, dann wiederholt er diese Operation. Er steckt also auch die zweite Zigarette in die Tasche, nimmt sich eine dritte und steckt sie sich in den Mund.*

XX Danke, hab schon. AA, *tief in die Lektüre versunken, zieht jedoch seinen ausgestreckten Arm noch nicht zurück. Pause.* Gut, dann nehm ich noch eine. *Er greift nach der Schachtel.*

AA Gib her. Rück sie wieder raus!

XX *nimmt gehorsam eine Zigarette aus der Hosentasche und steckt sie wieder in die Schachtel. Er dreht sich um und will weggehen.* AA *liest mit ausgestrecktem Arm weiter.*

AA Gib her!

XX Hab doch schon.

AA Du hast drei genommen.

XX *zieht die zweite Zigarette aus der Hosentasche und legt sie in die Schachtel zurück.* AA *steckt die Schachtel unter das Kopfkissen, ohne seine Lektüre zu unterbrechen.* XX *geht in die Mitte des Zimmers und zieht eine Streichholzschachtel aus der rechten Hosentasche. Er nimmt ein Streichholz aus der Schachtel und will es gerade anzünden – da hält er ein und linst verstohlen zu* AA *hinüber. Als er sieht, daß der immer noch liest, steckt er das Streichholz wieder in die Schachtel und die Schachtel wieder in seine rechte Hosentasche, geht zum Stuhl, an dem die Jacke hängt, befühlt die Taschen und findet eine Streichholzschachtel. Er zündet sich die Zigarette an, steckt die Streichholzschachtel in seine linke Hosentasche und setzt sich wieder auf seinen Stuhl, in der gleichen Haltung wie vorher. Er zieht genüßlich den Rauch ein. Er knetet sich die Waden, macht den Kragen auf, lockert den Schlips, zieht sich die Schuhe aus. In den Socken hat er riesige Löcher. Er pustet unsichtbaren Staub von den blankpolierten Schuhen und stellt sie dann sorgfältig neben den Stuhl. Erleichtert streckt er die Füße aus und bewegt die Zehen. – Pause.*

XX Ich war auf'm Bahnhof.
AA *ohne seine Lektüre zu unterbrechen* Na und?
XX Nichts. Viel Betrieb. *Pause.* Hab 'n Bier getrunken.
AA *ungläubig* Du?
XX *bestimmt* Klar. *Pause.* Zwei Bier *Pause.* Am Buffet.
AA Ah!…
XX Da sind Telefonzellen.
AA Na und?
XX Nichts. Die Leute telefonieren.
AA Aha.
XX Ich nich. Ich sag mir: wozu. Ich hab daneben gestanden…
AA In Ordnung. *Pause.*
XX Und Zeitungskioske.
AA Oh!

XX Mit Zeitungen und Kugelschreibern.

AA Na und?

XX Nichts. Die Leute kaufen Zeitungen.

AA Aha.

XX Und lesen sie. Ich nich. Ich sag mir: wozu.

AA Richtig.

XX Ich hab daneben gestanden. *Pause.* Und Schalter. *Pause.* AA *reagiert nicht.* Ich sage: Schalter.

AA Was?

XX Fahrkartenschalter.

AA Fahrkarten?

XX Die Leute kaufen Fahrkarten am Schalter. AA *pfeift bewundernd.* Ich nich. Ich hab daneben gestanden.

AA Recht hast du.

XX Und dann sag ich mir: Ich geh mal auf'n Bahnsteig.

AA Wozu?

XX Is umsonst. Bei uns zu Haus muß man 'ne Bahnsteigkarte kaufen – die hier lassen einen umsonst. Schön blöd.

AA *abwesend* Wer?

XX Die hier. Ich also auf'n Bahnsteig.

AA Aha. Na und?

XX Nichts. Schienen und Zug.

AA Was für ein Zug?

XX Na eben Zug. Vom Wind. Ich sag mir: Geh ich wieder. Und gerade will ich zurück, da geht der Lautsprecher. Ich sag mir: Bleib ich noch. Also – ich bleibe. Wieder Zug – und Schienen… Ich sag mir: Na dann geh ich. Und gerade will ich gehen, da seh ich: Er kommt.

AA Der Zug.

XX Woher weißte? *Pause.* Stimmt. 'n Zug. Elektrisch. Fährt ganz leise. Weil er elektrisch is. Bei uns fahren sie mit Dampf. Hier nur elektrisch. Tut denen das nich leid, die viele Elektrizität?

AA Nein.

XX Ein Zug vom Ausland. Nur Schlafwagen, mit lauter Schildern, 'n schöner Zug. Aber ich – ich laß mir nich imponieren. Zünd mir nur 'ne Zigarette an.

AA Deine eigene?

XX Ich hatte welche. Ein erstklassiger Zug. Aber ich steh ganz ruhig und sag mir: Bei Fuß, mein Hundchen! Kein Stück weiter, hier is Endstation. Bei Fuß! Hierher! Und er fährt und fährt, bis …

AA … bis er hält.

XX Woher weißte? *Pause.* Also er hält. Und nu steht er. Ich sag mir: siehste? Hab ich dir nich gesagt, daß du nich weiter fährst?

AA *blättert eine Seite um.* Und was antwortet er?

XX Nichts, er steht.

AA Ist das alles?

XX Eisenbahner mit Karren. Auf den Karren Bettzeug und Decken. Erstklassige Decken, hundert Prozent Wolle. Hab eine angefaßt. So viel Decken, und alle hundert Prozent Wolle. Aber ich – ich laß mir nich imponieren. Ich steh da, ich rauche, die Leute steigen aus. Da war ein Japaner im Mantel, bestimmt keiner von hier.

AA Nein.

XX Hab ich mir gleich gedacht. Aber was geht mich das an, ich laß mir nich imponieren, ich steh da und rauche. Das darf ich ja, oder?

AA Darfst du.

XX Mein gutes Recht. Ich sag mir: Wenn ich ausgeraucht hab, geh ich. Jetzt müssen doch alle raus sein. Ich will gerade meine Zigarette ausmachen, da taucht im Fenster vor mir 'ne Dame auf und ruft: »Gepäckträger!«

AA Du hast verstanden, was sie gesagt hat?

XX Ich nich, aber der Gepäckträger. Der kam gleich angerannt. Jesus Maria, Haare hatte die! Bis dahin... bestimmt 'ne Schauspielerin. Ich sag mir: Wartest noch, bis die aussteigt. Ich verbrenn mir die Finger, weil der Tabak an der frischen Luft so schnell runterbrennt, und die war keine Filter... Aber ich laß mir nich imponieren, schieb sie von einer Hand in die andere und ärger mich, daß ich keine Spitze dabei hab. Ich sag mir: Mal muß sie ja aussteigen.

AA Na und?

XX *triumphierend* Sie is ausgestiegen.

AA Das hast du hingekriegt. *Eine immer länger werdende Pause.* Ist das alles?

XX Nein. *Kichert.*

AA Weshalb lachst du?

XX *kichert weiter.*

AA Was ist daran so lächerlich?

XX Weil ich sie...

AA *blickt zum ersten Mal von seinem Buch auf und sieht XX an* Was?

XX Na so... *kichert.*

AA Hör auf zu lachen.

XX Ganz ernsthaft... ich hab sie...

AA Wo?

XX In der Toilette. Erster Klasse.

AA Aber da muß man doch zahlen.

XX Na und?! Sie hat für uns beide gezahlt. *AA klappt das Buch zu.* Sie wollte noch mal, aber ich nich.

AA *nimmt seine Brille ab und steckt sie in die Tasche seines Morgenrocks. Er dreht sich auf die Seite, stützt sich auf die Ellenbogen und sieht XX an.* So? Und was weiter?

XX Nichts.

AA Wieso nichts?

XX Ich sag dir doch, ich wollte nich noch mal. Sie wollte noch mal, aber ich nich.

AA Gut, aber was war danach?

XX Danach? Danach bin ich gegangen.

AA Und sie?

XX Sie is auch gegangen.

AA Und du hast dir nicht ihre Adresse geben lassen?

XX Nein. Sie wollte mir ihre Adresse geben, aber ich sag mir: wozu. Nachher verlier ich sie noch…

AA Aber sie wollte, daß du dir ihre Adresse aufschreibst?

XX Ja, wollte sie. *Pause.* Ein General hat sie abgeholt. Bestimmt ihr Mann. Mit 'ner Limousine.

AA Aha.

AA holt die Zigaretten hinter seinem Kopfkissen hervor, steckt sich eine in den Mund, sucht Streichhölzer in seiner Morgenrocktasche; steht auf und geht zum Stuhl, wo seine Jacke hängt, sucht in den Jackentaschen, findet keine.

XX Feuer?

AA geht zu ihm, XX zieht Streichhölzer aus seiner Jackettasche und zündet ihm die Zigarette an. AA wirft die Hosen auf das Bett, setzt sich auf den Stuhl. Er macht einen Zug.

AA Willst du wissen, wie es war?
XX Hab ich doch gerade erzählt.
AA Nein. Ich frage dich, ob du wissen willst, wie es wirklich war?
XX Wenn du's besser weißt...
AA Natürlich weiß ich es besser. Also, noch mal von Anfang an. Stimmt, du warst auf dem Bahnhof. Aber nicht gleich. Als du dich heute morgen wie jede Woche vor dem Spiegel rasiert und dich in diesen Anzug und in die spitzen Schuhe gezwängt hast, da hattest du überhaupt nicht die Absicht, dahin zu gehen... Manchmal frage ich mich, warum du diese Ballettschuhchen anziehst, obwohl sie dich zum Krüppel machen. Glaubst du denn, daß deine Haxen darin weniger elefantenhaft aussehen?
XX *beleidigt* Das sind sehr teure Schuhe.
AA Von mir aus. Wohin bist du also gegangen? Auf die Straße. Jeder hat das Recht, auf die Straße zu gehen. Aber die Blicke... Man sieht dir schon kilometerweit an, wer du bist. Du hast das Recht spazierenzugehen, und die andern haben das Recht, dich anzustarren. Und deine ausländische Fresse zu bestaunen. Denn du bist Fleisch und Blut unseres Volkes, der Stolz unserer Ideologen, obwohl du das vielleicht gar nicht weißt. Heiliges Protoplasma für unsere Patrioten, die allerheiligste Hostie in unserer Nationalmesse...

XX Du sollst nich lästern…

AA Das sind Metaphern. Aber du weißt ja nicht, was eine Metapher ist, du unschuldiges Opfer des Klerikalismus.

XX Is mir egal. Aber du sollst nich lästern. Das erlaub ich nich.

AA Kommen wir zu deinem Spaziergang zurück. Als du am Kino vorbeigehst, sagst du dir: Da könnte ich mal reinschauen.

XX Ich mag Kino.

AA Natürlich. Im Kino starrt dich niemand an, weil alle auf die Leinwand starren. Du auch. Irgendwas flimmert und flirrt auf der Leinwand. Du weißt zwar nicht was, weil du nicht verstehst, was sie sagen, aber das ist unwichtig. Das wichtigste ist, hier fühlst du dich in Sicherheit. Aber das Kino hat einen fundamentalen Nachteil: Es kostet Geld.

XX Ich geh nie ins Kino.

AA Eben. Aber noch ist nicht alles verloren. Es bleibt dir der Bahnhof.

XX Der Hauptbahnhof.

AA Natürlich der Hauptbahnhof. Wenn schon, denn schon. Ich habe keinen Augenblick lang angenommen, daß du dich mit irgendeinem Vorortbahnhof zufrieden gegeben hättest. Du schießt direkt auf den Hauptbahnhof los, auf den Hauptbahnhof aller Hauptbahnhöfe. Da hast du nur Vorteile! Erstens ist der Eintritt frei. Zweitens bist du da kein Fremder. Es gibt keine Fremden dort, weil der Bahnhof eben für Fremde da ist, und darum sind dort alle Einheimische, und die

Fremden sind sogar einheimischer als die Einheimischen. Da ist dein fremdländisches Aussehen ganz in Ordnung. Und außerdem ist es auf dem Bahnhof hell und warm... Es gibt Kioske mit Zeitungen, Telefonzellen, Fahrkartenschalter...

XX *verträumt...* ein Buffet...

AA Und ein Buffet. Also hast du am Zeitungskiosk herumgebummelt, an den Telefonzellen, am Fahrkartenschalter...

XX Ich hab 'n Bier getrunken...

AA Das bezweifle ich schon. Bier kostet Geld. Aber ich bezweifle nicht, daß du im Pissoir warst.

XX Und auf'm Bahnsteig?

AA Unterbrich mich nicht. Zu dem komme ich ja gerade.

XX Zuerst war ich auf'm Bahnsteig.

AA Das stimmt. Physisch warst du zuerst auf dem Bahnsteig und erst danach im Pissoir. Aber intellektuell hast du den Bahnsteig ex post verarbeitet, wobei das Pissoir eine wichtige, sozusagen eine befruchtende Rolle spielt, weil es dich inspirierte.

XX Willste mir vielleicht erzählen, es gab keinen Bahnsteig?

AA Aber natürlich, natürlich gab es einen Bahnsteig, ein Zug ist angekommen, du hast vor dem Schlafwagen gestanden, hast deine Zigarette geraucht, die Reisenden sind ausgestiegen, das ist alles in Ordnung. Es stimmt sogar, daß aus dem Schlafwagen eine besonders schöne und elegante Frau ausgestiegen ist.

XX Siehste!

AA Das hast du dir alles angesehen und dann bist du ins

Pissoir gegangen. Nein, nicht in eine Toilette, nicht in eine saubere Toilette mit Blumen auf dem Tisch, einer Klosettfrau, Weibern, blankgescheuerten Kacheln, wo es nach Deodorant riecht und wo man Geld für die Benutzung zahlt. Du bist in ein gewöhnliches Pissoir gegangen, wo der Eintritt frei ist für jedermann, wo die Zigarettenkippen in dem stinkenden, schaumigen Urin schwimmen und den Abfluß verstopfen, wo niemand sich traut, das Handtuch zu benutzen, das da seit Urzeiten hängt, weil es so dreckig ist. Wo es stinkt. Die Männer grabbeln andächtig und konzentriert in ihren Hosen, jeder in seiner, jeder für sich, jeder aber mit den andern in dieser ausgiebigen Promiskuität verbunden. Aber das schreckt dich nicht ab, ganz im Gegenteil. Ich übergehe deine Unempfindlichkeit, was Gerüche betrifft. Aber wo findest du einen zweiten Ort, an dem der Nachbar in genau der gleichen Lage ist wie du? Wo eine ähnliche Gleichheit herrscht? Nirgendwo. Es schadet nichts, daß es eine vulgäre Gleichheit ist, für dich ist das wichtigste, daß sie authentisch, deutlich und sogar übertrieben, karikaturhaft expressionistisch ist. Um so besser, denn bei deinen unterentwickelten Sensorien nimmst du nur wahr, was gigantische Ausmaße hat. Jede Differenzierung oder Nuance entgeht dir sowieso. Also warst du dort sehr lange. Aber leider konntest du nicht bis in alle Ewigkeit bleiben. Als du deine Sache erledigt und als du aufgehört hattest, so zu tun, als hättest du noch was zu erledigen, als du dich gekämmt hattest – merkwürdig, wie eng bei dir die Urologie mit der Kosmetik verbunden ist –, da tauchtest du wieder aus dem Untergrund auf. Und dann erst hat sich in deinem gekämmten Schädel – merkwürdig, wie bei dir die Kosmetik die Gehirnarbeit anregt ... ob das Kratzen des Kamms dabei eine Rolle spielt? –, dann erst hat sich dieser dumme, naive Schwindel über dein Liebesabenteuer mit der Dame aus dem Zug eingenistet.

XX Ich hab sie ...

AA Quatsch. Einfach horrender Quatsch. Du hast vor dem Schlafwagen gestanden und dir mit deiner armseligen Kippe die Finger versengt. Die Zigarette war deine einzige Sicherheit, sonst warst du nur Erwartung, Neid, Bewunderung, Erniedrigung ... Natürlich, du hast von ihr geträumt, und du hast in ihr noch mehr gesehen als nur eine Frau. Im übrigen habe ich den Verdacht, daß du gar nicht weißt, was das heißt: eine Frau. Deine Erotik geht über die Primärfunktion der Sexualität nicht hinaus. Du hast in ihr ein Symbol gesehen, die Welt, die dir so völlig, so absolut und so brutal verschlossen ist. Und da du in der Wirklichkeit diesen Abgrund nicht überwinden kannst, hast du ihn in deiner Phantasie übersprungen. Zugegeben, eine ungewöhnliche geistige Leistung für deine Verhältnisse, wobei dir das Pissoir wesentlich geholfen hat. Du hast das Geschehen auf dem Bahnsteig interpretiert, hast ihm im Pissoir ex post eine endgültige Form gegeben, unter Umständen, die deine Phantasie beflügeln.

XX Hör auf!

AA War's nicht so?

XX So nicht!

AA Mach dir nichts draus. Nächste Woche gehst du wieder zum Bahnhof.

XX *greift eine leere Bierflasche vom Tisch, schlägt den unteren Teil der Flasche am Tisch ab. In der Hand behält er den ausgezackten Flaschenhals. Beide stehen auf. Pause.*

AA Schon gut, geschenkt! Du hast sie gehabt, du hast sie gehabt. Sie hat sich dir hingegeben, sich dir zu Füßen geworfen, dir die Hände geküßt, die Füße, deine spitzen Schuhe, sie ist dir nachgekrochen, hat dich und deine Schuhe angebetet. Sie und der General und das Auto des Generals! Der General hat salutiert, und sie haben dir zu Ehren ein Feuerwerk abgebrannt, und hinterher haben sie dir ein Eis gekauft. Weil du so schön bist! Alle bewundern dich. Bist du jetzt zufrieden? Ist dir jetzt besser? Genügt dir das?

XX *setzt sich und legt die Bierflaschenscherbe auf den Tisch. Pause.*

AA Möchtest du Tee? *Versöhnlich, will einlenken* Ich kann dir ja einen Tee machen.
XX Immer mußte alles verderben.
AA Bist du beleidigt?
XX Was hast'n du gegen mich?
AA Du bist beleidigt, weil ich dir die Wahrheit gesagt habe.
XX Immer haste was gegen mich. Was hab ich dir getan?

AA Schicksal, mein Lieber. Ich will dir nur helfen, deine Situation zu begreifen. Allein kannst du es doch nicht...

XX Was für 'ne Situation? Ich bin zum Bahnhof gegangen...

AA Eben. Das erklärt ja schon deine Situation.

XX ... wollt mich amüsieren.

AA Bei uns ist das immer so: Die Tatsachen werden verbrämt, Träume und fromme Wünsche hält man für Wirklichkeit... Eine verfälschte Gegenwart wird eine kranke Zukunft gebären. Die Geschichte rächt sich...

XX Was für 'ne Geschichte...

AA Unsere, die Geschichte unseres Volkes.

XX Was für 'ne Geschichte? Die Geschichte kann mich mal... Ich war auf'm Bahnhof.

AA Das gerade ist ein Element der Geschichte. Ein kleines, aber unstreitiges Element. Du *warst* auf dem Bahnhof: Vergangenheitsform, also Geschichte. Die allgemeine Geschichte setzt sich aus der Geschichte einzelner Individuen zusammen. Es gibt keine Geschichte in abstracto, mein Lieber, das glauben nur Idealisten, die die Geschichte wie einen neuen Gott behandeln, als entité. Nein, ich bin kein Hegelianer. Alles hängt davon ab, wie wir deine kleine Geschichte auf dem Bahnhof interpretieren. Ob wir sie im Licht der Tatsachen sehen? Oder umgekehrt, die Tatsachen im Licht der Geschichte? Ich meine deine zusammengeschwindelte Geschichte, die du mir erzählt hast. Deine mythenschaffende Interpretation, deine interpretatorische Mythomanie...

Ein lautstarkes Getöse in einem der Rohre übertönt seine Worte. AA *winkt mit der Hand ab und setzt sich nachdenklich auf sein Bett.*

XX *streckt sich und gähnt.* Ich hab Hunger.
AA Dann iß was und laß mich in Ruhe.
XX Hab nichts zu essen.
AA Es sind doch Dosen da.
XX Meine sind alle.
AA Hast du wieder alles aufgefressen?
XX Hast du keine mehr?
AA Doch, aber ich geb sie dir nicht.
XX Warum nich?
AA Aus pädagogischen Gründen.
XX Aha. *Pause.* Was heißt das?
AA Das heißt, daß du dauernd meine Konserven frißt.
XX Is nich wahr. Meine auch.
AA Deine und meine. Wann wirst du endlich Ordnung, Disziplin und Loyalität lernen…
XX Mach ich. Aber erst möcht ich was essen.
AA Nichts kriegst du.
XX Nein?
AA Nein.
XX Dann eben nich. *Pause.* Haste was von Tee gesagt?
AA Mach ihn dir selber.

XX *steht auf, zieht sich das Jackett aus, hängt es über die Stuhllehne. Er klopft es sorgfältig ab und streicht es glatt. Er geht hinter den Wandschirm. Man hört, wie er da rumhantiert, Wasser aufstellt usw. Dann kommt er zurück und setzt sich wieder auf den Stuhl. Pause.*

XX Du, weshalb gibt's keine Fliegen hier?

AA *aus seinen Überlegungen gerissen* Was?

XX Weshalb gibt's keine Fliegen hier?

AA Wo?

XX Hier, im Zimmer.

AA *immer noch geistesabwesend* Weiß ich nicht.

XX Auf'm Flur auch nich. *Pause...* Und sonst auch nirgendwo... *Ganz aufgeregt über seine Entdeckung.* Du, haste hier irgendwo Fliegen gesehen?

AA Ich glaube nicht.

XX Ich sag dir, es gibt keine. Weder hier noch sonstwo. Sie haben hier keine Fliegen. Du, weshalb haben die hier keine Fliegen?

AA Weiß ich nicht. Vielleicht ausgerottet, aus Hygienegründen.

XX Zu Haus gibt's Fliegen. *Pause. – XX seufzt.* Schade.

AA Wozu brauchst du denn Fliegen?

XX Is gemütlicher. Man könnte sie fangen... Oder einfach zugucken... Die Zeit vergeht schneller. Zu Hause gab's Fliegen. Im Sommer. *Pause.* Fliegen und Fliegenfänger... Ich weiß noch, die wurden an die Lampe gehängt und mit so was wie Honig beschmiert, es war aber gar kein Honig. Und die Fliegen klebten an und summten. Wenn der Fliegenfänger lange da hing, war's wie richtige Musik. Manche summten tief, manche hoch, und wenn 'ne Wespe oder 'ne Bremse hängenblieb... Nein, Bremsen nich, die sind zu stark, die reißen sich los... Oder wir hatten so kleine schwarze Scheiben mit Gift. Die legte man auf'n Teller. Da mußte man aber aufpassen, daß die Kinder nich dran leckten. Ich erinner mich…

AA Ich erinnere mich, ich erinnere mich, ich erinnere mich! Und ich erinnere mich an gar nichts!

XX *ehrlich erstaunt* Wieso, du erinnerst dich nich?

AA *steht vom Bett auf und geht im Zimmer herum.* Nein, ich erinnere mich nicht, und ich will mich nicht erinnern! Dauernd höre ich nur dein »Erinnerst du dich an dies, erinnerst du dich an jenes…« Immer, dauernd, ewig, seit Jahren! Und jetzt die Fliegen, du mit deinen albernen Fliegen…

XX Aber 's gab Fliegen!

AA Hör auf!

XX Soll ich denn sagen, es gab keine, wenn's welche gab?

AA Es gab Fliegen, ja, es gab Fliegen, und was hast du davon? Muß ich mich bis an mein Lebensende an irgendwelche idiotischen Fliegen erinnern? Ich habe was Besseres zu tun.

XX Siehste! Jetzt sagste selber, daß es Fliegen gab.

AA O Jesus Maria! Hab ich denn behauptet, daß es keine gab? Nein, nein, langsam, ruhig, das ist doch idiotisch. Hör zu, es geht nicht darum, ob es Fliegen gab oder nicht. Es gab sie, es hat sie gegeben und es wird sie… nun nicht mehr geben. Das ist kein Grund, um dauernd darüber zu reden. Es gab sie mal, es gibt sie nicht mehr. Schluß, aus. Jetzt gibt es was anderes.

XX Was, zum Beispiel?

AA Wieso, was…

XX Ja eben, was… vielleicht sagste's mir…

AA Nun … alles … die Welt, ihre Probleme …

XX Was?

AA Ideen, Phänomene, Ereignisse …

XX *geringschätzig* Phhh! …

AA Gesellschaftliche, ökonomische und politische Entwicklungen, kulturelle Strömungen, dieses ganze herrliche Gewirr einer Zivilisation, die im Wandel begriffen ist, einer Menschheit, die am Kreuzweg steht. Universelle Probleme …

XX Aber keine Fliegen.

AA Gott sei Dank. Das ist sogar eine gute Metapher. Ein Symbol für die Probleme, mit denen wir uns zu Hause herumschlagen mußten: Fliegendreck. Kleine Lokalkonflikte, Konfliktchen … Kleine Chauvinismen, kleine Reformismen, kleine Portiönchen … Kleine Leute in einem kleinen Land. Hier kann man endlich seine Flügel ausbreiten.

XX Wie 'ne Fliege … Bzzzzz!

AA Und den großen Problemen die Stirn bieten, nur in großen Auseinandersetzungen entsteht Größe. Große Maße … alles im großen Maßstab. Nein, für mich gibt es keine Fliegen mehr, Gott sei Dank.

XX Aber für mich.

AA Wo denn? Hier?

XX *triumphierend* Nein, aber zu Hause. Erinnerste dich nich?

AA O Gott, nun geht das wieder von vorn los.

Hinter dem Wandschirm hört man den Kessel pfeifen.

XX Wasser kocht.

XX *steht auf, geht hinter den Wandschirm, kommt mit einem Aluminiumkessel zurück, gießt Wasser in seinen Plastikbecher. Er taucht einen Teebeutel in den Becher.*

AA Für mich hättest du auch einen machen können.
XX Gibste mir dann Zucker?
AA Ich hab doch schon den Tee gekauft.
XX Aber es is kein Zucker da.

AA *zieht unter seinem Bett einen Lederkoffer hervor, holt einen Schlüssel aus seiner Tasche, öffnet den Koffer mit dem Schlüssel, nimmt ein Paket Zucker heraus, schließt den Koffer mit dem Schlüssel, steckt den Schlüssel in seine Tasche und schiebt den Koffer unter das Bett. Er legt den Zucker auf den Tisch und setzt sich.*

XX *hält den Teekessel schräg über den Becher.* Nichts mehr drin.
AA Dann stell was auf.
XX *schlurft widerwillig zum Wasserhahn. Er dreht ihn auf, ohne jedes Resultat.* Auch nichts.
AA Ohne mich geht's wohl nicht? *Er geht zum Ausguß, dreht den Wasserhahn bis zum Anschlag auf.* Tatsächlich.
XX Da is kein Wasser, weil's nich fließt.
AA Es fließt nicht, weil kein Wasser da ist, du Idiot.
XX Is das meine Schuld?

Sie gehen zum Tisch zurück und setzen sich auf ihre Plätze. XX *kippt sich Zucker in den Tee.*

AA Willst du den Tee trinken? *XX nickt zustimmend mit dem Kopf* Allein? *XX nickt wieder* Und so was nennt sich Solidarität. Ich dachte, wenn dein Kumpel nicht trinkt… *XX nimmt sich noch mehr Zucker* Das wird zu süß.

XX Ich mag ihn süß. *Er probiert mit einem Löffel den Tee, nimmt noch mehr Zucker, rührt um.*

AA Er wird kalt.

XX Ich mag ihn nich heiß.

AA *holt ein Geldstück aus der Tasche* Wollen wir losen?

XX Um was?

AA Wer den Tee trinkt.

XX Wieso?

AA Weil nur ein Tee da ist, und wir sind zwei.

XX Aber es is mein Tee.

AA Aber ich habe ihn gekauft.

XX Und ich hab ihn gekocht.

AA Also haben wir den gleichen Anspruch. Das Los entscheidet. Kopf oder Zahl?

XX Kopf… *AA wirft das Geldstück hoch in die Luft.* …Zahl.

Das Geldstück fällt zu Boden und rollt unter das rechte Bett. Beide suchen es und schauen unter das Bett, gleichgültig, wohin das Geldstück in Wirklichkeit gerollt ist. Die Schauspieler spielen so, als sei es wirklich unter das Bett gefallen.

XX Hastes?

AA Zu dunkel… *Er streckt eine Hand unter das Bett.*

XX *stößt ihn weg* Laß mich mal.

AA Warte. *Er holt eine Konservendose unter dem Bett hervor.* Was ist das?

XX Das?... Zeig mal... 'ne Dose.

AA Deine? Du hast doch gerade gesagt, du hättest keine mehr. *XX reagiert nicht* Na, wenn sie niemandem gehört, nehme ich sie mir.

XX Nein! *Er entreißt ihm die Dose.*

AA Du solltest dich schämen, mich so zu betrügen. *Er setzt sich an den Tisch auf den rechten Stuhl. Er schiebt den Becher mit dem Tee zu sich.* Hattest du Angst, du müßtest sie teilen? Dein Geiz ist noch größer als deine Freßsucht. Als wenn ich auf deine Konserven angewiesen wäre. *XX versteckt die Dose wieder unter dem Bett.* Jetzt brauchst du sie doch nicht mehr zu verstecken, ich weiß es ja. Du kannst dich in Ruhe deiner Völlerei hingeben und deinen wilden, tierischen Appetit befriedigen. Nein, tierisch nicht, Tiere fressen nur so viel, wie sie brauchen. Aber du frißt auf Vorrat, maßlos, endlos. Du hast einen monströsen Appetit, der ist schon pathologisch.

XX Und du willst nichts?

AA Nein, ich bin nicht scharf auf deine Leckerbissen. *Er trinkt einen Schluck Tee und spuckt ihn sofort wieder aus.* Pfui Teufel, ist das süß.

XX Dann ess ich vielleicht 'n Happen.

AA Bravo! Der Geiz ist besiegt! Meine Methode hat Erfolg. Obwohl man bei soviel Geiz nicht weiß, ob deine Freßgier eine Tugend ist oder ein Laster. In diesem Kampf zwischen Schwäche und Laster ist der Sieger das kleinere Übel, also so etwas wie eine Qualität. Relativ, natürlich.

XX Ich ess jetzt.

AA Iß, iß, möge es dir wohl bekommen.

XX Wo is'n der Büchsenöffner... *Er sucht den Öffner.*

AA Erklär mir mal, warum du so viel ißt.

XX Haste nich irgendwo den Öffner gesehen?

AA Wir wollen mal versuchen, das zu ergründen. Hedonistische Motive kommen hier mit Sicherheit nicht in Frage. Was also dann?

XX Er is weg. *Er geht hinter den Wandschirm.*

AA Wahrscheinlich geht es um das Verschlingen an sich. Es ist anzunehmen, daß das Verschlingen von Nahrung einen symbolischen Charakter hat, es ist eine Ersatzhandlung. Wenn du Nahrung verschlingst, dann verschlingst du die Wirklichkeit, die dich umgibt. Du verschlingst die Welt...

XX *kommt hinter dem Wandschirm hervor. Er hat ein Beil in der Hand. Er setzt sich an die linke Tischseite,* AA *gegenüber, und versucht, die Dose mit dem Beil zu öffnen.*

AA Ja, das ist eine bestechende Hypothese. Eine Ersatzhandlung, oder besser ... eine magische Handlung. Natürlich. Daß ich darauf nicht früher gekommen bin. Eine magische Handlung, das heißt eine Handlung, in der sich auf willkürliche Art und Weise eine reale Identität zwischen den Elementen herstellt, die, wissenschaftlich gesehen, natürlich nicht identisch sind. Das Essen ersetzt dir nicht nur die gesamte übrige Realität, es ist vielmehr für dich die Realität an sich. Es würde sich lohnen, meine Beobachtungen mit den Untersuchungen der modernen Anthropologie zu vergleichen, die primitive Kulturen erforscht. Ich befürchte allerdings, daß die Ergebnisse dieser Vergleiche eine peinliche Parallele von rituellem Kannibalismus und…

XX *haut die Dose mit ganzer Kraft vor* AA *auf den Tisch.* Da, nimm!

AA Was hast du denn…

XX Na nimm, iß!

AA Warum?

XX Damit du nich soviel redest.

AA Du hast mich falsch verstanden. Außerdem habe ich dir von vornherein gesagt, daß ich nichts essen will… Ich ernähre mich mäßig und rational…

XX Wenn du nich willst, wozu redeste dann? *Er streckt die Hand nach der Dose aus.*

AA *nimmt die Dose in die Hand* Warte mal. Was ist denn das?

XX Hackfleisch, extra.

AA Wo hast du das gekauft?

XX Im Laden.

AA In was für einem Laden?

XX In 'nem ganz normalen. Gib her.

AA *setzt sich die Brille auf.* Das ist für Hunde.

XX Wieso für Hunde…

AA *liest die Aufschrift auf der Dose vor* »Non plus ultra.« Die Universalnahrung für Haustiere. Schmackhaft und gesund, zubereitet nach Rezepten, die das Ergebnis langjähriger Laborforschungen und bewährter Veterinärerfahrung sind. Eine hervorragend ausgeglichene Diät, die alle lebensnotwendigen Vitamine, Proteine und Mineralsalze enthält. Schädliche Nebenwirkungen durch Konservierungsstoffe sind ausgeschlossen. Ein Naturprodukt in Naturfarbe. Ein reichliches, aber ausgewogenes Mahl. Nahrhaft, aber ohne Nebenwirkungen wie Dickleibigkeit, Verdauungsstörungen oder Appetitlosigkeit. Das ideale Geschenk für Ihren Freund. Versuchen Sie »Non plus ultra« und Sie werden in seinen Augen den Ausdruck seiner treuen Liebe finden. Machen Sie ihm die Freude, und er wird Ihnen dankbar sein. »Non plus ultra« – Freude und Glück für Ihre vierbeinigen Freunde.

XX Na also.

AA Was »na also«?

XX Na also, sie schreiben doch, es ist gut.

AA Gut – für Hunde.

XX Die schreiben nichts von Hunden, sondern von Freunden.

AA »Vierbeinige Freunde« – das heißt Hunde. Eventuell Katzen.

XX Das gibt's nich.

AA Warum nicht?

XX Weil es Fleisch is. Fleisch soll für Hunde sein?

AA Ich sehe darin keinen Widerspruch. Hunde sind Fleischfresser par excellence.

XX Muß 'n Irrtum sein.

AA Aber hier steht ganz deutlich: »...Nahrung für Haustiere«... und hier, sieh her, bitte, Veterinärerfahrung... überzeugt dich das nicht?

XX Zeig mal. *Er nimmt die Dose in die Hand und dreht sie nach allen Seiten.* AA *setzt seine Brille ab und steckt sie in die Morgenrocktasche.* Glaub ich dir nicht.

AA Wer von uns kann denn Fremdsprachen: du oder ich?

XX Das sagste absichtlich, um mich zu ärgern.

AA Dann guck es dir doch an, da ist ja auch ein Bild. Ein fröhlicher Hund vor einer aufgehenden Sonne. Der Inbegriff von Wohlstand und Zufriedenheit.

XX Na und?

AA Wieso »na und«? Dieser Hund ist fröhlich, weil er gerade den Inhalt dieser Dose gefressen hat. Bildersprache verstehen sogar Analphabeten.

XX Bild is Bild. Es gibt viele Bilder. Bei uns zu Hause hatten wir auch 'n Bild mit'm Hirsch auf dem Brunftplatz bei Abendröte; der sah zufrieden aus. Na und? Sollte das vielleicht heißen, er hatte Gras gefressen?

AA Schon möglich.

XX Nein, 'n Bild allein bedeutet nichts. Das Bild is hier drauf, damit es hübsch aussieht, als Verzierung. Das is eben ein besonders feines Essen. Mit 'nem Bild...

AA Meinetwegen. Ich kann mir denken, daß du dieses Produkt gekauft hast, weil es billig war. Du hast die billigste Fleischdose im ganzen Geschäft gekauft.

XX Erstklassige Qualität.

AA Für Hunde.

XX Super.

AA Hunde sind sicher sehr zufrieden.

XX Und ich – ess das jetzt! *Pause.*

AA Hab ich es dir etwa verboten?

XX Soll ich?

AA Warum nicht. Wenn es dir bis jetzt noch nicht geschadet hat? *Pause.* Na, warum ißt du denn nicht…

XX *wirft die Dose wütend in die Ecke. Er sitzt mißgelaunt da. Pause.* Weil ich kein Hund bin.

AA Nein?

XX Nein!

AA Wie du meinst. *Pause.*

XX *steht auf und hebt die Dose auf* Du… du hast gesagt, vielleicht is es auch für Katzen?

AA Kann sein. Unsere vierbeinigen Lieblinge, das können auch Katzen sein.

XX Bestimmt?

AA Bestimmt. Aber was ändert das…

XX Weil, wenn es für Katzen is, kann ich's essen, aber wenn es für Hunde is, dann nicht… Was das betrifft, das nich! Bin ich denn ein Hund, daß ich Hundefutter esse!!?

AA Du hast dir ja gerade selber die Antwort darauf gegeben.

XX Aber du sollst mir sagen, ob ich 'n Hund bin? He? Bin ich 'n Hund?

AA Nein, du bist kein Hund. Kein Mensch ist ein Hund. Jedenfalls… sollte er keiner sein.

XX Siehste! Wenn das für Katzen ist, kann ich's essen. Katzen sind was anders. Katzen sind keine Hunde. Du, sag doch, dann kann ich vielleicht, oder?

AA Du könntest, eventuell…

XX Bestimmt?

AA Du kannst, du kannst… *Schreit plötzlich* Außerdem friß doch, was du willst! Was geht mich das an!

XX Das heißt, ich kann. *Er macht sich daran, die Dose mit dem Beil zu öffnen.*

AA Laß das.

XX Aber du hast doch selber gesagt, ich kann.

AA zieht den Koffer unter seinem Bett hervor. Er schließt auf und nimmt eine Konservendose heraus, stößt den Koffer wieder unter das Bett, aber schließt ihn nicht mehr zu. Er stellt eine Dose vor XX auf den Tisch.

XX Für Menschen?

AA Für Menschen.

XX Na, das is was anders.

XX beginnt, die Dose zu öffnen. Über ihren Köpfen hört man das Trampeln einer angeheiterten Gesellschaft, die die Treppe hinaufgeht. Laute Männerstimmen, das Gelächter von Frauen. AA geht zu einem der senkrechten Rohre und hält sein Ohr daran.

AA Sie gehen in den ersten Stock. *Er geht wieder weg von der Wand.* Es gibt nichts Schöneres, als unter einer Treppe zu wohnen. Durch die Rohre kann man alles hören. Jedes leiseste Geräusch, selbst das allerintimste. Abflußrohre, Wasserrohre, Heizungsrohre, Müllschächte, Lüftungsschächte… Ich höre, wann sie weggehen, wann sie zurückkommen, wann sie sich ins Bett legen und wann sie wieder aufstehen. Ich höre, wenn sie sich berieseln lassen und wenn sie spülen. Wenn sie lüften, sich entleeren und sich vermehren. Ich habe nur noch nicht gehört, wie sie sterben.

XX *hat inzwischen die Dose aufgemacht und beginnt zu essen.* Die sind eben gesund.

AA Manchmal habe ich das Gefühl, wir wohnen in ihrem Bauch. Wie Mikroben. Sieh dir nur die Rohre an, erinnern sie dich nicht an Gedärme? Sehen die nicht wie Gedärme aus?

XX Rohre sind Rohre.

AA Und mich erinnern sie an Eingeweide. Wir leben hier wie zwei Bakterien im Innern eines großen Organismus. Zwei Fremdkörper. Parasiten oder noch was Schlimmeres. Vielleicht zwei Krankheitserreger, zwei Bakterien? Trichinen, Tuberkelbazillen, Viren, Gonokokken. Ich – ein Gonokokkus, ich, der ich mich immer für die wertvolle Zelle einer hochentwickelten Gehirnsubstanz gehalten habe. Damals, zu Hause, früher... Für ein edles Neuron, für ein Elementarteilchen, das an der äußersten Grenze der Materie angelangt ist, das nicht nur Materie ist, sondern bereits über der Materie steht... Und jetzt ein Gonokokkus. In irgendwelchen Eingeweiden. Ein Gonokokkus in der Gesellschaft eines Urviechs.

XX *mißtrauisch* Redste von mir?

AA Und zu allem Unglück kann ich Keller nicht ausstehen! Ich hasse sie. Überhaupt alles unter der Erde. Keller gehen mir auf die Nerven. Auf die Seele. Ich brauche Sonne, Luft, Raum. Ich bin ein Kopfmensch, und den Kopf sollte man hoch halten, damit er normal funktionieren kann. Als fortgeschrittenes Glied der Evolution eigne ich mich nicht für Höhlen. Ich habe immer im obersten Stockwerk gewohnt. Ich hatte immer einen weiten Blick aus meinem Fenster. Und hier gibt es noch nicht einmal Fenster.

XX Is auch besser. Wenn Fenster da sind, zieht's nur.

AA Überall Mauern, Mauern, Mauern!

XX Dafür is es warm, weil's nich zieht.

AA Kellermief!

XX Davon is noch niemand gestorben, aber an der frischen Luft kann man sich erkälten. Mein seliger Vater hat immer im Keller gewohnt und is sehr alt geworden.

AA Und woran ist er gestorben?

XX An frischer Luft. Er kam besoffen nach Haus und is auf'm Weg erfroren.

AA Also du kannst es hier aushalten?

XX Warum nich? Die Bude is in Ordnung. Warm, billig …

AA Besonders weil ich die Miete zahle. Apropos, gestern habe ich wieder für zwei Monate bezahlt. Für Dezember und November. Und du schuldest mir noch für September und Oktober. Insgesamt für vier Monate.

XX Hab kein Geld.

AA Du hast doch gerade erst Zahltag gehabt.

XX Aber ich hab kein Geld.

Oben klingelt es, lautstarke, stürmische Begrüßung, Stimmengewirr, Türenschlagen.

AA Ich verstehe nicht, was du mit deinem Geld machst. Du müßtest durchschnittlich wenigstens soviel verdienen wie jeder andere Gastarbeiter in diesem Lande. Aber du verdienst anderthalbmal soviel, weil du zweimal soviel arbeitest. Selbst wenn sie dich ausbeuten, bleibt dir das Geld von den Überstunden. Obendrein bekommst du die Zulage für gesundheitsschädigende Arbeit. Selbst wenn sie dir nur die Hälfte der Zulage auszahlen, sind deine Einnahmen immer noch höher als durchschnittlich, also insgesamt nicht schlecht. Dagegen wohnst du in dem schlimmsten Loch, das überhaupt zu finden ist, und zahlst, da du mit mir zusammen wohnst, nur die Hälfte der sowieso minimalen Miete. Und selbst die zahlst du nicht, denn wenn ich dich daran erinnere, daß ich noch Geld von dir bekomme, sagst du, du hast keins.

XX Dafür hast du welches.

AA Was?

XX Du hast immer Geld.

AA *nach einer Pause; kalt* Bist du dir darüber im klaren, was du da eben gesagt hast?

XX Wieso, haste keins?

AA Bist du dir darüber im klaren, daß ich auch mal die Geduld verlieren könnte?

XX Na, wenn du zahlst, heißt das doch, du hast Geld.

AA Bist du dir darüber im klaren, daß ich bereits die Geduld verloren habe?

XX *beunruhigt* Wann?

AA In diesem Augenblick. *Er zieht sich die Hosen an.*

XX *hört auf zu essen.* Du ziehst dich an? AA *zieht den Morgenmantel aus und das Jackett an.* Wohin gehst du?

AA Ich ziehe aus.

XX *erleichtert* Ach so … Is ja nich 's erste Mal.

Beruhigt wendet sich XX *wieder seinem Essen zu.* AA *bindet sich das Halstuch um, steht vor dem Spiegel.*

AA Bis jetzt hast du mir leid getan, aber nun bist du zu weit gegangen. Das ist nicht mehr deine normale Schummelei, sondern eine Unverschämtheit, die schon anormal ist. Das reicht jetzt. Ich wundere mich wirklich, wie ich es so lange mit dir ausgehalten habe. Wie ich deine flegelhaften Manieren, deinen Egoismus, deine Unsauberkeit ertragen konnte … Du gehst mir sogar auf die Nerven, wenn du schläfst! Dein Kohlendioxyd macht mir Kopfschmerzen, bei deiner Schnarcherei kann ich nicht schlafen. Ich hatte Mitleid mit dir, aber jetzt hält mich nicht einmal das, weil ich keins mehr habe. Dagegen habe ich die Nase voll von deiner Gesellschaft. Du stehst mir bis hier! Bis über beide Ohren! Bis dahin! Ich gehe!

XX Den Schlüssel leg ich unter die Fußmatte.

AA Hast du was gesagt?

XX Ich sag, der Schlüssel liegt unter der Fußmatte. Falls du spät zurückkommst …

AA Ich rede nicht mehr mit dir. *Er zieht den Mantel an, bleibt neben* XX *stehen und wendet sich direkt an ihn, während er sich den Mantel zuknöpft.* Du glaubst also, daß ich zurückkomme?

XX *antwortet nichts. Er kaut gelassen, ohne* AA *weiter zu beachten.* AA *wartet die Antwort nicht ab, zuckt mit den*

Schultern und geht zur Tür. Er legt eine Hand auf die Klinke.

XX Schuhe!
AA Was?
XX Du hast vergessen, Schuhe anzuziehen. Wirst ja nich in Socken auf die Straße gehn.
AA Ich kann auf deine Ratschläge verzichten. *Er geht zurück, zieht seine Schuhe an, geht wieder zur Tür, legt die Hand auf die Klinke. Pause.* Willst du mir gütigst erklären, worauf du deine Annahme stützt, daß ich zurückkomme?...
XX Koffer.
AA Wie bitte?
XX 'n Koffer läßte hier.
AA Na und?
XX Is doch klar. Wenn man wirklich auszieht, packt man seine Sachen.
AA Ich bewundere deine Intelligenz. Aber du irrst dich. Ich nehme nichts mit.
XX Na eben. Also ziehste nich aus.
AA Soo? Also – ich gehe. Aber ich nehme nichts mit. Ich gehe zwar weg, aber ich nehme nichts mit. Ich nehme nichts mit, obwohl ich weggehe. Obwohl ich weggehe, nehme ich nichts. Ich gehe weg, ohne alles. Ist das jetzt klar?
XX Und die Wäsche, das Bettzeug, die Anzüge...
AA ...die Bücher, die Manuskripte, die Fotos... Die kannst du behalten...
XX Die läßte hier?

AA Du weißt genau, daß dieser ganze Plunder keine Bedeutung für mich hat. Ich kann ohne das auskommen. Ich gehöre bereits der Nach-Konsum-Gesellschaft an, während du gerade bis zu der Phase gediehen bist, in der Glasperlen und Kieselsteine getauscht wurden. Und was meine Papiere betrifft… Na, lassen wir das.

XX Die läßte hier? Du läßt alles hier?!

AA Na, vielleicht nicht alles. Irgendeine Kleinigkeit würde ich schon gern als Andenken mitnehmen… Nein, nicht alles. Ich nehme einen Gegenstand mit, nur einen kleinen, wertlosen Gegenstand. *Er tut so, als ob er überlege.* Warte, was könnte ich denn… Ach ja, ich weiß schon. *Er geht zum Bett rechts und nimmt sich das Maskottchen, den Plüschhund Pluto.*

XX Nein!! *Er stürzt auf* AA *zu.*

AA Wieso denn nicht? Dieses unschuldige Maskottchen wird mich an die Zeit erinnern, die wir miteinander verbracht haben. Es wird mein Heimweh lindern…

XX Gib her!!

AA Du bist ungerecht. Ich lasse dir all mein Hab und Gut hier und will dafür nur dieses kleine Andenken, und du…

XX Gib das her!

AA Komm, mein Hundchen, wir gehen, wir gehen weg, Herrchen ist böse. Herrchen ist gemein, Herrchen mag uns nicht!

XX Gibste das jetzt her!

AA Komm, mein Hundchen, wir lassen Herrchen einfach hier. Und wir gehen weit weg, ganz weit, weit weg von hier…

XX versucht, ihm das Maskottchen zu entreißen, aber AA entwischt ihm und flieht hinter den Tisch. Verfolgungsjagd um den Tisch.

AA Wau, Wau! Sieh mal, wie wütend Herrchen ist! Wau-Wau! Wau, Wau! *Er imitiert das Bellen eines Hundes. Die Jagd geht weiter.* Laß dich nicht kriegen! Nicht kriegen lassen!

In dem Moment, als XX sich auf der linken Seite des Tisches befindet und AA auf der rechten, springt XX auf den Tisch und packt AA an der Kehle. Aber er hat nur das Halstuch in der Hand. AA flieht seitwärts, stolpert aber über den Stuhl und fällt mit dem Stuhl um. XX wirft sich auf ihn. AA streckt die Hand, in der er den Hund Pluto hält, hoch über seinen Kopf. XX versucht, den Hund Pluto zu erreichen. AA nimmt den Hund in die andere Hand und wirft ihn weit weg. Beide springen auf und laufen auf das Maskottchen zu, wie zwei Rugbyspieler dem Ball nachrennen. Sie stoßen über dem Hund Pluto hart zusammen. In diesem Augenblick beginnt aus dem Wasserhahn, der offen geblieben war, das Wasser zu laufen.

AA Wasser!!

AA läßt seinen Partner stehen, der gierig den Hund Pluto an seine Brust drückt, geht zum Ausguß und dreht den Hahn zu.

AA Endlich! Jetzt kann ich mir einen anständigen Tee machen.

AA nimmt den Teekessel vom Tisch, füllt ihn am Wasserhahn voll Wasser und geht hinter den Wandschirm. XX läßt ihn nicht aus den Augen. Er kniet immer noch in Verteidigungsstellung und drückt den Hund Pluto fest an sich. AA kommt hinter dem Wandschirm hervor.

AA Was machst du denn da noch ... Betest du, oder was? *Er zieht den Mantel aus und hängt ihn an einen Nagel.* Na, ist schon gut! Schluß. Steh endlich auf!

XX Bleibste?

AA Nur wegen des Tees. Wo kann man einen guten Tee trinken, wenn nicht zu Hause. Ach, zu Hause. Zu Hause ...

XX erhebt sich von den Knien und versteckt den Hund Pluto unter seinem Kopfkissen auf dem Bett rechts. Er setzt sich aufs Bett. AA hebt das Halstuch vom Boden auf und hängt es über die Stuhllehne des linken Stuhls. Er trägt den umgestoßenen Stuhl auf die rechte Seite.

XX Ich geb sie dir, sobald ich sie habe.

AA Du meinst die Miete?

XX Ehrenwort.

AA Kleinigkeit. Darüber brauchen wir nicht zu reden.

XX Nächsten Monat.

AA Es brennt nicht.

XX In 'ner Woche.

AA Mach dir keine Sorgen, ich bitte dich.

XX Oder übermorgen.

AA Oh!

XX Willste sie übermorgen?... Oder morgen... Willste sie morgen?

AA Ich sag dir doch, es ist wirklich nicht so wichtig. Unter Freunden...

XX Jetzt kann ich nich, Ehrenwort.

AA Uff, wie schön, in seinen eigenen vier Wänden zu sitzen. *Er will sein Jackett ausziehen. XX läuft diensteifrig zu ihm hin und hilft ihm.* Danke, danke, sehr liebenswürdig.

XX Aufhängen?

AA Nein danke, nicht nötig. Es kann über dem Stuhl bleiben.

AA setzt sich bequem auf den Stuhl links. XX hängt das Jackett auf die Stuhllehne hinter seinen Rücken.

AA Aber dafür, weißt du, wenn du so freundlich sein wolltest... Das Licht blendet mich. Es blendet mich schon seit langem, aber ich hab dir das nicht sagen wollen, denn dir macht es ja offenbar nichts aus... Ehrlich gesagt, diese nackte Birne ist scheußlich. Entschuldige, wenn ich dein geliebtes Interieur so diskreditiere. Aber könntest du nicht irgendeinen Schirm basteln? Aus Papier oder sonstwas... Ich war handwerklich noch nie sehr geschickt...

XX Mach ich.

AA Ausgezeichnet, du bist unübertrefflich. Da, neben meinem Bett liegen Illustrierte, die kannst du benutzen. Oder möchtest du lieber Zeitungspapier?

XX *hebt eine von den Illustrierten auf, die neben dem Bett links liegen.* 'ne Schere müßte man haben.

AA Liegt auf dem Brett.

XX nimmt eine Schere von dem Brett über dem Ausguß. Steigt auf den Tisch. Er breitet das Illustriertenpapier aus und mißt den Umfang des Schirmes um die Birne herum aus. AA beobachtet ihn, wobei er seine Augen mit den Händen abschirmt.

AA Blendet dich das nicht?

XX Was?

AA Ich frage dich, ob du in die Birne sehen kannst, ohne das furchtbare Gefühl zu haben, daß du blind wirst.

XX In die Birne?

AA Na ins Licht... Sticht das nicht?

XX Nein.

AA Tränen dir nicht die Augen?

XX Nein.

AA Brennen dir nicht die Lider? Siehst du nicht kleine schwarze, flimmernde Punkte vor deinen Augen? *Pause.*

XX Nein.

AA steigt auf den Tisch. Er schiebt mit der Hand ein Augenlid des XX hoch, wie ein Augenarzt.

AA Das andere. *Er sieht ihm ins andere Auge.* Erstaunlich.

AA steigt vom Tisch herunter. XX macht sich noch immer an der Birne zu schaffen. AA spaziert im Zimmer herum.

AA Nein, eigentlich nicht. Bekanntlich können die Abweichungen von der Norm beträchtlich sein. Bei Hypersensibilität genauso wie bei Apathie. Ähnlich verhält es sich mit der Schnelligkeit der Reflexe, von den Nervenenden zum Gehirnzentrum. Das hängt alles von dem jeweiligen Individuum ab. *Er bleibt plötzlich stehen.* Bist du je verhört worden?

XX Wie…

AA *scharf, brutal* Von der Polizei.

XX Wegen was?

AA Ich frage nicht warum, sondern ob du verhört worden bist. Warst du je in Untersuchungshaft?

XX Nein.

AA *wieder in normalem Ton* Schade. Du wärst ein ausgezeichnetes Objekt gewesen, wenn auch nicht im Sinne der Polizei. Deine Unsensibilität ließe dich alles mit Leichtigkeit ertragen, was andere nicht aushalten. Schade, sehr schade. Du wärst ein hervorragender politischer Gefangener.

XX Ich hab mit Politik…

AA Ich weiß, ich weiß, du hast mit Politik nichts zu tun. Das wolltest du doch sagen, nicht wahr? Aber man kann sich doch mal was vorstellen.

XX interessiert sich für eine Reklame in der Illustrierten, befeuchtet einen Finger, blättert eine Seite um und betrachtet die Bilder…

Was für ein Auge! Dich zu einem Geständnis zu zwingen, wäre nicht leicht... Natürlich nur, wenn du was zu sagen hättest... Man darf gar nicht daran denken, daß so ein Talent unnütz verkommt. So ist das Leben. Die, die eigentlich nichts sagen dürften, reden. Und die, die imstande wären, den Mund zu halten, haben nichts zu sagen.

XX Kann ich mir das rausschneiden?

AA Was?

XX Das Bunte da.

AA Du hast mir anscheinend nicht zugehört.

XX *zeigt auf eine bunte Reklame* Nur das eine da...

AA O Gott. O Gott meiner Vorfahren... Und deiner natürlich. Obwohl ich mich manchmal frage, ob sie wirklich einen gemeinsamen Gott hatten.

XX Dann schneid ich's aus.

XX *klettert vom Tisch und setzt sich auf den Stuhl auf der rechten Seite mit dem Gesicht zum Publikum. Er schneidet die Reklame aus. Von oben ist Musik zu hören.*

AA *faßt sich an den Kopf, hält sich die Ohren zu.* Das hat noch gefehlt! *Er sieht auf seine Uhr.* Vier Uhr? Das kann nicht stimmen! *Er hält die Uhr an sein Ohr.* Na eben, sie steht. Du, wie spät könnte es denn jetzt sein?

XX Gegen neun.

AA Das heißt, sie fangen erst an. Dann haben wir mindestens acht Stunden Vergnügen vor uns. Deren Vergnügen.

XX Vielleicht hörn se früher auf.

AA Nein, heute hören sie nicht auf, heute feiern sie bis morgen früh. Heute ist Silvester.

XX hört auf auszuschneiden, sieht nach oben und erstarrt. Man hört ein Pfeifen hinter dem Wandschirm.

AA Ah, das Wasser kocht.

Er geht hinter den Wandschirm und kommt mit dem Teekessel zurück. Er setzt sich auf seinen Platz und gießt sich Wasser in seinen Becher. Er taucht einen Teebeutel in den Becher. XX' Hände fallen willenlos herunter, in einer Hand hält er die Schere, in der anderen die Illustrierte. Die Musik oben wird leiser. AA fischt den Beutel aus dem Becher, nimmt sich Zucker und rührt um. Die Schere und die Illustrierte fallen XX aus den Händen. Er steht langsam auf und geht wie ein Automat auf sein Bett zu, zu dem auf der rechten Seite. Er legt sich auf den Rücken und starrt an die Decke. AA hört auf, den Tee umzurühren und beginnt, XX aufmerksam zu beobachten.

AA Was hast du denn?... Ist dir nicht gut? *Er rührt im Tee, dann hört er damit auf* Bist du krank? *XX reagiert nicht. AA steht auf und geht zu ihm hin.* Hej!... Sag was!... *Er schüttelt ihn an den Schultern. XX dreht sich mit dem Gesicht zur Wand, mit dem Rücken zu AA. AA sieht sich ratlos um, hebt die Schere und die Illustrierte auf und kehrt zu XX zurück.* He, du bist noch nicht fertig damit... Na, nimm doch, schneid dir aus... schneid dir ruhig alles aus – ich habe nichts dagegen...

Schneid dir alles aus, was du willst, Kühlschränke, Gartenbänke, Sofas, Mofas, Klaviere, Spaliere, Krokodile, Automobile, Hackebeile, Hinterteile, Transistoren, Transformatoren, Fernsehgeräte, Freßpakete … Telefone, Grammophone … Das ist zwar blöd, aber ich hab nichts dagegen, schneid dir nur aus, wenn's dir Spaß macht. Ich hab überhaupt nichts dagegen, hörst du? – Ist er beleidigt, oder was?… *Er setzt sich auf die Bettkante.* Soll ich dir was ausschneiden?… Ich schneide dir was aus, ja? *Er schneidet die bunte Reklame zu Ende aus und legt die Schere auf den Boden.* Siehst du? Schon fertig. Kuck doch mal. Hübsch, nicht? *Er hält die ausgeschnittene Reklame mit ausgestrecktem Arm von sich und betrachtet sie mit Ekel.* He, na komm, sieh doch mal … *Wütend* Sieh doch wenigstens mal her! Wozu schneid ich dir das denn aus!… Kein Mucks! Neurastheniker!

AA *zerknüllt die ausgeschnittene Reklame und wirft sie in die Ecke. Eine Weile lang sitzt er ratlos da. Durch die Rohre erklingt »Stille Nacht, heilige Nacht«, gesungen von einem Knabenchor.* XX *verbirgt plötzlich seinen Kopf im Kissen.*

AA Ach so …

AA *steht auf, sieht sich im Zimmer um, denkt über etwas nach. Dann fällt er eine Entscheidung. Er räumt den Tisch völlig leer, legt alles – auch die Zeitungen, die als Tischdecke dienten – auf den Boden an der Wand. Den Tee schüttet er in den Ausguß. Er zieht den Bezug von seinem Kopfkissen ab, dreht ihn auf die linke Seite und deckt mit ihm den Tisch wie mit einer Tischdecke. Er holt eine Flasche Kognak aus seinem Koffer und stellt sie auf den Tisch. Neben die Kognakflasche legt er das Päckchen Zigaretten, das vorher unter dem Kopfkissen war. Er spült die Becher unter dem Ausguß ab und stellt sie neben die Flasche. Er zieht sein Jackett an. Die Musik hat inzwischen aufgehört.*

AA Alles fertig! He! Wach auf! Es ist alles fertig!
XX *taucht mit dem Kopf aus den Kissen auf* Was is?
AA *feierlich* Silvester!
XX *legt sich wieder das Kissen auf den Kopf.* AA *reißt es ihm weg.* Laß mich in Ruhe!
AA Kommt nicht in Frage. Allein trinke ich nicht.
XX *wehrt sich* Ich will keinen Tee.
AA Wer sagt denn was von Tee? Wir haben was Besseres, wie sich's gehört heute abend.
XX *entdeckt die Kognakflasche und setzt sich im Bett auf* Woher haste denn...
AA Laß nur... Ich lade dich ein. Zieh dein Jackett an.
XX Wozu?
AA Weil heute Feiertag ist, ein Feiertag! Ist das noch nicht bis zu dir vorgedrungen? Eine Fete, ein Fest, eine Zeremonie, eine alte Sitte, ein Ritual! Das alte Jahr wird verabschiedet und das neue willkommen geheißen, eine neue Ära, ein neues Leben, alles ist neu, Halleluja! Schließlich wirst du bei einem so vornehmen Empfang nicht den ganzen Abend in Hemdsärmeln dasitzen. Los, mach schon! Steh auf, beweg dich, amüsier dich!...

Er zwingt XX *aufzustehen und führt ihn zum Tisch. Er nimmt das Jackett vom rechten Stuhl und gibt es* XX*.* Bind dir einen Schlips um! Knöpf dich zu, kämm dich! Soll das Neue Jahr anfangen zu kotzen, wenn es dich sieht?

XX Du hast auch keinen Schlips um.

AA Ich??… Tatsächlich.

XX Na?

AA Bei mir ist das was anderes. Ich trage nie einen Schlips, das ist nicht mein Stil.

XX *zieht das Jackett aus, gibt es* AA *zurück und geht zu seinem Bett zurück.*

AA Warte! XX *legt sich wieder ins Bett.* Muß ich wirklich? Unbedingt?

XX Feiertag is Feiertag.

AA *geht zu seinem Bett, auf dem Weg hängt er das Jackett von* XX *über den rechten Stuhl. Er zieht seinen Koffer unter dem Bett hervor, nimmt einen Schlips heraus, stellt sich vor den Spiegel, bindet sich den Schlips um.* XX *sieht ihm zu, dann steht er wieder auf und setzt sich auf den rechten Stuhl. Er zieht ein Taschentuch aus seiner Tasche und putzt damit seine Schuhe.* AA *präsentiert sich in seinem Schlips.*

AA Gut so?

XX *betrachtet ihn* Wann hast'n dich zuletzt rasiert…

AA Weiß ich nicht.

XX Eben. Könntste ruhig mal.

AA Du wirst doch nicht von mir verlangen, daß ich mich rasiere!

XX Wenn ich's kann, kannst du's auch.

AA Das ist ein reines Vorurteil. Heutzutage rasiert sich überhaupt niemand mehr.

XX Ich hab mich rasiert.

AA Provinzgehabe! Heute muß man sich nicht mehr rasieren.

XX Nich täglich, aber an Feiertagen.

AA Gut, ich rasiere mich. Aber unter einer Bedingung.

XX Ja?

AA Daß du dir andere Socken anziehst.

XX *betrachtet sich verwundert seine Füße mit den riesigen Löchern in den Socken* Wieso, die sind noch ganz frisch...

AA Entweder – oder.

XX Wenn ich die Schuhe anziehe, sieht man nichts.

AA Das ist ein Ultimatum.

XX Ja, ja, schon gut.

XX zieht unter seinem Bett einen Pappkoffer hervor, nimmt ein Paar Socken heraus. Er zieht die alten aus und legt sie in den Koffer, zieht sich andere Socken an, die genauso zerlöchert sind wie die ersten. Er kehrt zum Stuhl zurück und zieht die Schuhe an. Inzwischen hat AA das Jackett ausgezogen und auf den linken Stuhl gehängt. Er steht vor dem Spiegel und beginnt sich zu rasieren. XX wartet darauf, daß AA mit dem Rasieren fertig wird, sitzt tatenlos da und beobachtet ihn. Er seufzt.

Wenn wenigstens Frühling wär.

AA Warum?

XX Im Frühling sollen manche ohne Schlüpfer gehn.

AA Fängst du schon wieder an?

XX Nein, wirklich … Jetzt arbeiten wir beim Tiefbau … 'ne neue Kanalisation.

AA Ich seh da keinen Zusammenhang.

XX Wenn oben eine langgeht, is von unten alles zu sehen.

AA Die Freuden des Proletariats.

XX Wir arbeiten jetzt in 'nem guten Viertel. In den Randbezirken hat sich's kaum gelohnt. Wenig los und nur häßliche … oder alte Weiber. Jetzt haben wir elegante. In Pelzmänteln … Einer paßt immer auf. Wenn er sieht, daß eine kommt, gibt er 'n Zeichen. Am günstigsten is'n Warenhaus, vor der Damenabteilung. Oder vor'm Damenfriseur. Vor 'nem Luxusrestaurant, da haben wir auch mal Kabel gelegt, genau in der richtigen Tiefe, anderthalb Meter. Nur 'n schmales Brett drüber, zum Rübergehn. Heilige Muttergottes, ich hab mir fast 'n Hals verrenkt. Das war 'n guter Platz! Aber jetzt, der is auch nich übel. Komm uns doch mal besuchen …

AA Danke. Ich habe andere Möglichkeiten.

XX Am schlimmsten war's bei den Kasernen. Zwei Wochen lang nur Soldaten.

AA Geht deine Frau zum Friseur?

XX Ach wo.

AA Ins Restaurant?

XX Wieso denn! Bei uns wird zu Hause gekocht.

AA Aber sie geht einkaufen.

XX Ja. *Pause.* Bei uns im Dorf gibt's keine Kanalisation.

AA Aber Kasernen?

XX Ja. Woher weißt du?

AA Das ist doch nicht schwer. Zu Hause gibt's überall Kasernen. Dann kann sie also da langgehen?

XX Wer?

AA Deine Frau. *Pause.*

XX Was soll'n das heißen?

AA Nichts. Ich war fertig. *Er trocknet sich das Gesicht mit dem Handtuch ab.* Wir bitten zu Tisch!

XX steht auf, beide ziehen sich gleichzeitig die Jacketts an, sie stehen einander gegenüber, AA auf der linken, XX auf der rechten Seite des Tisches. Dann setzen sie sich gleichzeitig. AA entkorkt die Flasche und gießt ein.

XX Warste mal verheiratet?

AA Zweimal.

XX Wieso?

AA Ich habe mich scheiden lassen. Auf unser Junggesellenleben hier!

XX Kinder?

AA Welche Kinder… Ach so, Kinder. Nein, Kinder habe ich nicht.

XX Wozu hast'n dann geheiratet?

AA Wieso wozu? Aus Liebe, Seelenverwandtschaft, was weiß ich… Na, dann auf dein Wohl!

XX Auf deins.

Sie trinken. AA steckt sich eine Zigarette in den Mund und schiebt XX das Päckchen zu, der nimmt sich auch eine Ziga-

rette. AA *sucht in seiner Tasche nach Streichhölzern.* XX *holt aus seiner rechten Tasche ein Päckchen Streichhölzer, versteckt sie schnell wieder, nimmt aus seiner linken Hosentasche eine andere Streichholzschachtel, gibt* AA *Feuer, dann sich selber. Er steckt die Streichholzschachtel in die linke Tasche. Beide rauchen. – Pause.*

XX Weshalb bist'n du geflohen?

AA *aus seinen Gedanken gerissen* Was?

XX Geflohen … weshalb? Ging's dir schlecht zu Hause? Zwei Frauen, 'ne schöne helle Wohnung, in der Hauptstadt … hast gut verdient, bei feinen Leuten verkehrt … Und was haste hier?

AA Man flieht nicht irgendwohin, man flieht vor irgendwas.

XX Eben. Und zu Hause ging's dir besser als hier.

AA Einmal bin ich in einen Park gegangen. In der Allee spielten Kinder. Hinter einem Fliederbusch entdeckte ich einen Jungen, etwas älter als die anderen. Er bewarf die Kinder mit Steinen und versteckte sich nach jedem Wurf wieder hinter dem Strauch. Dabei kicherte er die ganze Zeit, er fand sich selber ganz toll. Ein großer, kräftiger Junge … Er warf einen Stein und versteckte sich, warf und versteckte sich … *Pause.*

XX Wie alt war er?

AA Vielleicht zehn oder zwölf …

XX *gerührt* So alt wie meiner.

AA Das war vor fünf Jahren.

XX Mein Ältester is jetzt vierzehn.

AA Ja, es hätte dein Sohn sein können. *Pause.*

XX Na und was weiter?

AA Nichts. Das war alles.

XX Hehe... jetzt sag mir mal die Wahrheit.

AA Das ist die Wahrheit.

XX Du willst mir doch nich erzählen, daß man ins Ausland flieht, weil irgend'n Bengel im Park mit Steinen schmeißt. Und nich mal auf dich. Mit mir kannste reden wie mit deinem eigenen Bruder.

AA Sagen wir also... Weil ich immer Schwierigkeiten mit der Aussprache hatte. Zum Beispiel das Wort: Generalissimus. Zu schwierig für mich. Ich konnte es nie korrekt aussprechen.

XX Du? Aber du bist doch gebildet.

AA Dann ist es vielleicht nicht eine Frage der Aussprache, sondern der Intonation. Des richtigen Tons. Ich bin unmusikalisch.

XX *senkt die Stimme, vertraulich* Biste 'n Politischer?

AA So könnte man es nennen. Hast du das nicht gewußt?

XX *steht vom Tisch auf, geht zur Tür und steht mit dem Rücken zu AA da.* Und das sagste mir erst jetzt?

AA Ich dachte, das war von Anfang an klar.

XX *macht vorsichtig die Tür auf, guckt durch den Spalt, macht die Tür wieder zu und kehrt an den Tisch zurück.* Stehste auf der schwarzen Liste?

AA Wahrscheinlich. *XX steht unentschlossen da.* Warum setzt du dich denn nicht...

XX *setzt sich.* War ich blöd! *Er schlägt sich mit der Faust vor die Stirn.* Dabei kam mir gleich was verdächtig vor. Tut nichts, geht nich arbeiten, liegt nur auf dem

Bett und liest. Hände wie 'ne Dame... 'n Intellektueller.

AA Woher weißt du denn, daß ich nichts tue? Glaubst du, Arbeit ist nur Buddeln?

XX Was machste'n auf deinem Bett?

AA Ich denke nach.

XX *ungeduldig, geringschätzig* Eh!... Und worüber?

AA Unter anderem über dich. Ich überlege mir zum Beispiel, ob du mich denunzieren könntest.

XX De... Deno... was?

AA Mich verraten. Nicht jetzt natürlich, und nicht hier. Aber dort, bei uns zu Hause...

XX Da haben wir uns doch nicht gekannt.

AA Glaubst du, daß man nur Bekannte denunzieren kann oder nur seine Freunde? Nein. Nehmen wir an, du sitzt im Gefängnis und ich komme dich besuchen. Ich schlage dir vor zu fliehen. Oder noch besser – ich entwickle einen Plan, wie man das Gefängnis liquidieren könnte. Würdest du dann die Wärter rufen und mich ihnen ausliefern?

XX In was für 'nem Gefängnis?

AA In einem Gefängnis, in dem es dir verhältnismäßig gut geht. Vielleicht sogar besser als in der Freiheit. Wo du was zu essen hast und wo es warm ist.

XX So'n Gefängnis kenn ich nich.

AA Wo du nur eines nicht darfst: Du darfst kein Wort gebrauchen, das mit dem Buchstaben G anfängt. Alle Worte, die mit dem Buchstaben G beginnen, sind mündlich und schriftlich verboten.

XX Warum?

AA Damit man das Wort »Gefängnis« weder schreiben noch aussprechen kann. Du kannst nur Andeutungen benutzen, Synonyme. Aber das Wort »Gefängnis« ist verboten. Du darfst es nicht aussprechen, nicht schreiben, nicht einmal denken.

XX Das is kein Gefängnis.

AA Wenn ich dir also den Vorschlag machte…

XX *springt auf* Was willste von mir!!!

AA Aber ich mach dir doch gar keinen Vorschlag! Ich überlege nur, was wäre, wenn ich dir eventuell etwas vorschlüge…

XX Ich hab Frau und Kinder!

AA Und ich habe… ich habe… was habe ich eigentlich… Nehmen wir an, daß ich Worte habe, geliebte, besonders geliebte Worte, Worte mit Anfangsbuchstaben aus dem ganzen Alphabet. Nein, ich mache dir keinen Vorschlag, ich will dich zu nichts überreden. Ich könnte es mir höchstens selber vorschlagen… Aber nein, nicht einmal das kann ich. Denkst du, ich bin ein Held?

XX Es gibt ja alle möglichen.

AA Das ist sehr schmeichelhaft für mich, aber ich kann dich beruhigen: Ich bin kein Held. Setz dich hin und trink mit mir. Von mir droht dir keine Gefahr. *XX setzt sich, AA gießt ein.* Na, dann aufs Wohl des gesunden Menschenverstandes, wenn man das so sagen kann. Obwohl – Gesundheit kann man ja nie genug haben. Prosit! Prost, zum Wohl! Und keine Angst. Ich bin ein ganz gewöhnlicher Waschlappen. Ein ganz gewöhnlicher Feigling. Und vielleicht sogar ganz normal, ganz einfach, ganz menschlich ein Schwein. Na trink doch, wir sind unter uns. *XX stellt den Becher ab.* Weshalb trinkst du nicht? *XX schweigt.* Ich verstehe. Jetzt glaubst du, daß ich ein Provokateur bin, was?

XX E, e.

AA Mach mir doch nichts vor! Ich habe gesagt, daß ich ein Schwein bin, und da hast du dir gleich gedacht, dann muß er ein Provokateur sein. Stimmt es nicht? *XX schweigt. AA hebt sein Glas.* Trinken wir? *XX reagiert nicht.* Ej, ej!… Vorsicht, paß auf!… Wenn ein treuer Diener deiner legitimen Regierung in dir Ekel hervorruft… Wie steht es dann mit deiner Loyalität? He? Schlecht, mein Lieber, ganz schlecht. Und wenn ich nun wirklich ein Provokateur wäre?

XX Hab ich nie gesagt.

AA Aber gedacht. Weshalb sagst du es also nicht laut? Was ist denn so schlimm daran? Schickt es sich etwa für einen loyalen Bürger nicht, mit einem Staatsbeamten im öffentlichen, wenn auch geheimen Dienst zu trinken? *XX schweigt. Pause.* Aha, ich beginne, dich zu verstehen. Vielleicht hast du recht. Denn wenn meine Mission geheim ist, dann dürftest du als loyaler Bürger nicht zugeben, daß du was von meiner Mission weißt. Ja, der loyale Bürger müßte eher so tun, als ob er von nichts eine Ahnung hat. Bravo! Du solltest mir sogar die Aufgabe erleichtern und ein bißchen über den Staat lästern. So ein paar kleine antistaatliche Äußerungen… Na? Halt dich in meiner Gegenwart nur nicht zurück. In Gesellschaft eines Provokateurs sollte ein loyaler Bürger nicht allzu loyal sein, um seine Loyalität besser beweisen zu können.

XX Versteh ich nich.

AA Macht nichts. Jedenfalls appelliere ich an deinen gesunden Menschenverstand. Trink mit mir zum Beweis, daß du für die Regierung bist. Und denk daran, daß ich einen entsprechenden Bericht abgeben kann. Natürlich nur, wenn ich wirklich ein Provokateur bin.

XX Mit dir trink ich nich.

AA Ajajai, Vorsicht, ich repräsentiere den Staat und die Regierung.

XX Nich deswegen.

AA Weswegen dann?

XX Du hast gesagt, du bist'n Schwein.

AA Ganz richtig.

XX Na eben.

AA Aha. Und mit einem Schwein willst du nicht trinken?

XX Warum soll ich nich mit'm Schwein trinken? Aber du hast gesagt, wir sind hier unter uns. Das heißt, ich bin auch'n Schwein.

AA Na und? Bist du kein Schwein?

XX Nein.

AA Du meinst also, du bist besser als ich?

XX Das nich. Aber warum soll ich 'n Schwein sein? Was hab ich getan, daß du mich 'n Schwein nennst? Warum nennst du mich so, sag, warum?… AA *schweigt.* »Unter uns«… AA *schweigt.* Wenn du's nich weißt, dann sag nich so was und beleidige nich andere Leute. Wenn man keinen Grund hat, dann beleidigt man auch nich. Man beleidigt nich ohne Grund. Andere beleidigen ist verboten. *Pause.*

AA Na, sagen wir, ich habe ein bißchen übertrieben. So ein großes Schwein bin ich nun auch wieder nicht. Ich hab mich hinreißen lassen, Gott weiß warum.

XX Das heißt, du bist kein Schwein?

AA Vielleicht nicht ganz.

XX *erfreut* Das heißt, wir können trinken?!

AA Ich sehe kein Hindernis.

XX *erleichtert* Na dann trinken wir.

AA Prost, mein Junge.

XX Prost.

Sie stoßen mit den Bechern an und trinken.

AA Weißt du, es ist schon merkwürdig: Weshalb könnte von uns beiden nur ich ein Provokateur sein?

XX Eh, hör auf.

AA Das heißt … mich würde man eher verdächtigen, dich nicht. Mir würde es jedenfalls nie in den Sinn kommen, dir das zuzutrauen.

XX Nu hör auf damit!

AA Gut. Mir liegt nichts an der Vertiefung dieses Themas.

XX Wie lange dauert's noch bis Mitternacht?

AA Ich weiß nicht. Meine Uhr ist stehengeblieben.

XX Wir könnten ja wen fragen.

AA Die oben trinken Champagner. Wir hören sicher, wenn sie um Mitternacht die Korken knallen lassen.

XX Und zu Haus warten sie auf mich. Wie jedes Jahr. Die Kinder hoffen, daß ich komme … Und ich bin wieder nicht da. Ach, is das'n Leben …

AA Weshalb besuchst du sie nicht mal? Du kannst ja, du

bist kein Politischer. In den Ferien könntest du doch nach Hause fahren.

XX Was für Ferien?! Ich hab keine Ferien.

AA Aber du könntest welche machen.

XX Gott bewahre! Ich bin doch nich hier, um Ferien zu machen. Ich bin hier, um Geld zu verdienen. Ferien hab ich, wenn ich zurückkomme. 'ne ganze Woche. Ich leg mich in'n Obstgarten auf 'ne Decke und schlafe. Keinen Finger rühr ich. Ich blinzle mal, seh nach, ob der Himmel noch da is, und schlaf wieder ein. Und nur die Alte bringt mir was zu essen. Und dann...

AA Was dann?

XX Dann steh ich auf und zieh mich an. Elegant. Lauter Sachen aus'm Ausland.

AA Wozu?

XX Wieso wozu? Weil ich dann Namenstag hab.

AA Namenstag?

XX Ja, im Mai, genau im Mai. Ich lad das ganze Dorf ein. Na, vielleicht nich das ganze. 'n paar mag ich nich, die werden nich eingeladen. Damit's ihnen leid tut. Dann schlachten wir 'n Schwein, 'n Kalb oder 'ne Kuh... Kaufen Wodka... für alle genug... Und daß noch was übrig bleibt... Die sollen was davon haben, daß der Chef aus'm Ausland zurück ist. Und all die Sachen, die ich mitbring, werden in der Scheune ausgestellt, jeder kann gucken kommen. Aber nich anfassen. Anfassen is verboten. Nur gucken. Der Schwager muß aufpassen, oder vielleicht lieber nich, der Schwager is auch nich sicher.

AA Besser ist ein Hund.

XX 'n Hund?

AA Ein bissiger Hund, der niemanden zu nahe kommen läßt. Ein Hund allein stiehlt nicht.

XX Gute Idee. Und danach wird drei Tage gefeiert.

AA Das kann ich mir vorstellen.

XX Und wenn's vorbei is, weißte, was ich dann mache?

AA Räumst den Gästen den Dreck nach.

XX Scheiß auf die Gäste, die sind doch längst weg. Außerdem macht die Schwiegermutter sauber. Ich fange an, ein Haus zu bauen.

AA Was du nicht sagst!

XX Ja, 'n schönes Haus. Aus Stein. Mit'm ersten Stock. Und mit Zentralheizung.

AA Ist das dein Ernst?

XX Das schönste Haus in der Gegend. Alles mit meinem Geld.

AA Brauchst du lange dazu?

XX Ohohoho, 'n paar Jahre schon. Aber wenn ich fertig bin, ziehn wir weg von der Schwiegermutter und wohnen allein. In unserem eigenen Haus. Na, was sagste nu?

AA Ein schönes Projekt. *AA steht auf. Er bringt einen Toast aus.* Auf das Haus!

XX Auf das Haus!

Sie stoßen mit ihren Bechern an. – Die Hand, in der XX seinen Becher hält, beginnt zu zittern.

AA Vorsicht, du kippst es aus... He, halt es fest, ist schade drum, ist doch Verschwendung... Was hast du denn?

XX kann den Becher nicht halten und stellt ihn auf dem Tisch ab, setzt sich seitwärts zu AA, mit dem Gesicht zum Publikum. AA stellt ebenfalls seinen Becher ab und geht zu ihm.

AA Zeig mal deine Hand. *XX steckt die Hände in die Tasche.* Zeig mal deine Hand. *XX zieht zögernd eine Hand aus der Tasche.* Streck sie aus! *XX streckt den Arm aus, macht mit der Hand eine Faust.* Nicht so, ausstrecken!

AA öffnet XX die Hand mit Gewalt. XX wendet seinen Kopf zur Seite und hält beide Hände ausgestreckt. Seine Hände zittern wie die eines Invaliden. AA geht zur Seite, ohne XX weiter anzusehen. XX steckt seine Hände wieder in die Tasche.

AA Hast du das schon lange?
XX Seit einem Jahr.
AA Oft?
XX Nein, nur manchmal.
AA Aber in letzter Zeit immer öfter? *XX schweigt.* Ich frage dich, ob du das in letzter Zeit öfter hast!!

XX schweigt. AA nimmt XX' Becher vom Tisch, stellt sich hinter XX, legt seinen linken Ellbogen unter XX' Kinn und reißt mit einem Ruck seinen Kopf nach hinten, wobei er ihm gleichzeitig den Becher an den Mund hält. XX schluckt den Inhalt des Bechers hinunter. AA stellt den leeren Becher auf den Tisch, nimmt seinen eigenen und leert ihn mit einem Zug. Er stellt ihn hin.

XX *hat sich verschluckt* Vielen Dank.

AA Warum lernst du keine Fremdsprache? *XX hustet weiter, um etwas Zeit zu gewinnen.* Ich frage dich, weshalb du keine Fremdsprache lernst!

XX Was für 'ne Sprache?

AA Die hier.

XX *streckt seine Hände vor, sieht sie sich an. Sie zittern immer noch.* Geht gleich vorbei. *Er versteckt seine Hände in der Tasche.*

AA Antwortest du mir nun oder nicht?

XX Das heißt, denen ihre?

AA Mach mich nicht nervös! Du weißt genau, was ich dich frage. In diesem Land bist du ein Analphabet. Schlimmer – ein Taubstummer. Wann willst du endlich aufhören, ein Krüppel zu sein.

XX Auf die ihre Art red ich nich.

AA Wieso nicht? Du lebst hier, in diesem Land, du ißt, trinkst, benutzt die Straßen wie alle anderen auch. Warum willst du also nicht reden wie sie? Dann könntest du dir eine bessere Arbeit suchen…

XX Das sind keine Menschen.

AA Nein?

XX Nein. Hier gibt es keine Menschen.

AA Und wo gibt es deiner Meinung nach Menschen?

XX Bei uns zu Hause.

AA Aha.

XX *nimmt wieder seine Hände aus den Taschen* Siehste, geht schon vorbei. *Er steckt wieder seine Hände in die Taschen.*

AA Ja dann… Weißt du, was mit Leuten passiert, die zu lange eine solche Maschine bedienen?

XX Sie werden alt.

AA Nicht nur.

XX Na, vielleicht 'n bißchen taub. *Er zieht eine Hand aus der Tasche und bohrt mit einem Finger im Ohr.* In letzter Zeit pfeift's so komisch in meinem Ohr. Ich hör nich gut.

AA Das stimmt. Aber nicht nur das!

XX *nimmt den Finger aus dem Ohr und die andere Hand aus der Tasche.* Du, jetzt isses vorbei.

AA Im Ohr?

XX Nein, mit den Händen.

AA Das ist nicht schlimm. Und das mit dem Ohr ist auch nicht schlimm. Gefährlich ist ganz was anderes. Durch die Vibration, die dein Körper acht Stunden lang täglich, viele Jahre hindurch aushalten muß, treten Veränderungen im Bindegewebe ein, das heißt in dem Gewebe, das die einzelnen Knochen miteinander verbindet. Wie lange bist du hier?

XX *betrachtet seine ausgestreckten Hände* Jetzt isses weg.

AA Ich habe dich gefragt, wie lange du schon diese Maschine bedienst?

XX Drei Jahre.

AA Die Veränderungen im Bindegewebe beruhen darauf, daß dieses Gewebe sich degeneriert. Oder anders gesagt, Knochen stößt auf Knochen…

XX Vielleicht auch dreieinhalb.

AA Was natürlich zur völligen Arbeitsunfähigkeit führt.

XX Is wahr?

AA Krankheit und Invalidität. Das sind Tatsachen, die die Mediziner festgestellt haben. Damit beschäftigen sich besondere Institute – Hygiene und Sicherheit am Arbeitsplatz. Berufskrankheiten. *Pause.*

XX Ach was!… Du willst mir bloß Angst einjagen!

AA *packt XX am Revers* Und du willst ein Mensch sein! Du?! Ein Tier bist du, aber kein Mensch! Vielleicht kein Hund und kein Schwein, aber ein Ochse! Ein dummer, wehrloser Arbeitsochse! Nur dazu brauchbar, daß man mit ihm pflügt, bis er die Hufe hinstreckt! Und das macht ihn auch noch glücklich! Er bietet sich noch selber an. Hauptsache, er bekommt mehr Häcksel in die Krippe! Er ist glücklich, weiter wünscht er sich nichts! Du bist doch zufrieden, nicht wahr? Na sag schon, daß du zufrieden bist?!

XX Schüttel mich nich so…

AA Aber gerade! Ich werde dich solange rütteln, bis du aus deinem Ochsenschlaf aufwachst. Denn wenn du nicht arbeitest, dann schläfst du oder käust wieder. Ich werde dich so lange schütteln und dich so lange anschreien, bis ich aus dir einen Menschen gemacht habe. Und ich höre nicht eher auf, als bis ich das erreicht habe. Denn solange du ein Ochse bist, solange bin ich ein Schwein. Ich werde das letzte Schwein sein, wenn ich dir erlaube, ein Ochse zu bleiben. Eine andere Möglichkeit gibt es nicht.

XX *drohend* Du sollst mich nich schütteln, habe ich gesagt.

AA Wehrst du dich? Das macht nichts. Es kommt die Zeit, wo du das verstehst und mir dankbar bist. Es geht nicht an, daß nur einer von uns ein Mensch ist. Entweder sind wir es beide oder keiner von uns. *Er spricht in visionärer Begeisterung, auch etwas unter Einfluß des Alkohols, er hält* XX *immer noch am Revers.* Und wenn wir dann beide auf zwei Beinen laufen, werden wir aufrecht mit erhobenem Kopf dastehen und sehen, wie sich über uns ein Zweig wiegt und an dem Zweig eine Frucht. Diese Frucht ist eine verbotene Frucht. Aber der Wind, in dem sich die Frucht wiegt, ist der Wind der Geschichte. Wir strecken die Hände aus und…

XX *schlägt* AA*s Hände runter.* AA *läßt das Revers los und torkelt zurück.* Hände weg! *Er steht auf.* Auf wen gehste mit Händen los? Was?… Auf wen?…

AA Aber siehst du das denn nicht?!

XX Du mit Händen… gegen mich?… Gegen mich?! Du weißer Wurm, du käsiger Klugscheißer… *Er greift* AA *wütend an.* Ich werd dir…

XX *will zum Schlag ausholen. Da geht das Licht aus. Völlige Dunkelheit. Von oben ist wie immer, wenn das Licht ausgeht, ein allgemeines »Ah« zu hören. Dann Tuten und Pfeifen. Gleichzeitig schlägt die Uhr zwölf Mal, von weitem Glocken.*

AA *seine Stimme in der Dunkelheit* Es ist zwölf!

XX *seine Stimme* Wieso isses dunkel…

AA Um zwölf geht das Licht aus. Neujahr. Das ist hier so Sitte. *Pause.* Hast du Streichhölzer?

XX zündet ein Streichholz an. AA *geht hinter den Wandschirm und kehrt mit einem Leuchter zurück. Er zündet die Kerzen mit dem Streichholz an, das* XX *in der Hand hält. Er stellt den Leuchter auf den Tisch. Er dreht sich nach* XX *um.*

AA Na… XX *räuspert sich, er fühlt sich nicht wohl in seiner Haut.* Dann könnten wir ja…
XX Wie du willst…
AA Na dann…
XX In dem Fall…
AA Na sicher…
XX Warum nicht…
AA Na, dann trinken wir. *Er gießt ein, hebt seinen Becher.* Auf ein gutes Neues Jahr!

Sie stoßen mit den Bechern an und trinken, noch etwas steif und verlegen. Sie setzen sich. AA *auf den linken Stuhl,* XX *auf den rechten.*
XX Die Glocken läuten…
AA In den Kirchen… *Pause.*
XX Na, dann will ich dir…
AA Ich dir auch…
XX Was gewesen is, is gewesen.
AA Vergessen wir's… *Er streckt seine Hand* XX *hin.*
XX Auf daß es uns… *streckt seine Hand* AA *hin.*
AA Alles Gute.
XX Frohes Neues Jahr.

Sie geben sich über dem Tisch die Hände. Sie zünden sich Zigaretten an, nach derselben Prozedur wie vorher, nur daß XX jetzt nicht mehr mit den beiden Streichholzschachteln herummanipuliert. Sie setzen sich bequem auf ihre Stühle. Von jetzt an sind sie sichtlich angeheitert, insbesondere XX.

XX Ach… Neujahr… Geht alles so schnell… Ich weiß noch, is gar nich lange her… wie ich'n kleiner Junge war… Kühe hab ich gehütet, und aus'n Krähennestern die Eier geklaut, barfuß zur Schule… Aber nur im Herbst, im Frühjahr war zuviel Arbeit auf'm Feld und im Winter war's zu kalt… Dann is Vater in die Stadt gezogen. Die Großeltern sind geblieben, 's reinste Elend war das, aber die sind geblieben. Komisch, die Alten wollten lieber bleiben. Die liebten wohl ihr Elend.

AA Kann ich nicht drüber urteilen.

XX Also ich lieb's nich! *Er schlägt sich auf die Brust.* Kannst mich totschlagen, ich nich.

AA Wer liebt das schon.

XX Vater auch nich. Der haßte es so, daß er alles versoff. Und danach haßte er's noch mehr. Und deshalb trank er noch mehr. Aber ich trinke nich.

AA Da hast du recht.

XX Weil ich's nich liebe. Ich liebe Besitz. Und wenn ich was hab, halt ich's zusammen. Und wenn ich was ausgeb, dann alles. Stimmt's?

AA Du hast völlig recht.

XX Wenn ich arbeite, dann verdiene ich was. Wenn ich was verdiene, dann komme ich vorwärts. Stimmt's?

AA Logisch.

XX Nur manchmal sag ich mir: wozu das alles.

AA Was alles?

XX Na das, was ich hab. Ins Grab kann ich's nich mitnehmen. In'n Himmel lassen sie mich nich rein damit, und in der Hölle isses zu eng dafür. Also wozu strample ich mich ab?

AA Das ist doch dein eigener Wille.

XX Ja, aber was hab ich davon? Mach mir nur die Gesundheit kaputt und Spaß habe ich gar keinen. Ich trink nich, ich rauch nich... Na ja, deine natürlich...

AA *schiebt ihm die Zigarettenschachtel hin.* Bitte, bedien dich.

XX Vielen Dank. *Er nimmt eine Zigarette, wirft sie aber sofort wieder auf den Tisch.* Du, für wen das alles, wozu...

AA Und deine Kinder? Du baust dein Haus, vererbst es deinen Kindern... Für die Kinder.

XX Und wem vererben die's?

AA Ihren Kindern.

XX Aha. *Pause.* Und wie endet das?

AA Das ist nie zu Ende, wieso soll das zu Ende gehen?

XX Aber das is doch nich möglich! Kein Ende?

AA Sicher nicht.

XX Hm, kein Ende, sagste... Na, wozu hat's dann angefangen?

AA Du stellst mir schwierige Fragen. Bereits Schopenhauer hatte ähnliche Zweifel.

XX Wer?

AA Schopenhauer.

XX 'n Jude?

AA Nicht unbedingt.

XX Gefällt mir nich. Wenn's 'n Anfang gibt, muß es auch 'n Ende geben… Sonst is der Anfang auch nich richtig… Kein Ende, kein richtiger Anfang, und inzwischen schufte ich wie'n Idiot und hab nichts davon. Kein Kino, keine Mädchen… Glaubste vielleicht, das is leicht?

AA Das habe ich nie gedacht.

XX Schreien is leicht, aber versuch mal, so zu leben wie ich… *Er bekommt immer mehr Mitleid mit sich selber.* Weißte, wie ich hier lebe? Wie'n Hund!

AA Nana, jetzt übertreibst du aber.

XX *haut mit der Faust auf den Tisch* Widersprich mir nich! Genau wie'n Hund! Haste selber gesagt!

AA Soweit ich mich erinnere, ging es doch um…

XX *beugt sich zu* AA *hinüber, vertraulich* Rück mal'n bißchen näher! Ich muß dir was sagen.

AA Bitte.

XX Noch näher…

XX legt seinen Arm um AAs Schulter und zieht ihn an sich; ihre Stirnen berühren sich fast. Er flüstert leidenschaftlich, vertraulich.

XX …Und du hattest recht.

Sie kehren beide in ihre vorherigen Positionen zurück. AA, im Ton einer übertriebenen Höflichkeit.

AA Aber neeiiin …

XX *legt den Finger auf den Mund* Pschttt! *Schreit* Wie'n Hund! Hunde leben besser, die müssen nich so schuften. Is das vielleicht 'n Leben? Na sag schon, is das 'n Leben?

AA Vom biologischen Gesichtspunkt aus …

XX Is das 'n Leben oder isses keins?

AA Das kommt drauf an.

XX *entscheidet die Frage* Nein. Es is keins. Gieß ein!

AA Ich glaube, erst mal haben wir genug.

XX Wir haben nich genug! Seit ich hier bin, trink ich heut zum ersten Mal. Hab ich mir doch verdient, oder?

AA Zweifellos.

AA *gießt ein, sie stoßen an, sie trinken.*

XX Aaaah, sehr gut … Ich geb dir 'n Rätsel auf.

AA Immer los.

XX Was is das: Hat und hat nich.

AA Warte … hat und …

XX … hat nich. *Kichert.*

AA Hat und hat nicht … Hat und hat nicht … Das weiß ich nicht.

XX Rate.

AA Das ist zu schwierig für mich. *XX zeigt mit dem Finger auf sich.* Du? …

XX Ich.

AA Hat …

XX … und hat nich! Gut, was?! *Bricht in Gelächter aus.*

AA Was hat er?

XX *hört auf zu lachen, drohend* Glaubste, daß ich nichts habe?
AA Hast du was?
XX Denkste, ich bin'n armer Schlucker?! Mein Vater war einer, mein Großvater war einer, aber ich nich! Ich werd's dir gleich zeigen…

XX versucht aufzustehen und stützt sich mit beiden Händen auf den Tisch.

AA Laß, das ist nicht nötig. *Er legt ihm die Hand auf die Schulter und zwingt ihn, sich wieder zu setzen.*
XX Ich kann mir was leisten! Herr Ober! *Er macht eine ausholende Gebärde.* Ich zahle. Alles zusammen.
AA Jetzt ist er voll.

Pause. XX schweigt mit gesenktem Kopf, AA guckt zur Birne.

AA Was ist denn mit dem Licht…

Pause. XX steht auf und geht schwankend zum Ausguß.

XX Mach mal an!
AA Es ist ja an.
XX Aha… *Pause. XX sucht im Halbdunkel den Ausguß.* Was is an…
AA Das Licht.
XX Aha… Wieso isses an, wenn's dunkel is…
AA Weil es ausgegangen ist.

XX *findet endlich den Ausguß. Er steckt seinen Kopf unter den Hahn und läßt kaltes Wasser drüber laufen.*

AA …Merkwürdig, warum ist es ausgegangen? Es müßte längst wieder brennen.

XX *unter dem Wasserhahn* Neujahr! Neujahr!

AA Aber dafür dauert es schon zu lange.

XX Vielleicht isses die Birne…

AA *steigt mit der Kerze in der Hand auf seinen Stuhl. Er sieht sich die Birne im Kerzenschein an.* Die Birne ist in Ordnung. *Er steigt vom Stuhl, geht zur Tür, macht sie einen Spaltbreit auf, guckt auf dem Flur nach.* Überall dunkel. Vielleicht ein Kurzschluß oder was… *Er macht die Tür zu, kommt zurück und stellt den Leuchter auf den Tisch.* Die Kerzen sind gleich runtergebrannt.

XX *äfft ihn nach* Die Ständer sind gleich ausgebrannt.

AA Auch ein Witz…

XX *dreht den Hahn zu, wischt sich schnaubend mit den Händen sein Gesicht ab.* Gefällt er dir nich?

AA Nein.

XX Vielleicht gefalle ich dir nich?

AA Nein.

XX Wieso sitzte dann hier mit mir? *Pause.*

AA Eine sehr wesentliche Frage.

XX Ich hab dich nich eingeladen.

AA Richtig.

XX Hast dich selber eingeladen. *Pause. XX sitzt auf dem Stuhl, diesmal auf der linken Seite.* Du, wieso sitzt'n du eigentlich rum bei mir…

AA *setzt sich auf den rechten Stuhl* Am Tisch?

XX Ich frag dich nich nach'm Tisch. Ich frag dich, wieso du hier rumsitzt, in diesem Loch?

AA Ba...

XX Was machst'n hier?

AA Dasselbe wie du.

XX Das is nich wahr. Ich muß arbeiten. Ich bin 'n Arbeitsochse, 'n Analphabet, 'n Tier... Aber du bist gebildet, kannst Fremdsprachen... Du mußt ja nich.

AA Richtig.

XX Du kommst überall durch. Du kannst überall was werden, egal wo. Schpick Inglisch und so. Also warum sitzt'n hier bei mir? Was hast'n davon?

AA Nichts.

XX Doch, du willst was von mir. Ich sag mir manchmal: Ich bin kein Verwandter, kein Bekannter, er gibt mir zu essen, borgt mir Geld... meckert, aber borgt. Ich stinke ihm, aber er geht nich weg. Wieso geht so'n Zartbesaiteter nich weg? Du bist doch zartbesaitet, oder? Hab ich dir's vielleicht verboten? Wenn ich dir nich gefalle, wieso sitzt'n dann mit mir rum? Ich halte dich nich. Du, was willst'n du von mir?

AA Nichts.

XX Kannst mich doch nich für dumm verkaufen. Vielleicht bin ich 'n Schubiak, aber dumm bin ich nich. Du kannst mir ruhig alles sagen, wo wir doch zusammen trinken. Du, wieso trinkst'n du mit mir?

AA Zur Buße.

XX Was für 'ne Buße?

AA Ich will die Sünden meiner Väter und Vorväter

büßen. Deine und meine haben nie zusammen getrunken.

XX Is das 'ne Sünde?

AA Ja, eine Sünde. Eine Nationalsünde.

XX Willste mich hochnehmen?

AA Glaubst du mir nicht?

XX Nein.

AA Du hast recht. Hier haben wir den gesunden Instinkt unseres Volkes. Also sag ich dir: Zum Teufel mit den Vorvätern, die haben nichts damit zu tun. Es geht von mir aus, ganz allein von mir, heute... Ich ganz allein... Ich will mich unters Volk mischen, mich mit dem Volk verbrüdern, verstehst du? Ich bin ein Volkstümler...

XX 'n was?

AA Ein Volkstümler. Ein Begriff aus dem 19. Jahrhundert. Und eine Idee von damals... Sich unter das Volk zu mischen, weil im Volke die Kraft...

XX Quatsch...

AA Da haben wir den gesunden Skeptizismus des Volkes. Noch einen Augenblick, und ich fange an, an die Idee des Volkstums zu glauben. Ihr habt so viele Vorzüge: den gesunden Instinkt, den Sinn für Wahrheit, die Fähigkeit zur Selbstkritik... Demnach... Oder bin ich vielleicht ein Sozialist?

XX Unsinn!

AA Ja, lassen wir das mystische Schuldgefühl, die Wiedergutmachung von Sünden, die frühere Generationen begangen haben. Lassen wir alles völkisch-nationalistische Gefasel. Vielleicht denke ich einfach wissenschaftlich. Rationalistisch und fortschrittlich. Du bist der Motor der Geschichte. Was ist also erstaunlich daran, daß ich mit einem Motor Kognak trinke? Daß ich mit der fortschrittlichen Klasse harte Eier koche, mit ihr in Unterhosen im Zimmer herumlaufe und mir mit ihr an einem Handtuch den Mund abwische? Hast du daran nicht gedacht?

XX Nein, stimmt nich.

AA Wieso nicht?

XX Die kenn ich. Zu uns auf die Baustelle kommt auch so einer. Ganz höflich. Der brüllt uns nicht an, im Gegenteil. Der lächelt, geht uns um den Bart, verteilt Flugblätter, klärt uns auf…

AA Und ich kläre dich nicht auf.

XX Nein.

AA Und brülle dich an.

XX Und wie! Dauernd paßt dir was nich. Mal dies, mal jenes… Du brüllst mich an, sowie du mich siehst. Man merkt gleich, daß du 'n feiner Herr bist und kein Sozialist.

AA Ich sehe, dich kann man nicht täuschen.

XX Hehe! Dafür bin ich zu schlau. Ich hab'n Blick für so was! 'n Sozialisten erkenne ich sofort. Du, was bist'n du eigentlich…

AA Vielleicht bin ich doch ein Provokateur?

XX Ach was… hier nich. Dafür bin ich 'n viel zu kleiner Fisch. Für mich interessiern sie sich nich, die da oben, hier nich und zu Hause auch nich, ich bin überall 'n Arbeitstier. Wenn du'n Provokateur wärst, würdeste nich hier bei mir sitzen. Dann würdeste woanders hingehn. Zu den wichtigen Leuten. Zu den Professoren, oder zu denen von der Politik. Zu Leuten, die denken.

AA Und du denkst nicht?

XX Was ich denke, is ja nich wichtig. Ich denke, daß ich was verdienen muß, ich denke an die Kinder, an meine Frau… 'n bißchen auch an Weiber… Das is normal, jeder denkt an so was, das is uninteressant für die da oben. Solange ich nich Rabatz mache und still bin, is denen da oben egal, was ich denke. Für mich wär 'n Provokateur reineweg vergeudet.

AA Und du hast nie an Freiheit gedacht?

XX Das heißt was?

AA Na, daß du frei bist.

XX Das heißt wie?

AA Na zum Beispiel, daß du sagen kannst, was du denkst.

XX Aber ich hab doch schon gesagt, was ich denke. Das kann ich nur noch mal sagen. Ich kann von morgens bis abends reden, mir verbieten die da oben nicht, zu sagen, was ich denke. Was für Gedanken sind das schon…

AA Hast du nie daran gedacht, mehr zu denken?

XX Übers Denken nachzudenken?

AA So könnte man das nennen.

XX Nein, so blöd bin ich nich.

AA Denken ist nicht blöd.

XX Kommt drauf an. Bei uns im Dorf war'n Verrückter. Der tat nichts, weil er zu nichts zu gebrauchen war. Nich mal Kühe konnt er hüten. Kein Zuhause, keine Familie, und leben tat er von dem, was die Leute ihm gaben. Was hat er also gemacht, wo er nichts tun konnte? Was hat er gedacht? Worüber konnte er nachdenken, wo er nichts konnte und nichts tat? Er dachte nur ans Denken, er dachte nur über Gedanken nach. Na, und war der klug? Nein, der war dumm. Er war'n Verrückter.

AA Aber er war frei.

XX Jetzt kapier ich! Du bist 'n Priester.

AA Ich? Du machst wohl Witze.

XX Du bist so'n Freiheitsapostel. Kam mir vorhin schon so vor, als du mich am Wickel hattest. 'n Priesterapostel. Der kommt und sagt: Seht ihr die Obrigkeit? Die is vom Teufel. Ihr sollt dem Teufel nich dienen. Ihr sollt Christus dienen. Und was is das, euer Christus, wo is der? Zeig'n mir mal. Freiheit? Wie sieht die denn aus, eure Freiheit, was bedeutet denn die? Ich kenne nur eine Freiheit: wenn ich nicht zur Arbeit muß. Am Sonntag hab ich frei. Verschaff du mir sieben Sonntage in der Woche, und ich küß dir die Hand, wie 'nem Christus. Sieben Sonntage, aber bezahlte!

AA Und wenn ich dir selbst den einen wegnähme?

XX Du!? Was kannst'n du schon. Du kannst gar nichts. Du kannst mir weder was geben noch was wegnehmen. Du kannst weiter nichts, als auf'm Sofa liegen und vom Sofa aus Predigten halten. Sofaapostel! Sankt Ignatius vom Kanapee!

AA Ich kann das nicht, aber die da oben können es.

XX Das heißt, man muß sich mit denen gut stellen. Denn wenn sie nehmen können, dann können sie auch geben. Und du magst sie nich, die da oben?

XX Nicht besonders.

XX Und deshalb mögen sie dich auch nich. Und weißt du, warum sie dich nich mögen?

AA Da bin ich aber neugierig.

XX Weil du für die nich besser bist als ich. Du mit deiner Bildung und deinen Büchern. Vor denen da oben bist du nich schlauer als ich. Vor denen da oben zittern allen die Knie, und dann sind alle gleich. Vor der Macht sind alle gleich.

AA Wie im Pissoir.

XX Von mir aus. Ich bin nich so zimperlich.

AA Bravo! Laß dich umarmen!

XX Wofür?

AA Daß du mich nicht enttäuscht hast. Ich habe mich auf dich verlassen, und ich habe mich nicht getäuscht. Genauso jemanden wie dich brauche ich. Einen idealen Sklaven!

XX Dann biste kein Priester?

AA Nein. Obwohl ich zugebe, daß ich missionarische Anläufe genommen habe. Bevor ich begriffen hatte... Aber hab keine Angst, es wird nicht wieder vorkommen, ich werde dich nicht bekehren. Das war nur eine vorübergehende Schwäche, eine momentane Versuchung, eine gewöhnliche menschliche Inkonsequenz. In Wirklichkeit eigne ich mich überhaupt nicht zum Missionar. Außerdem liegt eine Bekehrung gar nicht in meinem Interesse.

XX Biste für die da oben?

AA Auch nicht. Ich bin ein ganz besonderer Fall. Ich brauche einen idealen Sklaven, nicht aus Gründen der

Nützlichkeit. Ich brauche dich als Modell, als Muster, als Zeichen... Besonders hier.

XX Du hast schon wieder was auf der Pfanne.

AA Überhaupt nicht. Du hast mich gefragt, wer ich eigentlich bin und was ich hier mache. Jetzt sage ich dir: Ich bin der Ritter der letzten Chance, und weißt du, wer meine letzte Chance ist? Du.

XX Was bin ich?

AA Meine einzige und letzte Chance, meine Muse, meine Inspiration...

XX Biste etwa schwul?

AA Hör zu. Das hat schon alles zu Hause angefangen. Du hast recht, vor einer Diktatur sind alle gleich. Gleichheit durch Angst. Aber es hat lange gedauert, bis ich diese Wahrheit erkannt habe. Du hingegen – wie leicht ist dir diese Entdeckung gefallen, wie einfach hast du diese grundsätzliche Tatsache festgestellt... Ich beneide dich. Christliche Demut ist manchmal mehr wert als Intelligenz.

XX Ich hab dir ja gesagt, ich bin gar nicht so dumm.

AA Erstaunlich, daß ein Mensch wie ich, der doch nicht ganz unintelligent ist, die offensichtliche Wahrheit nicht annehmen will, wenn sie seinen Stolz verletzt. Zuerst habe ich geturnt wie ein Affe im Käfig. Ich bin meinem Schwanz nachgejagt, mit großem Schwung von der Säule zur Wand und von der Wand zur Säule gesprungen, und wenn ich eine Nuß bekam, habe ich versucht, in die Schale zu kriechen, um mich dort als Herr unendlicher Räume zu fühlen. Es hat lange gedauert, bis ich meine Illusionen verloren hatte und zu dem einfachen Ergebnis gekommen war, daß ich eben nur ein Affe im Käfig bin.

XX Affen sind komisch. Im Zoo habe ich welche gesehn.

AA Du hast recht. Affen im Käfig können komisch sein. Als ich festgestellt hatte, daß ich so ein Affe bin, habe ich angefangen, über mich selbst zu lachen, und ich habe gelacht und gelacht, bis ich einen Schluckauf bekam und mir die Tränen über mein Affengesicht liefen. Und da habe ich begriffen, daß mir meine Narrheit kein Vergnügen machte, nur den Zuschauern und den Wärtern, die mir deshalb unaufhörlich Nüsse und Zuckerstückchen zuwarfen. Vom Zucker wurde mir schlecht, und die Schalen waren zu klein, um hineinzukriechen. Da habe ich begriffen, daß es für Affen keinen anderen Weg gibt als erstens: endlich zuzugeben, daß man ein Affe ist…

XX Aber ja, ja…

AA …und zweitens, wenn man nun weiß, daß man ein Affe und ein Sklave ist, daraus wenn schon nicht Würde, so wenigstens Weisheit und Kraft zu ziehen.

XX Vom Affen?

AA Vom Affen, vom Affen, mein Lieber. Stammen die Menschen nicht vom Affen ab?

XX Nein.

AA Das ist deine Meinung, aber die Wissenschaft behauptet das Gegenteil. Wenn also die Menschen vom Affen abstammen, dann bin ich, der Affe, der Aristokrat der Menschheit. In mir, dem erniedrigten und gefangenen Affen, in meinem Gefängnisdasein – steckt das gesamte Wissen über den Menschen. Wissen in seinem reinsten

Zustand, noch nicht vernebelt von den Zufälligkeiten der Entwicklungen und den Glücksspielen der Freiheit. Das ursprüngliche Wissen. Also habe ich beschlossen, diese Chance zu nützen, mit anderen Worten: Ich, der gefangene Affe, habe beschlossen, ein Buch über den Menschen zu schreiben.

XX 'n Affe kann nich schreiben.

AA Noch dazu, wenn er im Käfig ist. Stimmt. Aber das habe ich erst später gemerkt. Zunächst war ich von der neuen Perspektive ganz erschlagen. Ich beschloß, ein Buch über den Menschen im Reinzustand zu schreiben, über einen Sklaven, also über mich, – mein Lebenswerk, einzig in seiner Art, das erste auf der Welt. Der Kot und die Schalen und der andere Dreck im Innern meines Käfigs glänzten für mich plötzlich wie Brillanten. Wie viel Reichtum! Ich sagte mir: Wir haben nichts, aber wir haben die Unfreiheit. Sie ist unser Schatz. Was wissen die anderen davon? Die hier? Sie haben alles geschrieben, alles gelesen, aber über das Wichtigste wissen sie nichts. Die ganze Literatur über die Unfreiheit ist entweder falsch oder unsachlich, entweder von Missionaren oder von Befreiern geschrieben oder im besten Fall von Sklaven, die sich nach Freiheit sehnten, das heißt von solchen, die schon nicht mehr wirklich Sklaven waren. Was wissen die von dem integralen Sklaventum, das auf sich selbst gerichtet, in sich eingeschlossen ist, ohne jede Versuchung zur Transzendenz? Das sich von sich selber nährt? Was wissen sie von der Freude und der Traurigkeit eines Sklaven, von den Mysterien, Glaubensbekenntnissen und Bräuchen der Sklaven? Von der Sklavenphilosophie, Sklavenkosmogonie, Sklavenmathematik ... Nichts wissen sie, und ich weiß alles. Deshalb habe ich beschlossen, darüber zu schreiben.

XX Und haste's geschrieben?

AA Nein.

XX Warum nich?

AA Weil ich Angst hatte. *Pause.* Fragst du nicht, warum ich Angst hatte? *Pause.* Du hast recht. Ich rede ja mit einem Landsmann, mit meinem siamesischen Zwillingsbruder ... Ich hatte eben Angst; um aber schreiben zu können, durfte ich keine Angst haben. Um aber keine Angst haben zu müssen, bin ich geflohen.

XX Und nu schreibste?

AA Im Augenblick noch nicht.

XX Warum nich?

AA Weil ich keine Angst mehr habe.

XX Dir is wohl nie was recht.

AA Ein typischer circulus vitiosus. Wenn ich meine einzige Chance wahrnehme, verliere ich sie. Als ich geflohen bin, habe ich aufgehört, Sklave zu sein. In der Freiheit wurde ich immer weniger, ich zerfloß, ich löste mich auf. Ich habe mein Thema verloren und, was schlimmer ist, das Bedürfnis nach diesem Thema ... Theoretisch wußte ich noch, was ich wollte, aber praktisch war weder der Wille noch das Bedürfnis vorhanden. Glücklicherweise habe ich dann dich getroffen.

XX Was hab ich damit zu tun?

AA Du bist so, wie ich war, bevor ich aufgehört hatte, zu sein. Du bist wie ein Meteor, der auf die Erde gefallen ist, sich tief in den Boden gewühlt hat und nun feststeckt. Unveränderlich, unempfindlich für seine Umgebung. Ein Ankömmling aus einer anderen Welt, ein Mineral von einem anderen Planeten. Du bist, glücklicherweise, immer noch ein Sklave.

XX Hör auf, mich zu beschimpfen!

AA Doch, doch, das bist du, da helfen keine Proteste. Du bist als Modell und als Inspiration für mich vom Himmel gefallen. In dir lebe ich wieder auf als Sklave. Du gibst mir meine frühere Substanz zurück und entfachst von neuem meinen schwindenden Willen zur Selbstdefinition. Dir ist es zu danken, daß ich endlich mein großes Werk schreiben werde. Jetzt weißt du, warum ich dich brauche.

XX Deshalb doch nich.

AA Würde ich sonst freiwillig mit dir in diesem Loch sitzen, wie du das nennst, wenn mich nicht ein großer Gedanke, eine Aufgabe dazu brächte?

XX Und ich sag dir, das is nich der wahre Grund.

AA Weshalb sitze ich dann hier mit dir? Was meinst du? Würdest du die Güte haben, mir das zu sagen?

XX Weil du quatschen willst.

AA Wie bitte?

XX Ganz einfach, du willst mit mir reden.

AA Und worüber können wir beide uns unterhalten?

XX Is doch egal. Kann auch über Fliegen sein. Über Fliegen, Fliegenfänger … über zu Hause … über früher … Reden, sich erinnern, das is doch normal, das is menschlich. Mit wem redste denn sonst, außer mit mir? Mit denen? *Er zeigt auf die Decke.*

AA Nein!

XX Na sicher nich. Was wissen die schon. Aber ’n Landsmann versteht den eigenen Landsmann immer. Was willst’n hier mit irgendwelchen Sklaven und so? Du willst doch ganz normal, menschlich reden. Vom Sommer, vom Winter… Was man bei uns ißt, was man bei uns trinkt… Normal, von Mensch zu Mensch, von Landsmann zu Landsmann!

AA Das ist nicht wahr! Ich habe einen großen Gedanken, ich… ein großes Werk…

XX Tatarata!… ’n großes Werk. Meinste vielleicht, ich seh nich, wie du dich windest, wenn ich ’n Brief von Zuhaus bekomme, von meiner Familie? Dann gehste immer in die Ecke und liest ’n Buch, aber verkehrt rum. Daß es einem schon richtig leid tut. Denn du – du kriegst ja keine Briefe.

AA Ich bekomme keine, weil ich keine brauche.

XX Genau. Du kriegst keine, weil dir niemand schreibt. Du schreibst an keinen, und an dich schreibt auch keiner. Das haste dir so gedacht, ‘n Buch schreiben. Aber du schreibst keins, obwohl du schreiben kannst. Is vielleicht auch besser, denn worüber sollste schon schreiben, du armes Waisenkind.

AA Über dich.

XX Bestimmt nich, höchstens über irgend’ne Schweinerei. Und wem nützt das was?

AA Den Leuten.

XX Die Leute haben genug eigene Schweinereien am Hals, die brauchen nich noch deine.

AA Die Leute brauchen immer die Wahrheit.

XX Aber nich so'ne Scheißwahrheit wie deine.

AA Hast du Angst, daß ich schlecht über dich schreibe?

XX Gar nichts schreibste.

AA Wieso nicht?

XX Weil du zu lange auf'm Sofa liegst.

AA Vorläufig sammle ich noch Gedanken, erwäge…

XX Eben!

AA Aber bald fange ich an. Vielleicht schon morgen.

XX Morgen nich und übermorgen auch nich. Ich kenn dich doch.

AA Na, dann in einem Jahr, in zwei Jahren… Das ist ganz gleich. Wichtig ist nur, daß das Werk richtig reift. Dann wird es Früchte tragen.

XX Soweit wird's nich kommen.

AA Wir haben ja Zeit. Ich bleibe so lange mit dir zusammen, bis ich fertig bin.

XX Du bleibst, aber ich bleibe nich.

AA Du wirst hier doch nicht ausziehen! Wer würde denn dann die Miete für dich zahlen.

XX Natürlich zieh ich nich aus. Ich geh zurück.

AA Wohin?

XX Na, wohin wohl? Nach Hause! Ich weiß ja, wohin ich gehör. Ich geh zurück, und du bleibst hier. Ohne mich. Denn du, du kannst ja nich zurück. Du kommst nie mehr zurück. *Pause.* Na und, biste jetzt immer noch so schlau? *Pause.*

AA Wann?

XX Wann ich Lust habe. 'n bißchen bleib ich noch hier, 'n bißchen verdien ich noch Geld, und dann bin ich weg. Ich kann immer zurück.

AA Nein, du gehst auch nicht zurück.

XX Ich? Wieso… Wie kommst'n darauf… Ich bin ja kein Politischer.

AA Noch nicht.

XX Ich hab keine Angst. Ich hab 'ne saubre Weste.

AA Bist du sicher?

XX Wovor soll ich denn Angst haben? Da hab du mal lieber Angst. Ich hab'n reines Gewissen.

AA Du sagst, daß ich keine Briefe schreibe. Sicher nicht. Du sagst, daß ich kein Buch schreibe. Vielleicht nicht. Aber ich kann ja was anderes schreiben.

XX Was denn Schönes?

AA Eine Anzeige. *Pause.*

XX Ich hab nichts gegen die da oben getan.

AA Und wer hat sich mit einem Verräter eingelassen, mit einem degenerierten Bourgeois, einem Feind des Regimes, das heißt mit mir? Bist das nicht zufällig du?

XX Nein.

AA Wieso nicht? Du wohnst mit mir in einem Zimmer.

XX Das kannste nich beweisen.

AA Ich werde es beweisen, einfach indem ich schreibe. Es genügen ein paar Worte, sogar anonym. Du weißt genau, daß so was genügt. Und dann leb wohl, Häuschen im Garten, lebt wohl, Weib und Kinder…

XX Weswegen?!

AA Da fragst du noch? Na bitte, da sieht man ja schon, wie verdorben du politisch bist. Ist ja auch nicht erstaunlich, das macht mein Einfluß… Sage mir, mit wem du umgehst… Hast du schon vergessen, daß es genügt, die gleiche Luft zu atmen wie so ein Aussätziger… um sich anzustecken? Und du hast sogar mit mir gesprochen, Kognak getrunken… Was wissen die denn, worüber wir geredet haben, Zeugen gibt es keine. Hat man dir erlaubt, ins Ausland zu fahren, damit du dich mit einem Anarchisten anfreundest?

XX Das tuste mir nich an.

AA Wieso nicht?

XX Ich hab Frau und Kinder.

AA Das ist ja ganz neu! An die habe ich zuerst gedacht. Ja, du hast Frau und Kinder, und genau deshalb gehst du nicht nach Haus zurück. Wozu die Familie mit ins Unglück ziehen. Na, wie ist es, bleibst du bei mir? *Pause.* Du bleibst, du bleibst. Wir bleiben hier zusammen. Deinen Kindern schickst du Geschenke zu Weihnachten, dann freuen sie sich. Und was deine Frau betrifft… Bist du sicher, daß sie dich so sehr braucht?

Man hört eine Alarmsirene näherkommen.

XX Nein…

AA Na, siehst du, das trifft sich gut…

XX Es brennt…

AA Hoffentlich nicht hier?

XX Bei uns?

AA Nein, nicht »bei uns«. »Bei uns«, das heißt weit weg. »Hier«, das heißt in diesem Haus.

Die Sirene wird immer lauter.

XX Hier brennt nichts.

AA Aber es wird brennen. Das werde ich dir gleich beweisen. Hast du schon mal was von Nero gehört?

XX Nein.

AA Das war ein römischer Kaiser, der aus Langeweile eine Stadt angezündet hat.

XX *mit plötzlichem Interesse* Angezündet?

AA Natürlich. Er konnte sich das erlauben, weil er der einzige freie Mensch in seiner Zeit war. Du kannst dir vorstellen, wie er sich gelangweilt hat. Die Summe der Freiheit in einem einzigen Menschen, das ist furchtbar. Da braucht man sich nicht zu wundern, daß der Arme das nicht ausgehalten hat...

XX *beginnt, das Zimmer abzuschreiten, er beklopft Tisch und Stühle, stößt mit dem Fuß die auf dem Boden liegenden Illustrierten auseinander.*

AA Und jetzt übertragen wir das in unsere Epoche. Hier in der Republik ist jeder ein bißchen frei, zwar weniger als der Kaiser, aber mehr als die Untertanen des Kaisers. Also langweilt sich jeder proportional zu seiner Freiheit. Und wer schlechter dran ist, langweilt sich an der Langeweile der übrigen, die sich langweilen... Was suchst du denn?

XX Nichts, nichts.

AA Die Summe der Langeweile bleibt also konstant. Die Brandstiftungschancen dagegen sind gestiegen, proportional zu der Anzahl von freien Menschen. Wenn also die Chance damals, bescheiden gerechnet, eins zu einer Million stand, dann steht sie heute eine Million zu eins. Das heißt, der Brand ist mehr als sicher. Was machst du denn?

XX *hat inzwischen seinen Koffer unter dem Bett hervorgezogen und wickelt sein Kissen in die Decke* Ich packe.

AA Wozu?

XX Na, es soll doch hier brennen, oder?

AA Aber nicht bei uns. Das Feuer beginnt in den oberen Stockwerken, bei den freien Menschen. Hier unten wohnen die Untertanen des Kaisers.

XX Ganz egal.

AA Aber nein! Das ist nicht unser Feuer. Das ist deren Feuer.

XX Auch gut.

AA Das ist kein kaiserliches Feuer. Das ist das Feuer der Republik.

XX Von mir aus.

AA Wir haben kein Recht auf dieses Feuer. Wir dürfen uns nicht in fremde Angelegenheiten mischen. Wir können höchstens unter der Treppe stehen und von unten zusehen, wie es sich für Sklaven gehört. Der Blick von unten hat auch seine Vorteile. Es gibt zum Beispiel Frauen, die vor dem Feuer fliehen …Eine fabelhafte Gelegenheit für dich… Aber sonst? Was geht uns das alles an? Das ist weder dein Haus noch deine Freiheit. Mach dir keine Sorgen und pack deine Siebensachen wieder aus.

AA *gießt Kognak ein und geht mit dem Becher in der Hand auf die linke Seite der Bühne, er steht mit dem Gesicht zum*

Proszenium, seitlich zu XX. XX *stellt den Koffer, das Bündel und den Hund Pluto neben die Tür und dreht sich zu* AA *um.*

AA Ich trinke auf alle, die nicht das Recht haben, sich selber anzuzünden, und warten müssen, bis der Kaiser von seinem Privileg Gebrauch macht. Sie warten also, in Stille und Dunkelheit, in Kälte und Kummer, bis diese prometheische Feerie, dieses letzte großmütige Geschenk des Kaisers sie erleuchtet und erwärmt. Ja, meine Herren! Bis es uns erleuchtet und erwärmt. Weil uns nichts so erleuchtet und erwärmt, uns, die getreuen Untertanen, wie ein gutes, kunstgerecht entfachtes Feuer. Auf unsere Brüder!

Er hebt den Becher. Inzwischen hat die Sirene ihre größte Lautstärke erreicht. XX *macht die Kerze aus. Einen Augenblick lang ist es völlig dunkel. Plötzlich geht die Birne an, ein helles, grelles Licht. Oben hört man ein freudiges mehrstimmiges »*AAAAHHH*«, wie eben eine Gruppe von Menschen, die in einem Raum zusammen sind, nach einer längeren Dunkelheit das Licht zu begrüßen pflegt.* AA *und* XX *stehen sich jetzt unmittelbar gegenüber,* AA *mit dem erhobenen Becher,* XX *mit der Axt, die er zum Schlag gehoben hat. Einige Sekunden lang erstarrt die Szene.* AA *geht auf* XX *zu und reicht ihm den Becher.* XX *läßt das Beil sinken und nimmt ihn.*

AA Sie sind vorbeigefahren.
XX Es brennt nich.

AA Es muß ja nicht die Feuerwehr gewesen sein. Vielleicht war es die Polizei.

XX Du hast gesagt, das is'n Feuer.

AA Eine Hypothese. Es hätte auch ein Streik sein können.

XX Beim Elektrizitätswerk?

AA Beim Wasserwerk und beim Elektrizitätswerk. Deswegen gab es vorhin kein Wasser. *Pause.* Wolltest du mich umbringen? *XX nickt mit dem Kopf.* Ich verstehe. Du hast dir gesagt, es wird brennen. Feuer verwischt die Spuren, die Leiche verkohlt, keine Indizien. In den Flammen bin ich spurlos verschwunden. So viel Phantasie habe ich dir gar nicht zugetraut. *Er gießt sich in den anderen Becher, der auf dem Tisch steht, Kognak ein.* Jetzt sage mal, hast du wirklich geglaubt, daß es brennt? Hast du das wörtlich genommen, was ich vom Feuer gesagt habe?

XX Nein.

AA Was dann?

XX zieht eine Schachtel Streichhölzer aus seiner Tasche, schüttet sie auf die Handfläche und steckt die Schachtel wieder ein.

AA Das wird ja immer besser. Also nicht nur Mord, sondern auch Brandstiftung. *Er hebt den Becher.* Auf mein Wohl. *Beide trinken.* Du hast also geglaubt, daß ich … Meinst du immer noch, ich könnte dich denunzieren?

XX Warum nich? *Er setzt sich auf den linken Stuhl.*

AA Vielleicht hast du recht. Weiß der Teufel, wozu der Mensch fähig ist, ich kann's nicht beschwören. Aber ich würde dich nicht denunzieren. Nicht etwa, weil ich nicht dazu fähig wäre, sondern weil es völlig überflüssig ist. Du gehst sowieso nicht zurück nach Hause. Brauchst du das Beil noch? *XX schweigt.* Du fährst auf keinen Fall zurück, selbst wenn du mich aus Angst vor einer Anzeige ermorden würdest. Auch dann würdest du nicht nach Hause zurückgehen. Warum sollte ich dich also denunzieren? Beruhige dich. Ich schreibe nicht.

XX Nein?

AA Nein. Gib her. *Er steht auf, nimmt XX das Beil aus der Hand und trägt es in die Ecke zurück.* Danke Gott, daß dir das nicht gelungen ist. Was würdest du hier ohne mich tun, so ganz allein… Ist es nicht besser, wir bleiben zusammen?

XX Ich bleib nich hier.

AA Du bleibst hier, natürlich bleibst du hier, obwohl du das selber noch nicht weißt.

XX Ich will zurück.

AA Natürlich willst du. Das glaube ich dir. Du bist ja hier, um zurückzukehren. Die Rückkehr ist die einzige Rechtfertigung für dein Leben hier. Sonst würdest du es keinen Augenblick aushalten. Du würdest verrückt werden oder dich umbringen.

XX Und wer will mich daran hindern?

AA *geht nach rechts, wo XX sein Gepäck und den Hund Pluto abgestellt hat.* Pluto, bei Fuß!… So ein bockiger Köter! *Er nimmt das Maskottchen in die Hand.*

XX *steht auf* Laß ihn.

AA Ich beiß ihn ja nicht. Siehst du, du Nichtsnutz? Dein

Herrchen ist eifersüchtig. Er läßt mich nie mit dir spielen … Das ist ja nicht normal, so eine Bindung an einen dummen Hund. Noch dazu an einen ausgestopften.

XX Leg ihn hin!

AA Wieso? Darf ich ihn nicht streicheln? Weshalb bist du so eifersüchtig? Das ist verdächtig.

XX Ich bin überhaupt nich eifersüchtig. *Er setzt sich.*

AA Du sorgst aber gut für ihn… Das Hundchen platzt ja fast, so fett ist es. Womit fütterst du ihn denn?

XX Mit nichts. Is ausgestopft.

AA Na eben. Aber womit? Was hat er denn da innen drin?

XX Nichts.

AA Vielleicht ist das ein Geheimnis?

XX *steht auf* Läßte ihn jetzt los oder nich?

AA Gleich werden wir's wissen.

AA hebt die Schere vom Boden auf, und bevor XX es verhindern kann, schlitzt er dem Maskottchen den Bauch auf und zieht bündelweise Banknoten heraus.

AA Ah, jetzt verstehe ich.

XX Das ist meins! Gib das her! *Er entreißt ihm Banknoten.*

AA Jetzt verstehe ich alles. Deswegen hattest du nie Geld.

XX Gibt das her, du Dieb!

AA Paß auf, was du sagst. Wenn ich dich bestehlen wollte, hätte ich das längst getan. Denkst du, ich hätte nicht gewußt, wo du dein Geld versteckst?

XX Hast rumspioniert, was?

AA Zu Anfang habe ich es mir nur gedacht. Leute wie du haben ihr Geld nicht auf der Bank. Und dann eines Abends, das muß ich zugeben…

XX Hastes gesehen?

AA Ja, ich habe gesehen, wie du deinen Hund mit Geld ausgestopft hast. Aber glaube mir, ohne es zu wollen. Wir haben einen leichten Schlaf, wir Intellektuellen.

XX Verbrecher!

XX setzt sich an den Tisch auf den rechten Stuhl und beginnt, sein Geld zu zählen.

AA Du kannst dich überzeugen, ich hab keinen Pfennig genommen. Obwohl ich das gekonnt und sogar das Recht dazu gehabt hätte…

XX Was für'n Recht?! Das is mein Geld.

AA Du schuldest mir für mehrere Monate die Miete.

XX Ich will ja nich für mich…

AA Ich weiß, ich weiß, für deine Frau und deine Kinder. Aber was geht mich das an, für wen du es hortest. Für mich ist nur wichtig, daß du ein Geizkragen bist. Das ist meine Garantie, daß du mich nie verlassen wirst. Denn dein Geld wirst du ja nicht verlassen, oder?

XX Glaubste, ich laß es dir? Da kannste lange warten.

AA Das habe ich auch keinen Augenblick angenommen. Ich erinnere dich nicht einmal an deine Schulden. Du würdest es also mit nach Hause nehmen?

XX Das is meins, das geb ich nich her!

AA Eben, »meins«. Wie du das sagst! So überzeugt, so leidenschaftlich … Aber überlege mal. Zu Hause müßtest du das schwer verdiente Geld schließlich ausgeben. Da kannst du weder verdienen noch sparen …

XX Is ja klar. Deswegen leg ich's ja auch hier zurück.

AA Eben, hier. Hier und nicht dort. Hier kommt jeden Tag mehr Geld dazu. Jeden Tag legst du dich mit dem Gedanken schlafen, daß du morgen wieder mehr hast, übermorgen noch mehr, in einem Jahr noch mehr und noch mehr. Du hast ein Ziel in deinem Leben, und je entfernter es ist, desto verlockender wird es. Du hast dir schon ein kleines Häuschen in einem kleinen Garten zusammengespart? Warum nicht ein etwas größeres Haus in einem etwas größeren Garten … Das ist so einfach, du brauchst deine Rückreise nur um einen Monat zu verschieben, dann um noch einen und noch einen … Und dann ein noch schöneres Haus und ein noch größerer Garten … Also wirst du die Rückreise weiter rausschieben, denn je mehr du hast, desto mehr wirst du haben wollen. Die Jahre vergehen, und du schiebst diese Heimkehr immer noch auf, arbeitest und sparst. Für die Zukunft. Wieso hast du aufgehört … Es macht richtig Spaß, dir beim Geldzählen zuzugucken …

XX Warum sagste mir das alles?

AA Damit du verstehst, daß nicht ich dich hier zurückhalte. Daß ich keinen anonymen Brief zu schreiben brauche, damit du hierbleibst. Du bleibst von allein, freiwillig. Damit du nicht wieder auf irgendwelche Ideen mit dem Beil kommst.

XX Ich fahr nich zurück nach Haus?

AA Niemals. Obwohl du dir immer vormachen wirst, daß du ganz bald, in kürzester Zeit...

XX Niemals?

AA Weshalb regst du dich auf!? Du wirst ein schönes Leben haben, voller Hoffnung, Sehnsucht und Illusionen. Das ist nicht jedem vergönnt.

XX Aber warum niemals?!!

AA Das habe ich dir doch schon erklärt. Niemals, weil du ein Sklave bist. Zu Hause ein Sklave des Staates und hier ein Sklave deiner Habgier. Aber so oder so – du bist immer ein Sklave, und es gibt keine Erlösung für dich. Freiheit, das heißt: über sich selber verfügen, und über dich verfügt immer ein anderer oder etwas anderes. Wenn nicht Menschen, dann Dinge.

XX Was für Dinge...

AA Dinge, die du dir wünschst, die du haben willst. Die du für Geld kaufen kannst. Ein Sklave von Dingen zu sein bedeutet eine noch größere Unfreiheit als das Gefängnis. Das ist die wirklich ideale Unfreiheit, weil es keine Gewalt von außen, keinen Zwang gibt. Die Seele des Sklaven erschafft sich selbst die Sklaverei, weil sie nach Sklaverei lechzt. Du hast die Seele eines Sklaven, und nur deswegen interessierst du mich – wegen meines Werkes über das Wesen der Sklaverei, das ich schreiben will...

XX Weißte, was ich über dein Werk...

AA Das ist mir gleich, was du für ein Verhältnis zu meinen Untersuchungen hast. Einen Gelehrten interessiert es nicht, was für ein Verhältnis das Insekt zum Mikroskop hat. Ich sehe dich und beschreibe dich, das ist alles.

XX Du mich?

AA Ich dich. Und was du davon hältst, ist völlig belanglos. Entscheidend ist, daß du nicht aufhören kannst, Sklave zu sein, so wie ein Insekt nicht aufhören kann, Insekt zu sein.

XX Kann ich das nich?

AA Das kannst du nicht, weil das deine Natur ist und du die nicht ändern kannst. Du kannst es nicht, weil du dann ein anderer werden müßtest, und das ist nicht möglich. Du kannst das genausowenig, wie du nicht aufhören kannst, ein Geizkragen zu sein, genausowenig, wie du deine Träume von deiner Rückkehr aufgeben kannst, genausowenig, wie du zurückgehen kannst…

XX Ich geh zurück.

AA Du gehst nicht!

XX Ich geh zurück!

AA Und das? *Er zeigt auf ein Bündel Banknoten.*

XX Ich geh zurück, ich geh zurück, ich geh zurück!!! *Er zerreißt Banknoten.*

AA Was machst du denn?! Das ist doch Geld!!

XX Ich… 'n Sklave… 'n Insekt…

AA versucht, XX zurückzuhalten, aber XX stößt ihn weg. Er zerreißt die Banknoten in kleine Stücke und wirft sie auf den Fußboden.

AA Dein Geld!!!

XX Meins… meins… meins…

XX zerreißt immer weiter. AA versucht, ihn zu überwältigen, aber XX stößt ihn so hart zurück, daß AA stolpert und zu Boden fällt. XX beendet sein Zerstörungswerk.

AA Er ist verrückt geworden. *Er kriecht auf allen vieren auf dem Boden herum und sammelt die Fetzen zusammen.* Vielleicht kann man das noch kleben…

XX Kann man?

AA Nein. *Er wirft die Fetzen auf den Boden und steht auf.*

XX Was mach ich jetzt?!

AA Was weiß ich… Mach, was du willst. Jetzt bist du ein freier Mensch.

XX Was hab ich getan, was hab ich getan!

AA Was willst du denn? Du hast dich von deinem Sklavendasein befreit, du hast gegen die Tyrannei des Geldes rebelliert. Du hast bewiesen, daß du dir den Luxus der Freiheit leisten kannst. Also freu dich!

XX Aber jetzt kann ich nich zurück!

AA Vorher auch nicht. Wo ist da der Unterschied?

XX Das kommt alles durch dich.

AA Hab ich dir befohlen, das Geld zu zerreißen? Ich habe nur theoretisch Möglichkeiten erwogen – aber du wolltest ja ein Spartakus sein.

XX Ich wollte gar nichts, ich wollte nur nach Hause zurück, nur nach Hause zurück.

AA Zu spät.

AA holt aus seinem Koffer einige handgeschriebene Bogen Papier heraus. Er setzt sich an den Tisch auf den linken Stuhl und zerreißt methodisch die Bogen.

XX Was is'n das?

AA Pläne, Skizzen, Notizen. Ich wollte ja mein großes Werk schreiben.

XX Und weshalb zerreißte das?

AA Weil ich es nun nicht mehr schreibe. Es hat sich herausgestellt, daß der ideale Sklave nicht existiert. Wenn selbst so ein Zwangsarbeiter wie du seinen Augenblick der Freiheit hat … Du warst mein Vorbild, meine Inspiration, meine These und mein Sicherheitsfaktor. In einer Minute hast du alles zerstört. Du hast die Früchte meiner Erfahrungen und meiner Überlegungen vernichtet. Du hast ein großes Werk an seiner Wurzel zerstört, du Vandale.

XX Ach was …

AA Klar, dir ist das gleichgültig. Gleichgültig, daß die Menschheit durch deine unüberlegte Geste einen Verlust erleidet, der nie wieder gutzumachen ist. Dieses Buch sollte ein Beitrag zur Kultur der ganzen Welt sein, bist du dir wenigstens dessen bewußt? Und dazu einer der originellsten!

XX steht auf und zieht sein Jackett aus. Er hängt es über die Stuhllehne. Er steigt auf den Stuhl und vom Stuhl auf den Tisch.

XX Rück mal 'n Stück.

AA Und du warst so ein schöner Sklave … Alles hast du verdorben. Weil du immer nur an dich denkst.

XX bindet seinen Schlips ab, verknotet ihn zu einer Schlinge und befestigt ihn an der Fassung der Birne.

AA Hängst du dich auf?

XX Na und, darf ich das vielleicht nich?

AA Du darfst, natürlich. Der Selbstmord ist ein heiliges Recht des freien Menschen, die letzte Bestätigung seiner Freiheit.

XX Na, dann rück mal'n Stück.

AA *schiebt die Papiere an den Rand des Tisches.* Das ist sogar die logische Konsequenz deiner vorherigen Tat. Wenn du einmal angefangen hast, frei zu sein, kann man dir nichts mehr abschlagen. Obwohl – ehrlich gesagt, etwas Maßhalten ganz nützlich wäre.

XX *zieht an dem Schlips, probiert seine Belastbarkeit aus.* Wird wohl halten.

AA Übertreiben zeugt von schlechtem Geschmack, aber schlechter Geschmack ist eine typische Eigenschaft von Emporkömmlingen... Vielleicht hörst du mit dem Erhängen trotzdem mal auf...

XX *legt sich die Schlinge um den Hals.* Rück'n Stück!

AA Wieso?

XX Weil ich den Tisch umkippen will.

AA Also doch. Das ist die Habgier der Emporkömmlinge.

XX Du sollst 'n Stück rücken, hab ich gesagt.

AA Die Dickhäutigkeit.

XX Rückste nu oder nich?

AA Willst du unbedingt vulgär sein?

XX Auch gut. Dann schmeiß ich ihn eben so um...

AA Warte! Wie lauten deine letzten Worte?

XX Ver…

AA Pscht! Sag nichts. Bleib mir lieber als ein erhabener Mensch in Erinnerung, wenn auch aus der Gosse. Ich weiß, was du sagen wolltest, aber das war für mich. Was ist für die Familie?

XX Für die Familie?

AA Hast du bereits vergessen, daß du eine Familie hast? Der stehen doch ein paar Worte zu. *Pause.*

XX Sie hören mich ja nicht.

AA Dann schreib ihnen.

XX Jetzt?

AA Was denn sonst? Du erhängst dich doch, nachher hast du keine Gelegenheit mehr dazu.

XX Wo ich die Schlinge schon…

AA Dann diktier mir, und ich schreibe für dich.

AA *dreht das letzte noch nicht zerrissene Stück Papier um. Er zieht einen Füllfederhalter aus der Tasche.*

AA Also los, wie fangen wir an?

XX Meine liebe Frau, geliebte Kinder…

AA *schreibt und wiederholt jede Silbe.* Mei-ne lie-be Frau…

XX Mit den ersten Worten meines Briefes möchte ich Euch mitteilen, daß ich gesund bin…

AA Gesund… Hmm, von mir aus. *Schreibt.* Was weiter?

XX Was ich auch Euch wünsche…

AA Vielleicht lieber nicht?

XX Warum nich?

AA Das gehört sich eigentlich nicht. *Er hält seine Hand an den Hals und streckt die Zunge heraus.*

XX Tatsächlich. Dann lieber nich.

AA *liest vor.* »Daß ich gesund bin.« Punkt. Was weiter?

XX …Und es mir gutgeht.

AA *schreibt…* im Himmel…

XX *fährt mechanisch fort…* wie auf Erden. *Denkt nach:* Wieso im Himmel?

AA Na, du kommst doch in den Himmel.

XX Misch dich nich ein. Streich das.

AA Habe ich gestrichen. Was weiter?

XX Ich weiß nich.

AA Soll ich an deiner Stelle schreiben?

XX Ja.

AA *schreibt* Ich den-ke im-mer an Dich und die Kin-der…

XX Gut.

AA Und deswegen will ich mich erhängen.

XX Wie?

AA Erhängen.

XX Das schreib nich.

AA Aber es ist doch wahr.

XX Aber nich deswegen.

AA Gut. *Er schreibt…* Ich erhänge mich, weil ich überhaupt nicht an Euch denke.

XX Nein!!

AA Wieso, ist das auch nicht richtig?

XX So doch nich! Der will gebildet sein und kann noch nich mal 'n Brief schreiben.

AA Also wie würdest du das formulieren?

XX Irgendwie… kürzer.

AA Ich erhänge mich. Euer Euch liebender Vater und Ehemann. So, unterschreibe.

AA gibt XX das Blatt Papier und den Füllfederhalter. XX überfliegt den Text, dann zerknüllt er das Blatt und wirft es auf den Boden. Er zieht den Kopf aus der Schlinge und steigt vom Tisch.

AA Bedeutet das, daß wir nicht mehr schreiben? *XX dreht sich um und geht nach rechts.* Mein Füller! *XX gibt ihm den Füller zurück und legt sich auf sein Bett, mit dem Gesicht zur Wand.* Wie du willst. *Er steigt auf den Tisch und macht den Schlips wieder ab. Er wirft ihn auf den rechten Stuhl.* Du hast recht. Es ist noch nicht alles verloren. Ich rede nicht von mir, aber du ... du kannst von vorn anfangen.

Oben klappen Türen, die Schritte der Gäste auf der Treppe. Gelächter und Stimmen.

AA Du wirst sehen, wie sich deine Frau freut. Und die Kinder? Die warten auf dich, halten Ausschau nach dir ... Deine Frau wartet auch auf dich, sie hat Sehnsucht nach dir ... Das wird eine Freude sein. Alle holen dich vom Bahnhof ab, das ganze Städtchen. Vielleicht sogar mit dem Orchester ...

Ein letztes Lachen auf der Treppe. Stille.

Und was sagst du dazu? XX *antwortet nicht.* Und die Geschenke? Denk mal an die Geschenke. Du lieber Gott, was für schöne Sachen. Du bringst jedem irgendein Geschenk mit. Dies und jenes und dieses... was weiß ich was. Du weißt ja am besten, was du kaufen sollst. Du kaufst dir alles, worauf du Lust hast. Ganze Koffer voll. Und die anderen werden dich beneiden, was? XX *antwortet nicht.* Bestimmt, da kannst du sicher sein.

AA *geht nach hinten rechts, wo* XX *seine Sachen abgestellt hatte, nimmt die Decke und deckt* XX *zu. Er geht nach links und legt sich mit dem Rücken auf sein Bett und kreuzt die Arme unter seinem Kopf.*

AA Und dann baust du dein Haus. Ein schönes Haus. Ganz hoch. Mit steinernen Mauern... Nicht so irgendeine Holzhütte. Und Fliegen werden auch rumfliegen... *Pause.* Die Kinder schickst du zur Schule. Die sollen was lernen und richtige Menschen werden. Das wird eine richtige gute Schule sein, weil alles gut und richtig sein wird... Die Arbeit gibt Brot, das Gesetz Freiheit. Denn die Freiheit wird das Recht sein und das Recht die Freiheit. Geht es uns nicht allen darum, haben wir nicht alle das gleiche Ziel? Und wenn wir alle das gleiche Ziel haben, wenn wir alle das gleiche wollen, was hindert uns dann daran, eine gute und vernünftige Gemeinschaft zu bilden. Du gehst nach Hause zurück und wirst nie wieder ein Sklave sein. Weder du noch deine Kinder.

Man hört lautes Schnarchen. AA *dreht sich mit dem Gesicht zur Wand. Nach einem Augenblick mischt sich in das Schnarchen ein anderes Geräusch, zuerst ein leises Schluchzen, das immer lauter, zum Schluß herzzerreißend wird.*

Blackout

Die Uraufführung des Stückes erfolgte 1974 in Paris.

Schlachthof

Ein Hörspiel

Personen

Mutter
Flötistin
Geiger
Paganini
Direktor der Philharmonie
Hausmeister

Teil 1

Musik. Eine Geige und eine Flöte. Nach einem Augenblick bricht die Geige mitten im Takt ab, die Flöte spielt weiter.

GEIGER Ich liebe Sie. Ich liebe Sie vom ersten Augenblick an. Ich liebe Sie, seit ich Sie drüben im Fenster gesehen habe. Als Sie unsere Nachbarin wurden, habe ich mich auf den ersten Blick in Sie verliebt. Und jetzt, wo Sie so nah bei mir sind, liebe ich Sie endgültig und ausweglos. Mein Schicksal liegt in Ihren Händen. Was sagen Sie? Lieben Sie mich auch? Darf ich mir Hoffnung machen? Und wenn schon keine große Hoffnung, dann wenigstens eine kleine Hoffnung? Eine Spur von Hoffnung? Ein Fünkchen? Ein viertel Fünkchen? Bitte, antworten Sie mir sofort. Bitte, unterbrechen Sie… *Titel des Werkes für Flöte und Geige…* und antworten Sie. Ich bitte Sie, ich fordere von Ihnen, ich befehle Ihnen! Ich habe das Recht zu fordern… ich habe doch wohl das Recht… weshalb antworten Sie nicht? *Pause.* Wenn Sie mir nicht sagen wollen, daß Sie mich auch lieben, dann sagen Sie mir wenigstens, daß Sie mein Geständnis gehört haben, daß Sie wissen… Sie schweigen. *Pause.* Erscheine ich Ihnen lächerlich? Machen Sie sich über mich lustig? Vielleicht wollen Sie mir nicht die Wahrheit sagen, um meine Gefühle nicht zu verletzen.

Danke für Ihr Mitleid, das brauche ich nicht. Glauben Sie, mir liegt was daran? Glauben Sie, mir liegt was an Ihnen? An Ihnen! Haha! *Pause.* Aber schweigen Sie denn wirklich? Sie antworten mit dem Instrument, Sie sprechen zu mir durch die Musik. Es ist nicht wahr, daß Musik nichts ausdrückt als Musik, reine Musik, Musik an sich. Ach, alle diese armseligen Dilettanten, alle diese Ignoranten, diese Pseudomusiker, diese gefühlvollen Musikantenseelen, sie haben ja recht, wenn sie behaupten, daß Musik den Gesang der Vögel, das Brausen des Windes und der Ströme wiedergibt, daß sie Landschaften malt, Sonnenaufgänge und -untergänge, daß sie menschliche Gefühle darstellt und die Dramen der Seele. Ja, sie haben recht. Ein Glück, daß ich schon am Anfang meiner Karriere erkenne, daß es reine Musik nicht gibt. Ich will keine reine Musik, ich will keine Musik ohne Sie. Nieder mit der reinen Musik! Wenn Sie... *Titel des Werkes...* spielen, dann sprechen Sie zu mir. Sie reden mit mir. *Pause.* Ja, aber worüber? Was bedeutet das? Was heißt... *Titel des Werkes...*? Ich höre zu und versuche, es in die menschliche Sprache zu übersetzen, aber ohne Erfolg. Ich bin mir nicht sicher... Oder bedeutet das alles doch nichts? Ich verstehe es nicht, ich verstehe überhaupt nichts. Was würde ich darum geben, wenn ich jetzt... *Name des Komponisten...*, den Komponisten dieses... *Titel des Werkes...*, treffen und ihn fragen könnte: »Was wollten Sie mit... *Titel des Werkes...* ausdrücken, insbesondere mit diesem... *genauere Bezeichnung eines Satzes oder einer Solostelle...* für

Flöte? Aber bitte ohne Umschweife, ohne Kunstgeschwätz. Sagen Sie mir aufrichtig, was Sie beim Komponieren dieses Werkes gedacht haben.« *Heftig.* Bitte, hören Sie wenigstens einen Augenblick auf, werfen Sie dieses verdammte Instrument weg! Musik, ich pfeife auf Musik, reine oder unreine! Bitte, erzählen Sie mir etwas von sich, ohne Musik! Einfach, menschlich! *Pause.* Entschuldigen Sie, ich habe mich hinreißen lassen. Ja, die Musik... Frauen lieben so etwas. Oh, ich kenne die Frauen. Welche Zweideutigkeit... Sie ziehen sich die Musik an wie ein Kleid. Sie verbergen sich in der Musik wie... wie eine Nymphe im Dickicht. Ja, wie eine Nymphe, ein phantastischer, klassischer Vergleich. Jeder weiß, daß sie im Hain lebt, aber sie versteckt sich hinter den Blättern. Jedoch nicht ganz. Man meint, sie zu sehen, aber wiederum nicht ganz. Sie entschwindet ins Lorbeerdickicht, lacht oder singt... Trotz ihrer Nacktheit verhüllt. Sie lockt, verspricht nichts, verweigert nichts. Darum geht es doch, nicht wahr, nichts deutlich zu sagen. Dazu dient den Frauen die Musik. Ach Frauen, ich kenne euch! Sie glauben mir nicht? Haha, ich laß mich von euern Tricks nicht einwickeln. *Pause.* Entschuldigen Sie. Wenn Sie es wünschen, folge ich Ihnen, obwohl ich selbst nicht weiß, wohin und warum. Und obwohl ich eigentlich nichts begreife. *Er spielt wieder Geige. Einen Augenblick lang hört man beide Instrumente im Duo, dann von fern ein Türenschlagen. Die Geige hört auf zu spielen. Nach einem Augenblick auch die Flöte.*

FLÖTISTIN Warum sagst du nichts?

GEIGER Das ist meine Mutter.

FLÖTISTIN Wo?

GEIGER Unten. Ich hab gehört, wie die Tür zugefallen ist. Sie kommt früher nach Hause, als ich dachte.

FLÖTISTIN Aha. Dann sei still, wenn du mir nichts zu sagen hast. *Wieder Duo.*

GEIGER *nach einer Pause* Meine Mutter liebt mich sehr. *Pause. Nach einem Augenblick hört die Geige auf zu spielen.* Hören Sie? Oh, jetzt... hören Sie nur... *Die Flöte schweigt, Pause.*

FLÖTISTIN Ich höre nichts.

GEIGER Stille. Hab ich mich etwa geirrt? *Von weitem langsame Schritte.* Ah, sie kommt die Treppe hoch!

FLÖTISTIN Wer?

GEIGER Meine Mutter.

FLÖTISTIN *ungeduldig* Ach, deine Mutter. *Die Flöte spielt weiter.*

GEIGER Sie vergöttert mich. *Die Geige spielt wieder mit.* Sie hat mich sehr, sehr... *Die Flöte schweigt.*

FLÖTISTIN Du spielst falsch. *Die Flöte spielt weiter.*

GEIGER Sie möchte, daß ich eine große Karriere mache. Was glauben Sie – ob sie uns hört? Sie hört uns ganz sicher. Natürlich hört sie uns, wenn wir... *Titel des Werkes*... spielen. Wenn wir schon ihre Schritte hören, dann hört sie auch die Geige und die Flöte... *Die Flöte hört auf.*

FLÖTISTIN Und was folgt daraus?

GEIGER O ja, reden Sie!

FLÖTISTIN Was?

GEIGER Ganz gleich, was. Irgendwas. Wenn Sie reden,

können Sie nicht flöten. Wenn Sie reden, kann man die Flöte nicht hören.

FLÖTISTIN Worauf willst du hinaus?

GEIGER Ausgezeichnet. Reden Sie weiter, nur nicht laut. Reden Sie leise, so leise wie möglich...

FLÖTISTIN *wird lauter* Was sind das für Unverschämtheiten...

GEIGER Ich bete Sie an, wenn Sie reden, aber ich bete Sie noch mehr an, wenn Sie flüstern. Oder wissen Sie was? Am besten, Sie reden überhaupt nicht. Hören Sie auf, Flöte zu spielen, und hören Sie auf zu reden. Schweigen ist Gold. *Man hört Schritte, jetzt sehr viel näher als vorher.*

FLÖTISTIN Du verbietest mir zu reden?!

GEIGER Nein, ich bitte Sie nur, nicht zu reden. Außerdem werde ich auch schweigen. Wir werden beide schweigen.

FLÖTISTIN Ich denke gar nicht daran!

GEIGER Nicht reden und nicht spielen. Keinen Ton! Bitte, legen Sie die Flöte weg, geben Sie sie mir. *Die Geige schweigt. Man hört die Schritte immer näher.* So, die legen wir hier hin. Oder wissen Sie was? Wir legen sie in den Schrank. Oder nein, besser unter den Schrank... Nein, unter den Tisch! Ruhen Sie sich aus, essen Sie was, möchten Sie Konfekt? Hier ist Konfekt. Oder Sie legen sich ein wenig hin und schlafen. Ja, am besten Sie schlafen ein, ich decke Sie mit dem Plaid zu. Oder noch besser – mit dem Teppich. Ja. Ich decke Sie mit dem Teppich zu, das tut gut, das ist warm und mollig, Sie werden sehen, wie im Himmel. Ich wickele Sie in den Teppich ein. Sie wollen nicht? Aber warum denn nicht, das ist ein sehr schöner Teppich, fast ein Perser. *Geräusch eines Gerangels.* Sie kommen hierher, und zwar sofort! In den Teppich! Unter den Teppich! Ich werde Sie… werde Sie… einwickeln.

FLÖTISTIN Bist du verrückt? Laß mich los!… Was machst du denn? *Die Schritte kommen näher. Man hört ein zweites Türenschlagen, jetzt ganz nahe. Die Schritte verstummen. Das Gerangel hört ebenfalls auf. Ein Augenblick Stille.* Was fehlt dir denn? Du bist ganz blaß!

GEIGER Zu spät. Sie ist schon im Salon. Sicher horcht sie an der Tür. *Man hört die Geige.* Sie horcht immer, wenn ich Geige spiele. Sie hat mich gezwungen, Geiger zu werden. Sie hat beschlossen, aus mir einen Virtuosen zu machen, als ich noch ein Säugling war, gleich nach dem Tod meines Vaters. Deswegen horcht sie. Sie rückt sich einen Sessel heran, lehnt ihr Ohr an die Tür, verschränkt die Arme und lauscht. Stundenlang, tagelang, wochenlang, jahrelang, ihr ganzes Leben lang. Sie, die Geige und ich. Danach klatscht sie »bravo«. *Man hört ein einzelnes Klatschen.* Na bitte. *Die Geige hört auf.* Danke, Mama!

FLÖTISTIN Vielen Dank.

GEIGER Pscht! Um Gottes willen.

FLÖTISTIN Warum?

GEIGER Sie klatscht nur für mich.

FLÖTISTIN Du vergißt, daß wir beide spielen! Weißt du überhaupt, was wir spielen? *Titel des Werkes.* Für Flöte und Geige. Ein Duo. Noch bist du kein Solist, mein Kleiner.

GEIGER Stellen Sie sich bitte vor, da hinter der Tür ist eine arme alte Frau, die alle ihre Hoffnung auf ihren einzigen Sohn setzt. Sie sieht in mir schon einen großen Solisten. Hätten Sie das Herz, diese arme alte Frau zu verletzen...

MUTTER Junge, mein Junge, mein Jungchen!...

GEIGER *flüsternd* Das ist sie. *Laut.* Ja, Mama?

MUTTER Bist du allein?

GEIGER Natürlich, Mama.

MUTTER Das ist gut. Mir war so, als hätte ich eine Stimme in deinem Zimmer gehört.

GEIGER Aber woher denn, Mama? Das kam dir nur so vor. Hier ist niemand.

FLÖTISTIN Niemand? Das ist ja reizend.

GEIGER Aber ich erkläre Ihnen doch die ganze Zeit...

FLÖTISTIN Ich bin also niemand für dich? Vor einem Augenblick hast du noch was anderes gesagt... Du hast mir geschworen, ich sei für dich alles.

GEIGER Das ist wahr. Aber ich flehe Sie an, im Namen der Menschlichkeit, bei Ihren teuersten Gefühlen...

FLÖTISTIN Gefühle? Ausgezeichnet. Dann reden wir jetzt über deine Liebe.

GEIGER Nicht jetzt, später.

FLÖTISTIN Warum? Du hast mir gestanden, daß du mich liebst, und hast dich über mein Schweigen beklagt. Jetzt will ich reden.

GEIGER Ja, ja. Aber können wir das nicht auf später verschieben, wenn die Gelegenheit günstiger ist...

MUTTER Redest du mit jemandem?

GEIGER Aber nein, Mama, ich bin alleine.

MUTTER Es kam mir nur so vor, als wenn du mit einer Frau gesprochen hättest.

GEIGER Mit einer Frau?! Haha, ich mit einer Frau, ausgeschlossen!

FLÖTISTIN Ooh!

MUTTER Gut, daß du allein bist. Hast du gefrühstückt?

GEIGER Ja, Mama.

MUTTER Ist dir nicht zu warm?

GEIGER Nein, Mama.

MUTTER Auch nicht zu kalt?

GEIGER Nein, Mama.

MUTTER Tut dir nichts weh?

GEIGER Nein, das heißt… ein bißchen.

MUTTER Was!

GEIGER Nicht physisch, nur psychisch…

MUTTER Zeig mal!

GEIGER Nein. Es ist nichts, Mama.

MUTTER Bestimmt nicht? Ich bringe dir einen kalten Umschlag.

GEIGER Nein!

MUTTER Möchtest du Milch? Sirup? Vielleicht Mohrrüben?

GEIGER Nein, nichts. Komm hier ja nicht rein, Mama! Ich muß üben!

MUTTER Vielleicht Vitamine?

GEIGER Nein, ich brauche nichts. Ich bin völlig gesund!

MUTTER Und weshalb übst du nicht?

GEIGER Ich übe ja schon, Mama! *Wieder hört man die Geige. Der Geiger flüstert.* Jetzt haben Sie selbst gehört. Ich darf keinen Augenblick unterbrechen, sie macht sich sofort Sorgen. Es ist immer dasselbe. Solange ich mich erinnern kann. Pausen nur, um zu essen und um zu schlafen. Ich habe kein Vergnügen, keine Freunde, keine Bekannten … Ich kenne keine Frau, ich weiß nichts vom Leben, hab nie eine Reise gemacht … Ich habe vorhin gelogen, als ich von den Frauen sprach. Ich gehe noch nicht einmal allein spazieren. Sie führt mich spazieren, wie einen Hund! Hin und zurück. Ich war nie auf einer Schule, ich mußte immer zu Hause unter ihrer Aufsicht lernen. Geigenstunden hat mir ein alter, tauber Professor gegeben. Es ist das erste Mal, daß ich mit einer Frau allein bin.

FLÖTISTIN Das kann ich nicht glauben.

GEIGER Früher wohnte uns gegenüber eine alte Frau. Sie war immer alt, solange ich mich erinnern kann. Sie saß unbeweglich am Fenster und sah auf die Straße. Sie hat mich angeguckt, und ich hab sie angeguckt. Sie stak unbeweglich in ihrem Fenster, wie ein Porträt, das Fenster war der Rahmen des Porträts. Einmal habe ich ihr die Zunge rausgestreckt, und gleich danach ist sie gestorben. Seitdem traue ich mich nicht, jemandem die Zunge rauszustrecken, obwohl ich manchmal große Lust dazu habe. Ich habe Angst, daß ich die Zunge rausstrecke und nichts passiert. Sie haben sie in einem Sarg fortgetragen, nicht in dem Fensterrahmen, nicht zusammen mit dem Fenster. Das war merkwürdig. Das Fenster blieb und stand eine Zeit leer. Bis eines Abends das Licht anging und ich Sie sah und Ihr Flöten hörte. Seitdem bin ich nicht mehr vom Fenster weggegangen. Ich sitze und sitze da und starre Sie an, wie vorher die alte Frau mich angestarrt hat. Ich lauere darauf, daß Sie erscheinen. Das ist neu, das ist ganz ungewöhnlich! Außerdem verbindet uns ja die Musik, obwohl wir verschiedene Instrumente spielen. Oh, unsere beiden Fenster sind bereits eines geworden, außerdem – sind zwei Rechtecke nicht immer ein und dasselbe Rechteck, die Idee eines Rechtecks? Und verschiedene Instrumente können dasselbe Werk spielen. Statt uns gegenseitig zu stören, haben wir uns auf ein Repertoire einigen können. Und als wir zum erstenmal gemeinsam... *Titel des Werkes*... spielten, habe ich mir gesagt: Warum müssen wir eigentlich durch die Straßen getrennt sein, warum sollen wir dasselbe Werk in zwei verschiedenen Fenstern spielen? Das ist wider die Natur und wider die Kunst. Deshalb habe ich gewagt, Sie zu mir einzuladen, und Sie... Sie haben die Einladung angenommen.

FLÖTISTIN Gewiß. Nichts einfacher als das.

GEIGER Einfach, aber wunderbar! Wunderbar, weil es sich als so einfach herausgestellt hat. Gott sei Dank kann meine Mutter nicht die ganze Zeit bei mir sitzen, sie muß von Zeit zu Zeit aus dem Hause gehen, geschäftlich. Das väterliche Erbe. Mein Vater war Komponist, leider sehr unbekannt, weil alle handschriftlichen Exemplare seiner Werke verlorengegangen sind. Das weiß ich von meiner Mutter. Die wenigen Augenblicke, in denen sie nicht zu Hause ist, sind meine einzige Chance. Ich konnte ja nicht ahnen, daß sie früher als sonst zurückkommt. Ausgerechnet heute, wo Sie zum erstenmal bei mir sind. Sie, die erste Frau, der ich gesagt habe, daß ich sie liebe. Was für ein unglückliches Zusammentreffen von Umständen. Sie, meine erste und einzige …

FLÖTISTIN *flüsternd* Warum hast du das nicht gleich gesagt?

GEIGER Ich habe mich geschämt. Sie verstehen, in meinem Alter … Ich hatte Angst, daß Sie mich auslachen. Daß Sie mich lächerlich finden. Daß ich … ich habe keine Erfahrungen.

FLÖTISTIN Du armer Junge. Ich bin also deine erste Liebe?

GEIGER Meine erste, einzige, größte …

FLÖTISTIN Natürlich. Wenn es die erste …

GEIGER … und tragische Liebe. Dort hinter der Tür lauert meine Mutter. Mein Wächter, der lebenslängliche Hüter meiner verdammten Unschuld, der Henker meines Glücks. Sie weiß nicht, daß Sie hier sind, aber sie kann jeden Augenblick hereinkommen und es erfahren … Oh, wie gern würde sie hier hereinkommen, um mich mit Milch, Lebertran und Sirup zu füttern, mich mit Mohrrüben, Aspirin und Vitaminen vollzustopfen und mir dann einen Schal umzuwickeln. Ach, ihr gräßlicher Schal! Ich hasse ihn! Der Schal ist wie eine Boa constrictor, die mich erwürgt, die mich an ihrer Stelle stranguliert. Wenn sie nicht bei mir ist, wenn sie mich nicht mit ihren Armen zerdrückt, dann ersetzt der Schal ihre Arme. Ich kann mich nicht mal erkälten. Ich darf nicht. Es gibt nur sie, den Schal und die Geige. Diese Geige, zu der ich verurteilt bin, mit der ich mein ganzes Leben verbringen muß und die dazu noch die Form Ihrer Hüften hat. Was für eine Qual! Wissen Sie, was es heißt, ein Instrument in den Armen zu halten, das mir nicht erlaubt, Ihre Hüften zu vergessen, selbst wenn ich durch ein Wunder fähig wäre, sie zu vergessen? Vorher war das nur eine Geige, aber seit ich Sie gesehen habe, erröte ich und weine, wenn ich die Geige berühre. Allein, einsam mit der Geige auf meiner Schulter, täglich, viele Stunden lang, mit der Geige, die jetzt kein totes Stück Holz mehr für mich ist. Sie ist zwar keine Geige mehr, aber sie ist doch nicht Sie geworden. Sie ist nicht Ihre Hüfte, sie ist nur das Phantom Ihrer Hüften! Das ist eine Qual, eine Tortur, das Fegefeuer! Und trotzdem, Sie haben mich sogar die Geige liebgewinnen lassen. Oh, wenn meine Mutter wüßte, warum ich mich jetzt so gern in meinem Zimmer einschließe, um zu üben, ganz allein mit der Geige, wenn sie wüßte, weshalb ich so besessen übe!... Was, was... *Die Geige gibt ein langanhaltendes Stöhnen von sich, als wenn die Hand, die den Bogen führte, kraftlos heruntergesunken wäre – und verstummt. Schweigen. Nach einem Augenblick leise, wie von Sinnen.* Was war das?

FLÖTISTIN Ein Kuß.

GEIGER Ein richtiger Kuß?

FLÖTISTIN Ja.

GEIGER Sie... mich... träume ich?

FLÖTISTIN Nein!

GEIGER Wirklich? Sie haben?... Du?

FLÖTISTIN Ich.

GEIGER Also so ist das, das war ein Kuß!

FLÖTISTIN *beleidigt* Zweifelst du daran?

GEIGER Nein, aber… Verzeihen Sie bitte… verzeih, aber ich habe nicht gewußt, daß es so ist, daß man es so fühlt… ich habe zum erstenmal…

FLÖTISTIN Zum erstenmal?

GEIGER Ich weiß, es ist schwer zu glauben. Aber es ist… Aber ich… das erste Mal. Deswegen habe ich auch nicht gewußt…

FLÖTISTIN Dem kann man abhelfen.

GEIGER Wie?

FLÖTISTIN Noch einmal. Ein zweiter.

GEIGER *begeistert* Ja, ja!!! Wunderbar, ein zweiter Kuß ist nicht mehr das erste Mal. Umarmen Sie mich, bitte, umarmen Sie mich, umarme mich. Nein! Ich dich! *Pause.*

MUTTER Weshalb hast du aufgehört?

GEIGER Was?… Wer ruft mich…

FLÖTISTIN Deine Mutter.

GEIGER Ah – die hatte ich vergessen. *Laut.* Was möchtest du, Mama?

MUTTER Fühlst du dich nicht gut? Du klingst so merkwürdig.

GEIGER Nicht im geringsten. Mir ist nur etwas heiß.

MUTTER Ich bring dir sofort Limonade.

GEIGER Nein, keine Limonade! Mir ist schon ganz kalt. *Flüsternd.* Das stimmt übrigens. Ich glaube, ich habe Schüttelfrost.

MUTTER Dann mach ich dir einen heißen Tee.

GEIGER Die Geige, wo ist meine Geige, sie will mir Tee bringen.

FLÖTISTIN Wozu brauchst du jetzt die Geige?

GEIGER Ich muß spielen. Das ist der einzige Ausweg. Sonst kommt sie gleich herein. Mit Tee. Aber die Geige hält sie zurück. Wenn ich übe, kommt sie nicht, um mich nicht zu stören. Gib mir die Geige, schnell.

FLÖTISTIN Laß die Geige. Nimm mich.

GEIGER Dich?

FLÖTISTIN Du hast gesagt, die Geige erinnert dich zwar an meine Hüften, aber du ziehst mich doch der Geige vor.

GEIGER Das ist wahr, aber …

FLÖTISTIN Hier sind meine Hüften.

MUTTER Mit Zitrone?

GEIGER Nein!

MUTTER Ohne?

GEIGER Ja! Nein! Ohne Tee!

MUTTER Du willst nur Zitrone?

GEIGER Nein, ohne Zitrone! Überhaupt ohne alles! Ohne nichts! Nichts ohne nichts!!!… O Gott, was soll ich jetzt tun? Die Geige!

FLÖTISTIN Ich! *Man hört die Geige.* Du willst nicht? Du hast Angst?

GEIGER Doch, ich will! Aber ich habe Angst!

FLÖTISTIN Also was?

GEIGER Ich habe Angst, ich will …

FLÖTISTIN Entscheide dich endlich …

GEIGER Aber sie …

FLÖTISTIN Willst du ein Kind sein oder ein Mann?

GEIGER Ich soll ein Künstler werden …

FLÖTISTIN Erst mal bist du nur ein Kind. Ein artiges, folgsames Kind …

GEIGER Nicht so laut.

FLÖTISTIN ... das Angst vor der Mami hat.

GEIGER Versteh doch, verstehen Sie doch bitte ...

FLÖTISTIN Ich verstehe alles. Dafür verstehst du überhaupt nichts. Ich bin eine Frau, verstehst du das? Nein, genau das kannst du eben nicht begreifen, mein armer kleiner Junge.

GEIGER Sie tun mir unrecht, bitte verlassen Sie mich nicht. Verlaß mich nicht ...

FLÖTISTIN O nein, ich verlasse dich nicht. *Flöte spielt mit der Geige zusammen.*

MUTTER Mein Söhnchen – mein Dackelchen.

GEIGER Wau, wau! *Er imitiert einen Hund.*

MUTTER Spielst du Flöte?

GEIGER Ja, Mama, hast du das nicht gewußt?

Die Geige bricht ab, die Flöte spielt weiter.

MUTTER Ich höre das zum erstenmal.

GEIGER Selbstverständlich, Mama. Ich spiele Flöte. Da – hör nur.

MUTTER Merkwürdig. Gerade eben war mir noch so, als wenn du Geige spieltest.

GEIGER Nein, Flöte. Das heißt ... natürlich habe ich vorhin Geige gespielt, aber ich hatte keine Lust mehr.

MUTTER Du hast mir nie gesagt, daß du Flöte spielen kannst. Wann hast du denn das gelernt?

GEIGER Ein Kinderspiel, heute morgen ... eben Flöte ... ich ...

MUTTER Wie denn? Du spielst Flöte und sprichst gleichzeitig mit mir? Geht das denn?

GEIGER Ganz leicht.

MUTTER Das muß ich sehen.

GEIGER Nein! Ich beschreibe es dir!

MUTTER *kommt herein* Aha!

GEIGER Guten Tag, Mama!

MUTTER Wer ist diese Frau?

GEIGER Welche?

MUTTER Die da, die da, die da!

GEIGER Ach die da?... Eine Kollegin... Oder vielmehr ein Kollege, ein Musiker... wir üben gerade, erlaube, daß ich dir vorstelle...

MUTTER Und was spielt sie?

GEIGER Geige.

MUTTER Bist du dir dessen ganz sicher?

GEIGER Natürlich. Du hast doch selbst gesagt, daß du vorhin eine Geige gehört hast.

MUTTER Was hast du hier?

GEIGER Wo?

MUTTER Hier, auf der Wange. Und auf den Lippen. Rote Spuren.

GEIGER Das? Ich hab mich verletzt.

MUTTER Du bist verletzt!?

GEIGER Ja, Mama, ich blute.

MUTTER Womit? Womit hast du dich verletzt?

GEIGER Ich... es ist innerlich, nein äußerlich. Ich habe Marmelade gegessen...

MUTTER Das ist nicht wahr, das ist eine Wunde, das ist Blut, lüg nicht, ich sehe dieses Rot... das... das ist... das ist Lippenstift!

GEIGER Was du nicht sagst!

MUTTER Und zwar von ihr, von dieser Frau! *Sie bricht in Schluchzen aus.*

GEIGER Aber Mama…

MUTTER *schluchzend* Dafür habe ich dich großgezogen…

GEIGER Aber Mama, wein doch nicht.

MUTTER Das ist der Dank für meine schlaflosen Nächte, die vielen Jahre, meine ganze Sorge… du weißt nicht, wieviel ich für dich getan habe.

GEIGER Beruhige dich, Mama.

MUTTER Der Dank für meine grauen Haare, für meine verweinten Augen, für mein Herz, meine Lunge, meine Leber… du weißt nicht, was ich für Lungenstechen habe.

GEIGER *sehr interessiert* Wirklich?

MUTTER Für mein Sodbrennen… die Ärzte geben mir nicht mehr Zeit als bis zum Tod. Und inzwischen machst du… hier, in meinem Haus, unter meinem Dach… habe ich dich dazu geboren, gewaschen, gekämmt, gebügelt, damit du… damit irgendeine… Habe ich dich dafür großgezogen? Für die da? Daß sie dich erdrückt, zerdrückt, zermalmt, zermahlt, aufknöpft und beschmutzt mit ihren ekelhaften Küssen und Gott weiß womit sonst noch… Ich warne dich. Wenn du dich weiter so benimmst, wirst du ein Mann. Wie dein Vater.

GEIGER Aber Mama, diese Dame und ich…

MUTTER Ich kenne diese aufgetakelten, hinterlistigen, zügellosen Frauenzimmer. Das beginnt mit einem Blick, mit einem Händedruck, mit einem unschuldigen Kuß… und danach kann man den ganzen Anzug wegwerfen. Oh, ich weiß, worauf die es abgesehen haben. *Schreit.* Hören Sie endlich auf, Geige zu spielen!

GEIGER Flöte.

MUTTER Das ist jetzt egal.

GEIGER *nennt den Titel des Werkes und den Namen des Komponisten.* Der Flötenpart.

MUTTER Um so schlimmer. Eine Flöte in meinem Haus? Wenigstens soll sie schweigen. *Die Flöte hört auf.*

FLÖTISTIN Wie Sie wünschen.

MUTTER Wer sind Sie eigentlich?

GEIGER Also Mama, das habe ich dir doch gesagt. Erste Flöte im philharmonischen Orchester.

MUTTER Wieder diese Flöte.

GEIGER Pikkolo d''-h''''.

MUTTER Sei still und misch dich nicht ein. Sie kann selber antworten.

FLÖTISTIN Ihr Sohn hat recht. Ich bin Flötistin.

MUTTER Das ist nicht wahr! Sie sind ein Vampir, der das Blut meines Kindes aussaugt.

FLÖTISTIN Bitte, wenn Sie es besser wissen… dann brauchen wir nichts mehr zu verbergen. Ich bin die Geliebte Ihres Sohnes.

MUTTER Aah, also soooo ist das…

GEIGER Nein!

MUTTER Sei still und misch dich nicht ein, hab ich gesagt. Davon verstehst du nichts.

FLÖTISTIN Ja, ich bin seine Geliebte. Übrigens nicht erst seit heute. Sowie Sie aus dem Haus sind, geben wir uns sofort einander hin. Wir nutzen jeden Augenblick

Ihrer Abwesenheit hier aus und feiern Orgien, hier, unter Ihrem Dach. Was sagen Sie dazu?

MUTTER *triumphierend* Wußte ich's doch!

GEIGER Wieso... aber Sie... aber du... aber wir haben nie...

FLÖTISTIN Wenn du es nicht wie ein Mann zugeben willst, dann schweig.

GEIGER Ich, der ich überhaupt kein Mann bin?

MUTTER Gott sei Dank.

FLÖTISTIN Er lügt.

MUTTER Mein Sohn lügt nicht.

FLÖTISTIN Fordern Sie Beweise? Bitte sehr. Hier ist ein umgestürzter Sessel, ein eingerollter Teppich, verstreutes Konfekt. Er liebt es, mich auf Schokolade zu lieben. Süß...

MUTTER *befriedigt* Ekelhaft.

GEIGER Träume ich?

MUTTER Der ganze Teppich mit Schokolade beschmiert. Wie soll ich den sauber kriegen?

FLÖTISTIN Jetzt wissen Sie, wer ich bin. Und Sie?

MUTTER Was, ich?

FLÖTISTIN Wer sind Sie?

MUTTER Das ist der Gipfel der Frechheit. Ich bin seine Mutter, seine Mutter, seine Mutter!

FLÖTISTIN Er hat keine Mutter. Vielleicht hatte er eine, als er ein Kind war, wie alle Kinder. Aber jetzt, seit er durch mich aufgehört hat, ein Kind zu sein, und ein Mann geworden ist, hat er nur eine Geliebte. Nur mich. Ich frage also noch einmal: Wer sind Sie? Was tun Sie hier?

MUTTER *mit schwacher Stimme* Wasser...

GEIGER *fröhlich, ungläubig* Mama, wird dir übel?

MUTTER Das möchtest du wohl! Ihr wollt wohl gern, daß ich in Ohnmacht falle? Oder noch besser – eine Herzattacke bekomme? Da könnt ihr lange warten! Wasser! Bring sofort heißes Wasser und einen Lappen, du kleiner Dummkopf, und mach sauber! Nein, du bist kein Dummkopf, sondern mein kleiner, naiver, unschuldiger Trottel. Und Sie helfen mir bitte, den Sessel wieder zurechtzurücken. Ein wunderbarer Stoff. Wo haben Sie denn das Blüschen gekauft?

FLÖTISTIN Wie... nach alldem, was ich Ihnen gesagt habe, was Sie gehört haben, was Sie erfahren haben...

MUTTER *sehr lieb, süß* Was denn?

FLÖTISTIN Nun, daß er und ich...

MUTTER Daß wer?

GEIGER Einen Lappen?!

MUTTER Du bist immer noch hier, mein kleiner Floh?

GEIGER Ich bin kein kleiner Floh.

MUTTER Mein kleiner Grashüpfer!

GEIGER Ich bin weder ein kleiner Grashüpfer noch ein Regenwürmchen, noch ein Pfauenküken, noch ein Dackelchen. Ich bin ein Schwein! Verstehst du, Mama? Ich bin ein großes, ausgewachsenes Schwein. Ich habe genug von deinen Insekten, deinem Geflügel und deinen kleinen Kriechtieren! Ich bin erwachsen und kein kleiner Floh.

FLÖTISTIN Endlich!

MUTTER Nein?

FLÖTISTIN Darauf habe ich gewartet.

GEIGER Nein! Ich bin erwachsen wie ein Bulle...! Wie... wie...

MUTTER Ein Kater!

GEIGER Nein! Wie ein Löwe, wie ein Tiger!... O Gott, schon wieder diese Tiere, das ist deine Schuld, Mama... nein, weder wie ein Löwe noch wie ein Tiger noch wie das allergrößte von Mamas Tieren, sondern ganz normal, einfach, gewöhnlich erwachsen. Ich bin der Liebhaber dieser Dame. Verstehst du das nicht, Mama? Was brauchst du noch?

MUTTER Katerle!

GEIGER *verzweifelt* Katerle!?

MUTTER Komm, zeig mal deine Stirn. Deinen armen kleinen Kopf, er ist ganz heiß, du glühst... aber das macht nichts, das geht vorbei.

GEIGER Nichts geht vorbei, ich will nicht, daß es vorbei geht. Es fängt ja gerade erst an, du wirst sehen, Mama, ich werde es dir zeigen, Mama.

MUTTER O ja, zeig es. Zeig deiner Mama deine Ohren. Hast du dir die Ohren gewaschen? Und die Hände? Zeig der Mama die Hände. Ach, pfui! Was für schmutzige Fingernägel! Was hast du denn gemacht? Sicher wieder in der Nase gebohrt. Zeig deine Nase. Und der Hals? Hast du dir den Hals gewaschen?

FLÖTISTIN Paß auf! Paß auf, was du sagst! Paß auf, was du tust!

MUTTER Sag's der Mama, mein Schnuckelschwänzchen, mein Schnuppelschnäuzchen...

GEIGER *resigniert* Ich habe ihn gewaschen.

FLÖTISTIN *für sich* Widerlich.

GEIGER *rebellisch* Aber…

MUTTER He, he, ist das eine Art, so zu lügen? Der Hals ist schmutzig. Schämst du dich wenigstens vor der Dame?

FLÖTISTIN Uff…

GEIGER Aber ich habe dir… *schwächer*… ich habe dir, Mama… ich habe dich, Mama… ich… *mit ruhiger Verzweiflung*… ich möchte sterben.

FLÖTISTIN *zu sich* Nein, das… das halte ich nicht aus.

MUTTER Da sehen Sie, was mir dieser Bengel zu schaffen macht.

GEIGER *für sich* Nein. Ich bringe sie und mich um, und dann sterbe ich.

FLÖTISTIN *zu sich* Noch einen Augenblick, und mir wird übel.

MUTTER Und wenn du es schon nicht mir zuliebe tun willst, hättest du dir wenigstens die Ohren, die Hände und den Hals waschen können, wenn wir Damenbesuch erwarten. Die Dame mag keine Schmutzfinken.

GEIGER *für sich* O Gott, hört das jemals auf?

FLÖTISTIN *für sich* Weg, nur weg, so schnell wie möglich fort. *Laut.* Ich verabschiede mich.

MUTTER Was, Sie wollen schon gehen?

FLÖTISTIN Sofort und unwiderruflich.

MUTTER Das ist aber schade. Wir haben uns so gut unterhalten. Vielleicht bleiben Sie trotzdem noch ein wenig?

FLÖTISTIN Um nichts in der Welt.

MUTTER Aber Sie kommen doch gelegentlich wieder?

FLÖTISTIN Niemals.

MUTTER Nun ja, wenn Sie es so eilig haben… wir wollen Sie nicht aufhalten.

GEIGER Bleib! *Flehend.* Bitte bleiben Sie.

FLÖTISTIN Würden Sie Ihrem Sohn etwas von mir übermitteln?

MUTTER Wieso, habt ihr euch verzankt?

FLÖTISTIN Nein, nur erfüllt mich Ihr Sohn mit unüberwindlichem Ekel.

MUTTER Wieso? Er ist so ein liebes und sensibles Kind… Daß er sich nicht gern wäscht, ist schließlich…

GEIGER *mit schwacher Stimme* Hör auf, Mama.

FLÖTISTIN Die Gründe tun nichts zur Sache. Werden Sie ihm eine Nachricht von mir übermitteln?

MUTTER Gewiß, natürlich, wenn Sie nicht selbst mit ihm sprechen wollen… Obwohl ich mich wundere. Und als Mutter muß ich feststellen, daß ich etwas gekränkt bin. Sogar sehr gekränkt.

FLÖTISTIN Also teilen Sie ihm bitte folgendes mit: Ich bedaure es sehr, daß ich seine Einladung so leichtfertig angenommen habe, daß ich mich darauf eingelassen habe, zu ihm zu kommen… das heißt… in Ihr Haus. Und fügen Sie hinzu, daß ich mir diesen Fehler nie verzeihen werde. Hiermit breche ich alle Beziehungen zu ihm ab und verbiete ihm, in irgendeiner Form Kontakt mit mir aufzunehmen. Falls Ihr Sohn versuchen sollte, sich meinen Wünschen zu widersetzen, werde ich es nicht versäumen, Sie unverzüglich davon zu benachrichtigen.

MUTTER Ich bin Ihnen sehr verpflichtet. Ist das alles?

FLÖTISTIN Alles.

MUTTER Ich werde es mir nicht nehmen lassen, ihm das Wort für Wort auszurichten.

FLÖTISTIN Und bitte sagen Sie ihm noch …

MUTTER Bitte, was noch?

FLÖTISTIN Daß … daß … ach!

MUTTER Genieren Sie sich nicht. Mein Sohn hat keinerlei Geheimnisse vor mir. Was also noch?

FLÖTISTIN Nichts.

MUTTER Gut. Ich werde ihm das ganz bestimmt ausrichten. Sie können ganz ruhig sein. Ich sage ihm das gern. Er wird sich bestimmt freuen, mein Kleiner. Er mag Sie so und achtet Sie so … er hat Respekt vor älteren Leuten.

FLÖTISTIN Oh! *Schnelle Schritte, die sich entfernen.*

MUTTER *lauter* Auf Wiedersehen! Auf Wiedersehen! Es hat mich sehr gefreut! Beeilen Sie sich doch nicht so. Vorsicht auf der Treppe!… *Schnelle Schritte, die die Treppen hinunterlaufen. Zuschlagen der Eingangstür.* Sie ist weg. *Pause.* Was hast du? Wer wird denn den Teppich in den Mund nehmen! Das ist unhygienisch. Es wird dir schaden.

GEIGER Soll es doch. Dann werde ich eben krank und sterbe.

MUTTER Laß ihn sofort los.

GEIGER Ich esse ihn, ich fresse ihn mit Haut und Haar … den Teppich, das Sofa … ich esse alles, zerfresse … Ach!

MUTTER Hast du Hunger? Das brauchst du doch nur zu sagen, ich habe dir auch Blumenkohl gekauft.

GEIGER Begreifst du wirklich nicht, Mama, daß du mir mein Leben verpfuscht hast? Alles ist hin!

MUTTER Meinst du diese … diese Frau?

GEIGER Ja, diese Frau, sie, sie, nur sie! Sie ist weggegangen... sie ist nicht mehr da... und sie war schon so nah... so nah... Ich werde dir das nie verzeihen, Mama. Ich gehe zur Marine.

MUTTER Du bist ungerecht. Ich habe getan, was ich konnte, um sie zurückzuhalten. Du hast es ja selbst gehört. Aber sie wollte nicht. Sie ist gegangen, weil sie nicht bei dir bleiben wollte. *Der Geiger schluchzt.* Aber vielleicht ist das auch besser für dich. Sie verachtet dich. Das hat sie mir selber gesagt; ich wollte dir das nicht erzählen, aber wenn du dir noch Illusionen machst...

GEIGER Hör auf, hör auf!

MUTTER Sie wollte nicht einmal mit dir reden! Sie wollte nicht mehr mit meinem Dackelchen reden...

GEIGER Sei wenigstens still, Mama.

MUTTER Du solltest der Wahrheit ins Gesicht sehen. Damit du begreifst, daß nur ich allein dich wirklich liebe.

GEIGER Und was soll ich tun?

MUTTER Sie vergessen.

GEIGER Vergessen? Wie soll ich vergessen, wenn ich nicht vergessen kann? Glaubst du, das ist so einfach, Mama? Wie soll ich vergessen, wenn ich kein Wort mehr an sie richten darf? Wie soll ich vergessen, wenn ich sie täglich sehe und sie mich nicht einmal ansieht? Kann man unter solchen Bedingungen vergessen?

MUTTER Ich wüßte einen Rat.

GEIGER Was für einen?

MUTTER Sei ein Künstler, denk nicht an die Frauen, widme dich ganz der Kunst.

GEIGER Ja, ja! Ich trete ins philharmonische Orchester ein und werde erster Geiger, oder wenigstens zweiter. Ich werde mit ihr zusammen im Orchester spielen, wir haben gemeinsame Proben und Konzerte, täglich, das wird uns verbinden. Sie wird mir verzeihen. Undenkbar, daß sie einem Kollegen aus dem Orchester nicht verzeiht. Eine hervorragende Idee.

MUTTER Nein. Du mußt Solist werden. Nicht erster oder zweiter Geiger im Orchester, sondern Solist. Ein großer und berühmter Virtuose. Ein Genie! Ich lasse es nicht zu, daß du zusammen mit lauter dahergelaufenen Musikanten und... Musikantinnen spielst. Du wirst ganz allein dem Publikum gegenüberstehen, nur du und das Publikum, ohne jede Flöte. Außerdem ziehen wir hier aus. Diese Nachbarschaft ist nichts für dich. Wir ziehen in eine große Stadt. Alle Hauptstädte werden dir zu Füßen liegen, und in der größten werden wir wohnen. In der ganzen Welt geben wir Konzerte, nur du und ich. Dann vergißt du.

GEIGER Aber ich... ich will nicht vergessen.

MUTTER Wieso nicht?

GEIGER Konzerte, Ruhm... das würde mir sogar gefallen, es wäre sogar... warum nicht... aber es ist kein Ersatz... für sie. Sie und die Musik sind zwei völlig verschiedene Dinge.

MUTTER Dann wird sie dir eben nicht deine Musik ersetzen.

GEIGER Wozu brauche ich denn die Musik?

MUTTER Schluß, mein Junge. Du bildest dir anscheinend immer noch ein, du hättest eine Wahl. Du irrst. Sie wird dir nie verzeihen, glaub mir, immerhin bin auch ich eine Frau, ich weiß Bescheid. Es bleibt dir nur die Musik.

GEIGER Die Musik, die Kunst! Ich sehne mich nach dem Leben…

MUTTER Du weißt nicht, wonach du dich sehnst. Du weißt nicht, was das Leben ist, du kennst es nicht.

GEIGER Eben. Also kann ich die Kunst dem Leben auch nicht vorziehen.

MUTTER Aber ich weiß.

GEIGER Das ist nicht dasselbe.

MUTTER Ich bin deine Mutter.

GEIGER Daraus folgt noch lange nicht, daß wir identisch sind. Wenn wir identisch wären, müßte ich deine Mutter sein und du mein Sohn, wie ich dein Sohn bin und du meine Mutter. Das ist Unsinn.

MUTTER Ich habe dich zur Welt gebracht.

GEIGER Das ist eine einseitige Beziehung, und Identität muß nach beiden Seiten hin stimmen. Nein, ich bin ich, und du bist du. Wir sind jeder für sich, abgesondert vom anderen. Daran kannst du nichts ändern, Mama. An meiner Stelle kannst du überhaupt nichts wissen, Mama.

MUTTER Möchtest du Blumenkohl?

GEIGER Ich will keinen Blumenkohl, ich will glücklich sein. Und ich kann mir Glück nicht vorstellen… ohne sie…

MUTTER Blumenkohl würde dir gut tun.

GEIGER Die Flöte!

MUTTER Was für eine Flöte?

GEIGER Sie hat ihre Flöte hiergelassen.

MUTTER Wieder dieses teuflische Instrument. Werde ich das denn niemals los?

GEIGER Sie hatte sie in der Hand, sie hat auf ihr gespielt... *Einige Töne auf der Flöte.*

MUTTER Faß das nicht an.

GEIGER Sie hat sie berührt.

MUTTER Das ist ekelhaft, ekelhaft ist das!

GEIGER Sie ist weggegangen, aber sie hat vergessen, die Flöte mitzunehmen.

MUTTER Das ist ja nicht erstaunlich, so überstürzt wie sie verschwunden ist... wohin willst du?

GEIGER Zu ihr. Ich bringe ihr die Flöte.

MUTTER Untersteh dich!

GEIGER Aber Mama, sie braucht sie doch. Sie ist Flötistin.

MUTTER Du gehst nirgends hin. Du bleibst zu Hause.

GEIGER Aber Mama, wir haben das... *Titel des Werkes*... für Flöte und Geige nicht zu Ende gespielt. Sie und ich.

MUTTER Dann werde ich für sie spielen.

GEIGER Du? Aber du kannst ja gar nicht spielen. Überhaupt kein Instrument.

MUTTER Sei still. Gib mir die Flöte.

GEIGER Du bist unmusikalisch, Mama!

MUTTER Setz dich, nimm die Geige.

GEIGER Du kannst das nicht, Mama.

MUTTER Widersprich mir nicht. Wir spielen. Ich und du. Ich mit dir. Wir beide zusammen.

GEIGER Aber das ist nicht dasselbe, das ist nicht dasselbe!

MUTTER Kein Wort mehr. Bist du soweit?

GEIGER Ja, Mama.
MUTTER Fangen wir also an.

Die Geige – die Fortsetzung des Werks – sowie primitive kakophonische Flötentöne. Einen Augenblick lang, dann langsames Ausblenden.

Teil II

Die Geige solo – ein Werk von Paganini, oder auch ein anderes.

GEIGER nennt *Titel des Werks und den Namen des Komponisten*... nur für Violine. Ohne Flöte. Ach, wie langweilig. Und das Fenster gegenüber ist geschlossen, die Gardinen sind zugezogen. Zum erstenmal, seit sie hier wohnt. Bis jetzt war das Fenster immer offen, sie hat es nie verhängt, sogar abends nicht, wenn sie die Lampe angemacht hatte, nicht einmal nachts. Und jetzt ist sie mir böse und kennt mich nicht mehr. Sie erlaubt mir nicht, sie anzusehen, nicht einmal heimlich von weitem. Was würde es ihr schaden, mir ihren Anblick zu gönnen und das Fenster nicht zu verhängen. Es würde nicht einmal bedeuten, daß sie mir nicht mehr böse ist, es gäbe mir nur ein wenig Hoffnung. Aber nein, sie verhängt ihr Fenster, sie ist weitergegangen, als es ihr Stolz erfordert hätte. Also ist alles verloren. Es gibt keine Hoffnung mehr für mich. Leider hatte meine Mama recht. Mir ist nur die Musik geblieben. *Pause.* Vielleicht sollte ich dann doch ein großer und berühmter Virtuose werden. Wenn ich berühmt werde, müßte sie mich beachten. Mein Name in aller Leute Mund würde sie unablässig quälen, sie von allen Seiten umzingeln. Ich würde zwar weit fort von hier wohnen, in der Hauptstadt, aber eines Tages würde ich einwilligen, ein Konzert in meiner Heimatstadt zu geben. Ich trete vor das Publikum, souverän, im Frack, eine leichte Verbeugung – und ein Sturm von Applaus. Sie recken die Hälse, um denjenigen besser zu sehen, der hier irgendwann einmal ein unbekannter Junge war und jetzt als weltweit anerkanntes Genie für kurze Zeit zurückgekehrt ist. Sie ist unter ihnen, in der ersten Reihe. Nein, nein, nicht in der ersten Reihe. In der zweiten oder sogar in der zehnten. Sie soll mich ruhig von weitem sehen, verloren, aufgesaugt von der Masse, sie, die ich einst so ausgezeichnet habe, die einst für mich das einzige Wesen auf der Welt war ... Jetzt ist sie für mich nur eine von vielen Tausenden, nein, von Millionen! Das geschieht ihr recht, sie hat selbst Schuld. Warum hat sie mich damals zurückgestoßen? Jetzt sieht sie erst, wen sie verloren hat, jetzt erkennt sie ihren furchtbaren Irrtum. Was gäbe sie darum, daß die alten Zeiten zurückkehrten, ach, daß sie ihren Fehler rückgängig machen könnte. Aber was vergangen ist, kehrt nicht zurück. Ich mache mir nichts mehr aus ihr, und jetzt erst liebt sie mich wirklich, jetzt, wo es zu spät für sie ist. *Von weitem hört man die Stimme einer Frau, die ein altes Volkslied singt, »Du gehst den Berg hinauf und ich durch das Tal«. Einen Augenblick lang vermischt sich das Lied mit dem Violinstück, danach schweigt die Geige, und der Geiger beginnt zu summen.*

GEIGER *summt und singt* »Du erblühst als Rose, du erblühst als Rose, ich bleib ein Schneeball.« *Bald darauf beginnt er die Stimme auf der Geige zu begleiten.*

MUTTER *von irgendwoher aus dem Haus* Junge, Jungchen, Söhnchen …

GEIGER *seufzend* Ja, Mama.

MUTTER Was ist das?

GEIGER *nennt den Titel des Violinstücks und den Namen des Komponisten, ohne aufzuhören, das Volkslied zu spielen.*

MUTTER Nein, das ist irgendein Gassenhauer.

GEIGER Tatsächlich, ich habe mich geirrt.

MUTTER Da singt jemand auf dem Hinterhof.

GEIGER Wer?

MUTTER Nachbars Dienstmädchen.

GEIGER Aha.

MUTTER Sie stört dich. Ich werde ihr sagen, sie soll aufhören.

GEIGER Nein, Mama, nicht nötig. Sie kann ruhig singen. *Man hört den Streit zweier Frauen. Erst die erregte Stimme der Mutter. Danach eine kurze Antwort, die sofort unter der empörten, unaufhörlichen Tirade der Mutter verstummt.* Zu spät. *Der Streit geht weiter. Man kann die einzelnen Wörter nicht verstehen, aber ihren Sinn. Ein letzter, heftiger Ausruf der Mutter, und ein Fenster wird hinten in der Wohnung zugeschlagen.*

MUTTER Na endlich. Jetzt hast du Ruhe.

GEIGER Danke, Mama.

MUTTER Ich paß auf, daß dich niemand stört.

GEIGER Gut, Mama.

MUTTER Falls es jemand wagt, bring ich ihn zum Schweigen.

GEIGER Das tust du, Mama.

MUTTER Da kannst du ganz ruhig sein.

GEIGER Ich bin ruhig, Mama. *Er spielt das Violinstück.* Ruhig... ich bin überhaupt nicht ruhig... Wenn meine Mutter wüßte, was in mir vorgeht... Gott sei Dank kann sie's nicht wissen. Sie hat meine Geliebte aus dem Haus gejagt, aber sie kann sie nicht aus meiner Phantasie jagen. Die Phantasie, die Vorstellung ist mein Königreich. Oder ist es umgekehrt? Manchmal scheint mir, daß sie mich beherrscht und nicht ich sie. Ständig läßt sie die verschiedensten Gedanken und Bilder an mir vorbeiziehen. Aber kann ich existieren, ohne mich mir selber vorzustellen? Denn alles, was ich über mich denke, ist ja meine eigene Vorstellung. Alles, was ich denke, sind meine Gedanken. Wenn ich also nur durch meine eigene Vorstellung geschaffen werde, dann erst recht alle Gegenstände und Ereignisse, ganz zu schweigen vom Rest der Welt... *Man hört Kindergeschrei. Die Geige schweigt.* Das sind die Kinder vom Hinterhof.

MUTTER Ruhe, Kinder!

GEIGER Aha, sie rührt sich schon.

Die Kinder antworten der Mutter im Chor mit einem spöttischen Geschrei.

KINDER Eeeeeh!...

MUTTER Geht woanders spielen!

KINDER Eeeeeh!…

MUTTER Los, weg, sonst passiert was!

KINDER Eeeeeh!… *Das Geschrei der Kinder geht in Vogelgezwitscher über.*

GEIGER Ob sie sie zur Strafe in Vögel verwandelt hat? Warum nicht, meine Mama ist eine Hexe. Hat sie mich nicht aus ihrem Bauch herausgehext? In ihrem Bauch zusammengebraut wie in einem alchimistischen Tiegel? Das nennt sich Mutterschaft – warum eigentlich nicht Hexenschaft? Wissen wir denn mehr über die Mutterschaft als über den Stein der Weisen? Ich bin, obwohl ich nicht weiß, wer ich bin, noch woher ich komme, noch warum ich bin. Sollte der Stein der Weisen nur deshalb nicht existieren, weil wir zuwenig über ihn wissen? Unwissenheit ist kein ausreichender Beweis gegen seine Existenz, und ich sehe keinen Grund, weshalb wir unsere Phantasie zügeln sollen, solange sie uns nicht selbst beschränkt. Wenn ich nicht einmal die einfachsten Dinge verstehe, weshalb sollte ich dann komplizierte begreifen? Es gibt keinen grundsätzlichen Unterschied zwischen Kindern und einer Spatzenschar, weil beide nur durch meine Vorstellung entstehen. Und es gibt keinen Unterschied zwischen meiner Vorstellung und der Vorstellung meiner Nachbarin, denn ich stelle mir meine Nachbarin zusammen mit ihrer Vorstellung vor.

FLÖTISTIN *leise, intim* Er ist wunderbar in dem Frack und dem schneeweißen Hemd. Wunderbar, aber unerreichbar. Weit fort wie auf einem anderen Planeten. Unvermutet groß, in seine Kunst versunken, ohne jemanden zu beachten, selbst mich nicht. Alle Augen sind auf ihn gerichtet. Alle hören seiner Musik zu. Er steht da, ganz allein ihnen gegenüber. Er spielt, als hätte er tausend Hände. Was für eine Energie. Und das Publikum verharrt wie verzaubert...

GEIGER *leise, intim* Ich habe geträumt, daß ich in einem Konzert war. Das Violinkonzert... von... *Titel eines romantischen Werkes und Name des Komponisten.* Gespielt von einer wunderschönen Geigerin in einer rosa Krinoline. *Geigenmusik.* Sie stand auf der Bühne im Licht der Scheinwerfer und spielte diese Musik mit ungeheurer Konzentration sehr ernst und ungewöhnlich lyrisch.

FLÖTISTIN ... alle sehen ihn an und alle hören ihm zu. Keiner bewegt sich, niemand wagt, tief zu atmen. Und ich...

GEIGER Da kommt aus den Kulissen ein kleiner Buckliger und schleicht sich heimlich unter die Krinoline. Er verschwindet völlig, aber nicht die kleinste Bewegung, kein Lidschlag verraten, ob sie seine Gegenwart bemerkt hat. Und trotzdem habe ich mit meinen eigenen Augen gesehen, wie er sich unter das Kleid geschlichen hat.

FLÖTISTIN ... ich nähere mich ihm langsam, ganz langsam...

GEIGER Sollte es eine Täuschung gewesen sein? Das Konzert geht weiter, genauso vollkommen, genauso feierlich.

FLÖTISTIN ... ich knie vor ihm nieder...

GEIGER Ist es vielleicht nur Einbildung? Ist es möglich, daß sie nichts davon weiß?

FLÖTISTIN ... aber er unterbricht nicht sein Konzert...

GEIGER Und erst nach einer ganzen Weile hören wir den ersten, kaum wahrnehmbaren falschen Ton.

Man hört das Rufen eines Scherenschleifers.

SCHERENSCHLEIFER Der Scheeeerenschleifer ist daaaa!...

MUTTER He, Sie da unten!

GEIGER Aha... *Er hört auf zu spielen.*

SCHERENSCHLEIFER Scheerenschleifer. Der Scheerenschleifer ist da!

MUTTER Machen Sie, daß Sie wegkommen!

SCHERENSCHLEIFER Scheeerenschleeiifer ist da!

MUTTER Wir haben nichts für Sie!

SCHERENSCHLEIFER Der Scheerenschleifer ist daaa!

MUTTER Haben Sie nicht gehört! Machen Sie, daß Sie fortkommen!

SCHERENSCHLEIFER Der Scheeeerenschlei...

MUTTER Wir haben nichts, wir haben nichts! Hören Sie nicht! Wir haben nichts. Hier ist nichts für Sie!

SCHERENSCHLEIFER ...schleeiifer... *Das Rufen des Scherenschleifers wird leiser. Man hört das Winseln eines Hundes.*

GEIGER Armer Scherenschleifer. Scherenschleifer oder Hund? Er war ein Scherenschleifer, aber vielleicht ist er jetzt schon ein Hund. Ein Hund, ein Hund... *Das Winseln des Hundes wird in der Ferne leiser. – Er spielt, hört dann auf.* Aber bin ich denn genial?... Paganini, der war genial. Seine Büste haben sie mir mit meiner Wiege in mein Zimmer gestellt, damit ich seinen Ausdruck annehme und von seinem edlen Geist durchtränkt werde. Ein Geist aus Marmor. Ist das nicht ein Widerspruch in sich? Ein Geist sollte nicht materiell sein. Und trotzdem, was für eine Vergeistigung geht von ihm aus, was für ein Genie sieht mich Tag und Nacht an. Er hat zwar einen Kopf aus Marmor, aber hat er auch marmorne Gedanken? Was sind das für Gedanken, Gedanken aus Marmor? Manchmal kann ich seine Genialität nicht ertragen. Diese Büste erdrückt mich, quält mich, er ist so unveränderlich, so unsterblich … seine Unsterblichkeit reizt mich. Ich sterbe, und er wird bleiben, immer derselbe, unveränderlich, unsterblich, genial … Das ist nicht zu ertragen. *Pause.* Und wenn ich ihm einen Schnurrbart anmale? Warum nicht. Er bleibt zwar genial und unsterblich, aber wenigstens nicht mehr unveränderlich. *Pause.* O ja, jetzt sieht er schon ganz anders aus. Wer weiß, vielleicht sogar etwas weniger genial.

PAGANINI A … aaa … aaaatschi … *Man hört ein Niesen.*

GEIGER Was war das?

PAGANINI Entschuldige, mein Junge, ich bin nicht daran gewöhnt. Questi baffi … der Bart kitzelt mich unter meiner Nase. A … aa … aaaa …

GEIGER Wer sind Sie?

PAGANINI Niccolò Paganini.

GEIGER Lebendig?

PAGANINI Vielleicht noch nicht ganz lebendig, aber auch nicht mehr ganz tot.

GEIGER Du sprichst zu mir, ich höre deine Stimme … ich habe gedacht, du bist ein Denkmal.

PAGANINI Ich war ein Denkmal, bis du mir den Bart angemalt hast.

GEIGER Mit Schnurrbart bist du kein Denkmal mehr?

PAGANINI Nein. Das Denkmal ohne Bart, dem du einen Bart anmalst, ist kein Denkmal mehr. Das hast du ja selbst vor einem Augenblick festgestellt. A… aa… aaaa…

GEIGER Ich hab das aus Versehen… ich habe ja nicht gewußt… ich bitte Sie sehr um Entschuldigung…

PAGANINI Wofür?

GEIGER Daß ich es gewagt habe, dem verehrungswürdigen Monument keine Hochachtung…

PAGANINI Na eben. Du hast an meine Denkmalhaftigkeit gerührt.

GEIGER Ich habe sie beleidigt…

PAGANINI … du hast sie erniedrigt und bespuckt. Gott soll dich dafür belohnen.

GEIGER Wie, du bist mir nicht böse?

PAGANINI Im Gegenteil, ich bin dir dankbar. Was ist denn ein Denkmal? Eine in lebloser Gestalt erstarrte Idee. Ein für allemal. In alle Ewigkeit. Nichts mehr. Unbeweglich und absolut. Die Unbeweglichkeit aber, die Ewigkeit und das Absolute, das ist der Tod. A… aa… aaaa… *Niesen.* Was für ein Vergnügen, einfach und gewöhnlich niesen zu können, wenn man jahrhundertlang ein toter, marmorner Gegenstand war. Wieder zu fühlen, wieder zu leben. Du hast mir das Leben zurückgegeben.

GEIGER Mit dem Schnurrbart?

PAGANINI Das genügt für den Anfang. Das A und O eines

Denkmals ist die Unveränderlichkeit. Dagegen hast du verstoßen, weil ein Bart in dieser ewigen, absoluten Idee, in der man mich dargestellt hat, nicht vorgesehen war. Aber ich habe einen Bart, ich habe einen Bart! Das hat niemand vorhergesehen!

GEIGER Aber siehst du nicht ein wenig lächerlich aus... mit einem Bart...

PAGANINI Nun ja – ich bin lebendig geworden, dafür lohnt es sich, ein wenig lächerlich auszusehen. Aber sehe ich wirklich lächerlich aus?

GEIGER Ein bißchen blöd.

PAGANINI Findest du? Ich dachte, er steht mir ganz gut.

GEIGER Vielleicht ist es eine Frage der Gewöhnung. Ich hatte mich daran gewöhnt, dich ohne Bart zu sehen.

PAGANINI Das kommt alles nur durch dieses verdammte Denkmal. Hast du einen Spiegel? Ich möchte gern wissen, ob ich wirklich so blöd aussehe.

GEIGER Du willst dich im Spiegel ansehen? Du, eine Denkmal-Persönlichkeit? Das ist doch eitel!

PAGANINI Natürlich. Warum auch nicht? Der beste Beweis, daß ich kein Denkmal mehr bin, wenn ich schon so menschliche Schwächen habe. Gib mir den Spiegel und einen Kamm.

GEIGER Der Spiegel ist da an der Wand.

PAGANINI Gib mir deine Hand. Hundert Jahre lang in einer unveränderlichen Position macht einen doch etwas steif. Ich muß wieder laufen lernen.

GEIGER Die Hand? Du bist eine Büste, du hast doch keine Hände.

PAGANINI Das ist wahr. Sie haben mir Arme und Beine abgeschnitten und sich eingebildet, mich damit glücklich zu machen. Aber jetzt ist der erste Schritt getan, ich bin wieder lebendig, und alles läßt sich wiedergutmachen. Die Funktion schafft sich ihre Organe ... Gib mir deine Hand, ich greife sie mit meiner Hand, die ich noch nicht habe, die aber durch unseren Händedruck wachsen wird. Für dich ist es nur eine Geste, für mich bedeutet es Leben.

GEIGER Warte, laß mich erst mal zu mir kommen. Das alles ist für mich eine solche Überraschung ... Ich dachte, du würdest nie aufhören, ein Denkmal zu sein.

PAGANINI Ich auch.

GEIGER Aber wenn du aufgehört hast, ein Denkmal zu sein, wenn so etwas möglich ist, dann ist es vielleicht auch möglich, daß ich aufhöre, ein unbekannter junger Geiger zu sein.

PAGANINI Nicht ausgeschlossen. Oh, che vita, che gioia!

GEIGER Was hältst du von meinem Spiel?

PAGANINI Da gibt es nichts zu sagen.

GEIGER Spiele ich gut?

PAGANINI So lala.

GEIGER Ich will die Wahrheit wissen.

PAGANINI Mein Junge, überleg dir mal, wem du diese Frage stellst. Ich bin der größte Geiger aller Zeiten, der einzige, und alles, was unter meinem Niveau ist, existiert für mich nicht. Ich kann nicht einmal sagen, daß etwas mehr oder weniger gut oder mehr oder weniger schlecht ist. Es gibt einfach nichts. Nichts, das Nichts, nihile, niente, punto. Wie soll ich dir also auf diese Frage antworten?

GEIGER Ich beneide dich.

PAGANINI Möchtest du ein Genie sein?

GEIGER Natürlich.

PAGANINI Und wozu?

GEIGER Was heißt wozu. Weil ich ein Mensch bin.

PAGANINI Na eben. Genügt dir das nicht? Das ist schon sehr viel, das ist alles. Sich bewegen, atmen, essen, Schmerz oder Freude empfinden können...

GEIGER Ein Mensch? Und was hab ich davon? Jeder ist ein Mensch. Ein Mensch zu sein, ist zuwenig für mich. Ich möchte mehr sein, ich möchte ein außergewöhnlicher Mensch sein. Und wer ist außergewöhnlich? Ein Künstler. Aber es gibt so viele Künstler... Also muß man ein außergewöhnlicher Künstler sein, eine Ausnahme unter den Ausnahmen. Das heißt, ein Genie. Einzigartig und unwiederholbar. Ja, ich möchte ein Genie sein. Sonst lohnt sich nichts – weder Mensch zu sein noch Künstler.

PAGANINI Hat Genialität eine Farbe, einen Geruch, einen Geschmack? Ist sie hart, weich oder seidig? Kann man sie essen, auf ihr sitzen, sich darin einwickeln, wenn es kalt ist, oder auf ihr schlafen? Kann man sie ins Wasser lassen oder den Ofen mit ihr heizen? Genialität ist nichts. Ein einfacher Apfel ist mehr wert als alle Genialität.

GEIGER Das sagst du? Du, ein Genie?

PAGANINI Ich, wer denn sonst. Ich weiß, wovon ich rede. Wenn du die letzten hundert Jahre als Marmorsockel verbracht hättest, würdest du nicht solchen Unsinn reden. Genialität – ich weiß, wie das endet. Dabei beginnt alles ganz unschuldig... Du lebst, aber das genügt dir nicht. Du bildest dir ein, daß Kunst etwas Größeres ist, etwas Besseres. Aber gleichzeitig brauchst du Ruhm, Frauen und Geld. Also beginnst du, Karriere zu machen. Und wenn du noch fähig wärst, im richtigen Moment aufzuhören... aber du gerätst in den Sog. Allmählich wirst du ein Sklave deiner Kunst, und sie fordert immer mehr von dir. Vorher genügte dir dein Leben nicht, jetzt wirst du dafür bestraft: Du genügst deiner Kunst nicht. Du strengst dich an, aber du kommst nicht nach. Inzwischen hast du Karriere gemacht, ohne zu wissen, wann und wie. Du hast alles, was du wolltest: Ruhm, Geld und Frauen, aber du hast nichts davon, weil du von der Kunst aufgefressen wirst. Dann sagen sie von dir, daß du sublimierst, dabei hast du bloß weder Zeit noch Kraft noch Lust zu irgend etwas anderem. Schließlich verwandeln sie dich in ein Stück Marmor, und du merkst es nicht einmal. Danach stehst du irgendwo auf einem Piedestal, die Fliegen kriechen über dein Gesicht, und du kannst dich nicht mal kratzen oder niesen. So absolut sublimiert bist du dann. In alle Ewigkeit. Jetzt weißt du, wie Genialität endet.

GEIGER Ich glaube dir nicht, das ist Demagogie, eine boshafte und parteiische Darstellung. Sag bloß nicht, ich solle die Natur höher schätzen als die Kunst. Ich habe genug von der Natur. Ich ekle mich vor der Natur, ich ekle mich vor dieser glitschigen und schmierigen, verfaulenden und zeugungsfähigen Materie, der blinden Paarung, dem Sterben und der Fortpflanzung. Du sagst, Genialität sei eine Abstraktion? Um so besser, dann gibt es keinen Körper. Sie habe keine Farbe, keinen Geschmack und keinen Geruch? Ausgezeichnet, das heißt, sie ist rein. Die Kunst lösche die Leidenschaft aus? Bravo. Ich wünsche mir nichts mehr, als sie loszuwerden. Ich habe viel zuviel davon, und ich weiß nicht, was ich mit ihr machen soll. Übrigens redest du die ganze Zeit von dir, als gäbe es keinen anderen Menschen auf der Welt. Und die Werte, die ein genialer Künstler schafft und der Gesellschaft übermittelt? Und die Kultur, dieses gemeinsame Gebäude?

PAGANINI Du bist doch nicht etwa verliebt? *Singt vor sich hin.* O bella carina – un bacio mi dai…

GEIGER Verliebt? Ich?

PAGANINI Ja. Und zwar unglücklich.

GEIGER Ich bin nicht verliebt und verbitte mir solche Unterstellungen. Das gehört nicht zum Thema. Ich möchte ein Genie sein und basta.

PAGANINI Na, dann sei doch eins. Sei ein Genie und schrei nicht so.

GEIGER Wie?

PAGANINI Ganz einfach. Sei genial.

GEIGER Gut. Aber wie macht man das?!

PAGANINI Man macht nichts. Man ist es.

GEIGER Du hast leicht reden: Man ist es. Aber wie? Kannst du es mir erklären, mir einen Rat geben?

PAGANINI Gern. Also… vor allem… muß man… nein, ich weiß es nicht. Ich würde dir gern helfen, aber ich weiß es wirklich nicht.

GEIGER Du als Genie weißt nicht, worauf das beruht?

PAGANINI Ich habe keinen blassen Schimmer. Im übrigen habe ich darüber nie nachgedacht. Es muß irgendwas in mir gewesen sein ...

GEIGER Also etwas, was in dir ist, aber nicht in dir zu sein brauchte ...

PAGANINI Offensichtlich.

GEIGER Wenn es nicht in dir wäre, könnte es woanders sein.

PAGANINI Das ist möglich.

GEIGER Das heißt, in jemand anderem.

PAGANINI Wahrscheinlich.

GEIGER Gib es mir.

PAGANINI Wie soll ich das verstehen ...

GEIGER Wörtlich! Gib mir deine Genialität. Schenk sie mir.

PAGANINI Mach keine Witze!

GEIGER Ganz im Ernst. Da dir nichts daran liegt ... oder vielmehr, da sie dir unerträglich ist, weil sie dich in diesen beklagenswerten Zustand der Unsterblichkeit gebracht hat ... Da du dich über sie beklagst ... du wirst sie los, und ich gewinne dabei.

PAGANINI Aber trotz allem hänge ich an ihr.

GEIGER Du bist mir Dank schuldig. Ich habe ein kleines Geschenk verdient.

PAGANINI Trotzdem – es ist mir unangenehm, mich so einfach von ihr zu trennen. Immerhin wäre ich ohne sie nicht Paganini.

GEIGER Du willst wieder ein Mensch sein, nicht wahr? Ein sterblicher Mensch. Ohne meine Hilfe wird dir das nie gelingen. Du kannst wählen: Entweder gibst du mir deine Genialität, und ich gebe dir dafür meine Hand, damit du heruntersteigen kannst von deinem Piedestal, oder ich rühre keinen Finger und lasse dich, wo du bist und dich so ungemütlich fühlst. Du hast die Wahl.

PAGANINI Ist das eine Erpressung?

GEIGER Nein, ein Handel. Ich schlage dir einen ehrlichen Tausch vor: die Kunst für das Leben, das Leben für die Kunst.

PAGANINI Nun, schließlich ... ich weiß, was das eine und was das andere wert ist. Dein Leichtsinn sollte Skrupel in mir erwecken. Die Unerfahrenheit eines jungen Menschen darf man nicht ausnutzen. Aber ich will leben, und das ist stärker als meine Gewissensbisse. Ich bin nicht schuld daran, daß du trotz meines erschreckenden Beispiels unbedingt in dein Unglück rennen willst. Weshalb soll ich dich gegen deinen eigenen Wunsch und zu meinem eigenen Schaden davor bewahren. Bitte. Jeder ist für sich selber verantwortlich.

GEIGER Also einverstanden?

PAGANINI Einverstanden.

GEIGER Und dein Genie kommt in meinen ausschließlichen Besitz?

PAGANINI Nimm es dir, möge es dir bekommen.

GEIGER Ich werde es schon richtig benutzen.

PAGANINI Deine Hand!

GEIGER Da ist sie. *Er gibt Paganini die Hand, der ihm seine entgegenstreckt, die ihm plötzlich gewachsen ist. Es stellt sich heraus, daß er ebenfalls Beine hat.*

PAGANINI Ich bin lebendig.

GEIGER Ich bin genial!

PAGANINI Führe mich vor den Spiegel. Mich haben so

lange andere angesehen, daß ich mich selbst aus den Augen verloren habe.

GEIGER In meinem Geist ist etwas Ungewöhnliches vorgegangen. Plötzlich höre und verstehe ich alles völlig anders. Ja, ich muß ziemlich beschränkt gewesen sein, bevor die Genialität in mich eingedrungen ist. Ich weiß noch nicht, was ich tun soll, aber ich bin sicher, daß alles, was ich mache, meine freie Entscheidung und gleichzeitig absolut notwendig sein wird. Ich werde tun, was ich will, und ich werde wollen, was notwendig ist, meine Freiheit ist zur Notwendigkeit geworden. Ja, das ist wirklich etwas unnormal. Was ich tue, wird ungewöhnlich und erstaunlich sein, aber so offensichtlich wie das Sein selbst. Das Mögliche, das Notwendige und die Freiheit sind zusammengeschmolzen in meinem Genie. Was für eine herrliche Gewißheit!

PAGANINI Nicht übel, gar nicht so übel! Du hast übertrieben, der Bart steht mir nicht schlecht! Man könnte höchstens die Fasson etwas ändern. Aber insgesamt paßt er zu meinem Typ.

GEIGER Wer ist diese Kreatur, die sich da vor meinem Spiegel produziert? Seine Grimassen sind einfach lächerlich. Was für eine vulgäre, einfältige Koketterie.

PAGANINI Du hast mir einen Kamm versprochen.

GEIGER Hier ist der Kamm. Wie dürftig und beschränkt die Menschen sind.

PAGANINI Come sono bello... Hast du nicht ein bißchen Pomade?

GEIGER Ich habe keine Pomade! Und hör auf, mich mit dieser blödsinnigen Eitelkeit zu belästigen! Ich habe mich über die fleischlichen Gelüste erhoben! Mir schwillt der Geist!

PAGANINI Ich habe dich gewarnt.

GEIGER Ich brauche Kunst! Ich werde verrückt, wenn ich meinem Schaffensdrang nicht freien Lauf lassen kann. Wo ist meine Geige?

PAGANINI Spiel, spiel, erleichtere dich. Ich werde mich inzwischen kämmen.

GEIGER Tier!

Geigenvariationen, dann Militärmusik, ein schneidiger Marsch. Die Kapelle nähert sich und übertönt allmählich die Geige.

GEIGER Was … was ist das, dieser Lärm …

PAGANINI Das Militär! Ein ganzes Regiment mit einer Kapelle vornweg marschiert durch die Stadt. Militärmusik!

GEIGER Musik? Das? Dieses ordinäre Tam-tam nennst du Musik? Dieses Messing zu Ehren von Eisen und dieses Blech zu Ehren von Blei? Die tollwütigen Trompeten, die entfesselten Trommeln, dieses Gescheppere und dieses Geknalle?

PAGANINI Die schönste Musik, die ich je gehört habe. Außerdem brauchst du's ja nicht so zu nennen, wenn du nicht willst. Auf die Musik kommt es hier nicht an. Dort, auf den Straßen der Stadt, ist Kraft, ist Stärke, dort marschiert die verkörperte Macht. Die Menge auf den Bürgersteigen schreit Hurra. Sie bestaunt die bedrohliche und herrische Vitalität, stimmt ihr zu, bewundert sie und unterwirft sich ihr. Und sie hat recht. Hörst du ihre Stimme?

GEIGER Viel zu gut. Diese groben Laute zerreißen mir die Ohren: meine zarten, sensiblen, überfeinen Künstlertrommelfelle. Mörder sind das!

PAGANINI Dort unten sind mindestens drei Bataillone, die Kapelle nicht mitgezählt. Dreitausend Bajonette glänzen in der Sonne.

GEIGER Dreitausend Stück Vieh, verschwitzte und ungewaschene Körper in Geschirren aus Schweinsleder. Brutale Bewegungen ihrer Hände bewirken den Zusammenprall von hölzernen Stöcken und Eselshaut. Stinkender Wind aus ihren Eingeweiden, in denen die Nahrung gärt, streicht durch die speichelbedeckten Röhren und ruft dies Hammelblöken hervor. Und das gefällt dir?

PAGANINI Ja! Ich mache dich darauf aufmerksam, daß die Saiten deiner Geige ebenfalls aus Hammeldarm sind.

GEIGER Aber sie geben kein Hammelblöken von sich. Ich verwandle diese Hammelgedärme in Kunst, ich schaffe aus Materie immaterielle Werte. Ich gebe dem Körper nicht willenlos nach, ich treibe keinen Kult mit ihm, ich unterwerfe ihn und verwandle ihn in Geist.

PAGANINI Hehe. Jede dieser dreitausend Bajonettspitzen könnte dich in jedem Augenblick in etwas viel Hammelhafteres als die Saiten deiner Geige verwandeln und in etwas weniger Nützliches als eine Hammelkeule. Und was ist dann mit deinem Geist?

GEIGER Dann geh doch, werd Schlächter und laß mich in Ruhe, ich habe keine Zeit, mich mit Grobianen zu unterhalten. Mama, Mama! Diese Kapelle stört mich. Ich kann nicht spielen, ich kann nicht arbeiten. Mama, tu was dagegen!

PAGANINI Wirf die Geige hin und werd Offizier. Frauen lieben Soldaten, vielleicht sogar mehr als Künstler. Komm mit mir. Wir gehen auf die Straße und schließen uns den Massen an. Wir werden leben!

GEIGER Mama, Mama, bring sie zur Ruhe! Ich kriege einen Anfall, ich verliere mein Gehör, ich werde verrückt, wenn die nicht sofort aufhören.

PAGANINI Du willst nicht? Dann bleib, wo der Pfeffer wächst. Ich brauche deine Begleitung nicht. Ich geh allein.

GEIGER Raus, und komm ja nicht wieder! Ich will dich hier nicht länger sehen, du Prolet! Geh zu den Straßenlümmeln, die dem Militär nachlaufen wie Köter hinter einer Hammelherde. *Die Kapelle entfernt sich.* Beeil dich, sonst sind sie weg, und du bekommst nichts ab vom Braten!

PAGANINI Ich wäre untröstlich. He, wartet auf mich! Wartet !... *Die Stimme Paganinis entfernt sich zusammen mit der Musik.*

MUTTER Du hast mich gerufen?

GEIGER Ja, Mama.

MUTTER War hier jemand? Ich habe Stimmen gehört.

GEIGER Es war jemand da, aber er ist weg und kommt nicht mehr wieder. Jetzt bin ich allein.

MUTTER Blaß und unruhig. Ich glaube, du hast Fieber.

GEIGER Mama, ich habe dir etwas sehr Wichtiges zu sagen.

MUTTER Ist was passiert?

GEIGER Ich bin genial.

MUTTER Na endlich! Gott sei Dank.

GEIGER Bis zu diesem Augenblick war ich kein Genie, aber jetzt bin ich eins. Definitiv und unwiderruflich.

MUTTER Ich habe nie daran gezweifelt, aber du wolltest mir ja nicht glauben.

GEIGER Ich habe nur daran gezweifelt, weil ich Phantasie hatte. Erst jetzt habe ich erkannt, daß man Vorstellungen in Gewißheit verwandeln kann. Die Vorstellung gestaltet die Wirklichkeit und nicht umgekehrt. Das ist eine große Entdeckung.

MUTTER Selbstverständlich bist du genial. Aber übertreibst du nicht ein bißchen mit dieser »Vorstellung«?

GEIGER Überhaupt nicht. Dabei reicht sie nicht aus, um alle Folgen dieser Entdeckung vorauszusehen.

MUTTER Ich habe Angst um dich. Du bist so aufgeregt... Willst du eine Tablette? Oder leg dich hin und versuch zu schlafen.

GEIGER Schlafen? Jetzt, da ich an mich glaube? Nein, ich muß wach sein und bereit.

MUTTER Bereit – wofür?

GEIGER Für alle Konsequenzen, die sich aus meinem Glauben ergeben, das heißt aus der Gewißheit, das heißt aus der Realität... *Klingeln an der Haustür.*

MUTTER Es klingelt. Sicher wieder ein Hausierer.

GEIGER Wer auch immer. Er ist ein Bote meines Schicksals, und von diesem Augenblick an werde ich selbst mein Schicksal lenken. Dies ist also mein Bote. Beeil dich, Mama. Laß ihn herein und bring ihn zu mir. *Klingeln.*

MUTTER Armes Kind. Das kommt von der Überarbeitung. *Klingeln.* Ich mach ihm auf, aber dann werf ich ihn hinaus. Sonst hört er nie auf zu klingeln. *Klingeln, die Mutter geht hinaus.*

GEIGER Bis hierhin hat sie mich geführt, und ich habe nicht Schritt halten können. Jetzt kann sie mir nicht folgen. Aber das macht nichts. Ich nehme nicht nur Mama an Bord meines Schiffes, sondern die ganze Realität mit allem Gepäck. Dampf genug habe ich.

MUTTER *im Nachbarzimmer* Bitte entschuldigen Sie diese Unordnung, ich konnte nicht erwarten… was für eine Ehre, was für eine Überraschung.

DIREKTOR Das macht nichts.

MUTTER Ich rufe ihn gleich.

DIREKTOR Störe ich ihn nicht? Ich komme unangemeldet.

MUTTER Aber ich bitte Sie! Ich sage ihm gleich Bescheid, er wird sich so freuen… ich hole ihn.

DIREKTOR Wenn Sie so freundlich sein wollten…

Die Mutter geht in das Zimmer des Geigers.

GEIGER Wer ist da?

MUTTER Der Direktor der Philharmonie persönlich.

GEIGER Her mit ihm.

MUTTER Du bist wohl verrückt geworden. Er wartet auf dich.

GEIGER Ich warte auf ihn.

MUTTER Würdest du dich vielleicht in den Salon bemühen? Von diesem Mann hängt deine Zukunft ab.

GEIGER Muß ich lange warten?

Es klopft an die Tür.

DIREKTOR Darf ich eintreten?

GEIGER Ah, da ist er ja. Kommen Sie, alter Freund.

MUTTER Alter Freund... wie redest du denn mit dem Herrn Direktor? Bitte, verzeihen Sie ihm, er ist ein nervöses Kind. Manchmal hat er Anfälle.

DIREKTOR Es ehrt mich, wenn der Maestro mich Freund nennt. Außerdem sind alle Genies übersensibel.

GEIGER Hörst du, Mama?

MUTTER Ich höre, aber ich verstehe nichts. Sie machen sich über uns lustig, Herr Direktor?

DIREKTOR Niemals würde ich so etwas wagen! Ich bin nur ein armer Beamter, ein Diener seines Talents, ein Zwerg gegenüber einem Giganten.

GEIGER Was sagst du dazu, Mama?

MUTTER Dann... dann legen Sie vielleicht ab, Herr Direktor?

GEIGER Leg ab, leg ab, mein Heinzelmännchen.

MUTTER Heinzel...

DIREKTOR Fühlen Sie sich nicht wohl, gnädige Frau?

GEIGER Mama ist vor Schreck sprachlos geworden. Das kommt von der Nonchalance, mit der ich mich an Sie wende, Herr Direktor. Aber das ist ganz gut, dann stört sie uns wenigstens nicht. Worum geht es also, Sie Kulturzwerg?

DIREKTOR Haha, Sie haben heute gute Laune, Maestro. Es geht um eine Sache, die für Sie vielleicht eine Kleinigkeit, für uns alle aber von großer Bedeutung ist. Es nähert sich das Jubiläum unserer Stadt, und wir möchten das gern mit einem Galakonzert in der Philharmonie feiern. Das Abgeordnetenhaus, der Senat und das breite Publikum, ganz zu schweigen von meiner bescheidenen Person, wagen hiermit, Ihnen die Bitte vorzutragen, das heißt, Ihnen vorzuschlagen…

GEIGER Zur Sache, zur Sache.

DIREKTOR … ich komme, um Sie zu bitten, bei unserem Konzert mitzuwirken.

GEIGER Hm… ziemlich unverfroren.

DIREKTOR Wir wissen, daß wir nach den Sternen greifen. Die ganze Welt wartet auf Sie, Maestro, und mehr als eine der Metropolen wäre glücklich, Sie empfangen zu dürfen. Mehr als ein königlicher Hof würde Ihnen auf Knien danken für das, was wir von Ihnen zu erbitten wagen. Oh, wir kennen unseren Platz. Unsere Stadt ist weder eine Weltstadt noch ein Königshof. Wenn wir trotzdem den Mut haben, uns an Sie zu wenden, dann nicht, weil wir uns für würdig hielten. Ganz im Gegenteil. Aber eben deswegen ist es unser Wunsch, daß Sie uns ein wenig erhöhen und würdiger machen, als wir sind. Wir haben es nicht verdient, aber wir streben nicht nach einer Belohnung, wir bitten Sie um eine Gunst.

GEIGER Das war gut gesagt. Ich werde es mir überlegen.

DIREKTOR Können wir Hoffnung hegen?

GEIGER Sie werden zu gegebener Zeit Antwort erhalten.

DIREKTOR Wann wird das sein?

GEIGER Wann ich will. Für heute ist es genug.

DIREKTOR Wir werden mit größter Unruhe warten, aber auch mit einem Glücksgefühl, weil Sie, Maestro, uns zwar nicht zugesagt, aber auch nicht abgesagt haben. Darf ich mich empfehlen?

GEIGER Sie dürfen. Gestatten, daß ich nicht in Tränen ausbreche. Auf Wiedersehen, Zwerg.

DIREKTOR Mich entferne ich, die Hoffnung lasse ich hier. Adieu, Maestro.

GEIGER Schon gut.

DIREKTOR Gnädige Frau… *Er zieht sich rückwärts zurück. Man hört seine Schritte auf der Treppe.*

MUTTER Was bedeutet diese Farce?

GEIGER Nichts Besonderes. Ein Engagement zu annehmbaren Bedingungen.

MUTTER Was soll dieser ganze Mumpitz mit Maestro, Königshöfen und Metropolen?

GEIGER Du siehst, ich habe Erfolg. Und sogar mehr, als ich dachte. Meine Vorstellung übertrifft sich selber.

MUTTER Ein schlechter Scherz – und gefährlich.

GEIGER Aber Mama, ich habe dir doch erklärt… die Wirklichkeit wird sich künftig nach mir richten.

MUTTER Um so schlimmer. Die Wirklichkeit nach deiner Einbildung? Das hat noch gefehlt.

GEIGER Ich verstehe dich nicht, Mama. Du solltest dich freuen, daß ich ein eigenes Konzert geben werde. Ich höre auf, ein anonymer Geiger zu sein, und mache Karriere.

MUTTER Du?

GEIGER Ich! Ich! Was ist daran so verwunderlich? Bin ich kein Genie?

MUTTER Natürlich, natürlich… aber eine Karriere, so plötzlich, so aus dem Nichts…

GEIGER Es war höchste Zeit. Ich bin kein Kind mehr.

MUTTER Für mich bist du immer ein Kind. Wer hat dir gesagt, daß du keins bist? Wer hat dich denn auf die Idee gebracht? Wer hat dich gegen mich aufgehetzt?

GEIGER Aber Mama, du selber! Du hast mich gezwungen, mich der Musik zu widmen. Du selber hast behauptet, daß ich genial bin! Ich kann nicht gleichzeitig Genie und Säugling sein.

MUTTER Warum nicht?

GEIGER Weil eins dem andern widerspricht. Entweder ein Genie oder Infantilität. Entweder Reife und Kreativität oder Kindlichkeit und Kretinismus. Ich muß mich endlich entscheiden.

MUTTER Für mich bleibst du immer dasselbe Baby. Genial, aber ein Kind. Ein Kind, trotz Genialität. Immer dasselbe.

GEIGER Für dich, aber nicht für die Welt.

MUTTER Weshalb willst du in die Welt gehen? Weshalb willst du mich verlassen, wenn dich dort, in der weiten Welt, nur Widersprüche erwarten? Ist es nicht besser, bei mir zu bleiben? Ich kann dir Zärtlichkeit und Bewunderung bieten – ohne alle Konflikte. Laß doch alles beim alten. Du spielst Geige, ich höre dir zu, ich bewundere dich, ohne daß dir die Mutterliebe verlorengeht. Waren wir denn nicht glücklich zusammen, all die Jahre lang? Auf mich kannst du dich verlassen. Für mich hat sich nichts geändert und wird sich nichts ändern. Wozu brauchst du eine Karriere?

GEIGER Siehst du. Alle diese Jahre … die Jahre meiner Einsamkeit, meiner Qual, dieses Gefängnisleben, in dem ich auf alles verzichtet habe, was nicht Musik war... Soll das ewig dauern – bis zum Tod? Wozu alle diese Entsagungen, Erniedrigungen, Quälereien, wenn ich nicht eines Tages herauskomme! Endlich heraus! Fort, weg! Endlich sich losreißen, hinaus – in die Sonne!

MUTTER Wir hatten es hier so gut... Du in deinem Zimmer und ich daneben, hinter der Tür. Ich habe deiner Musik zugehört. Nur du und ich. Glaubst du denn, daß dir irgend jemand besser zuhören wird als ich? Daß du irgendwo ein besseres Publikum findest? Selbst wenn du in der großen Welt, von der du so träumst, Erfolg hast, finden sich immer Leute, die dir dein Talent absprechen und dich diffamieren, dich beschimpfen...

GEIGER Ich pfeife auf sie. Ich will den Ruhm – danach kann kommen, was will. Der Ruhm ist der Schlüssel zur Welt, allein für sich ist er ohne Wert. Wenn ich den Panzerschrank geöffnet habe, in dem man das Leben, das Glück, die Erfüllung vor mir verschlossen hat, werfe ich den Schlüssel aus dem Fenster. Was soll mir Ruhm allein.

MUTTER Jetzt hat du dich verraten. Ich wußte, daß du mir etwas verheimlichst. Du hast von Kunst geredet, von Karriere, aber ich habe gefühlt, daß es um etwas anderes geht. Ich habe geahnt, daß du etwas gegen mich im Schilde führst, aber ich wußte nicht, was. Oh, jetzt weiß ich, wozu du die Karriere brauchst. Du willst vor mir fliehen, aber nicht in die Welt, sondern zu ihr... nur zu ihr... zu ihr... zu dieser Frau...

GEIGER Aber Mama...

MUTTER Sag nichts! Jetzt weiß ich alles…

GEIGER Aber Mama, wie kannst du nur. Überlege doch. Du hast mich in dieses Zimmer eingeschlossen, bevor ich laufen oder sprechen konnte. Du hast mir die Geige in die Hand gedrückt und mir befohlen, ein Künstler zu werden, zu üben, zu üben, zu üben, ohne jede Atempause zu üben und auf alles andere zu verzichten. Und ich habe dir gehorcht. Danach hast du gefordert, daß ich mich von meiner Geliebten trenne und Karriere mache. Ich habe deinen Wunsch erfüllt. Jetzt will ich Karriere machen, da willst du mich zwingen, diese Karriere aufzugeben, und machst mir Szenen. Du bist inkonsequent.

MUTTER In die Welt… in die Sonne… Ich weiß schon, was das heißen soll. Wozu diese Metaphorik! Du lügst!

GEIGER Hast du gedacht, daß ich in diesem stickigen Loch bleibe, in diesem Kellermief, in diesem Grab?

MUTTER Red nur so weiter. Bei mir das stickige Loch, bei ihr Sonne und Licht. Und was noch? Bächlein, Blümchen und Vögel? Laß es dir nur gutgehen, mein kleiner Stammbuchpoet.

GEIGER Schön, dazu habe ich auch ein Wort zu sagen. Ich sage dir, was ich weiß, und das ist gar nicht wenig… Glaubst du, Mama, ich wüßte nicht, warum du mich in diese ganze Chose mit dem Künstler hineingedrängt hast? Ich bin weder blind noch dumm. Du hast gedacht, daß ich immer ein Anfänger bleibe. Daß ich immer bei dir wohne und hoffnungslos Konzerte übe, die niemand hören will. Im Grunde hast du mich nie für ein Genie gehalten, nicht einmal für ein Talent, du hast nie an mich geglaubt, obwohl du mir immer Genialität einreden wolltest. Darauf beruhte dein Plan... einen Ehrgeiz zu wecken, den ich nie befriedigen könnte. Du hast dir ausgerechnet, daß ich die Anerkennung, die mir die Welt versagt, bei dir suchen würde. Daß meine Schwäche, meine Angst vor der Welt und meine Unbeholfenheit mich für immer an dich ketten würden. Du wolltest mich besitzen wie einen lebenslänglichen Sklaven. Wie einen Gegenstand!

MUTTER Du bist ungerecht. Alles, was ich getan habe, habe ich zu deinem Besten getan. Ich wußte, daß du schwach und wehrlos bist, ich wollte dich beschützen, ohne deine Eigenliebe zu verletzen. Durch mich hast du Ruhe und Sicherheit bekommen, weil ich dir die Überzeugung gab, du seist etwas Besonderes – ohne dich den Proben auszusetzen, die du nie bestanden hättest. Denn an deiner ganzen Beschuldigung stimmt nur eines: Du hast kein Talent.

GEIGER Das ist nicht wahr!

MUTTER Doch, leider! Nicht für einen Groschen. Mach dir keine Illusionen, mein Liebling!

GEIGER Das sagst du jetzt, um mich hier festzuhalten!

MUTTER Hätte ich dir's früher sagen sollen? Ich? Deine Mutter? Aber jetzt, da du dich zu einem so wahnwitzigen Schritt entschlossen hast, da du weggehen willst, ist es meine Pflicht, dir die Wahrheit zu sagen, obwohl es mir nicht leicht fällt. Ja, ich will dich zurückhalten, aber nur zu deinem Besten, weil du kein Talent hast.

GEIGER Du lügst, du lügst absichtlich, das ist deine Rache für meine Auflehnung. Ich glaube dir nicht – so wie ich dir früher nicht geglaubt habe, als du mir einreden wolltest, ich sei genial.

MUTTER Aha, es geht dir nicht um die Wahrheit, sondern nur darum, alles abzulehnen, was ich dir sage. Mir zu widersprechen. Du bist ein störrischer, eigensinniger, ungehorsamer Junge.

GEIGER Aber ich bin genial!

MUTTER Seit wann? Früher nicht und jetzt plötzlich?

GEIGER Das ist meine Sache. Im übrigen, genial oder nicht genial, ich bin Herr meines Schicksals. Ich lasse mich nicht unterkriegen, ich befreie mich, ich gehe weg!

MUTTER Du gehst nicht.

GEIGER Das wird sich zeigen.

Man hört das Wiehern eines Pferdes.

MUTTER Was ist das?

GEIGER *siehst aus dem Fenster* Der kaiserliche Hengst. Die Knappen bringen ihn gesattelt vors Haus. Sie halten ihn kurz am Zügel. Oh, wie er sich bäumt, wie er ausschlägt… ein herrliches, edles Tier.

MUTTER Bist du verrückt?

GEIGER Sieh doch selber aus dem Fenster, wenn du mir nicht glauben willst. *Wiehern.*

MUTTER *sieht aus dem Fenster* Wie kommt der hierher?

GEIGER Da siehst du also.

MUTTER Ein Pferd – hier? Vor meinem Haus?

GEIGER Das ist der Kaiser, der Kaiser läßt mich holen. Mit Pferden und Gefolge. *Wiehern.* Hören wir auf, Mama. Ich habe keine Zeit.

MUTTER Du gehst?

GEIGER Ich reite. Nur gemeine Leute gehen zu Fuß.

MUTTER Du verläßt mich...

GEIGER Zu Pferde. Der Kaiser erwartet mich...

MUTTER Ja, wenn der Kaiser...

Man hört eine Fanfare.

GEIGER Sie rufen mich.

MUTTER Und du mußt ihnen folgen?

GEIGER Ich will ihnen folgen, Mama.

MUTTER Ja, wenn du es willst... Nimm einen Schal mit, heute ist es kalt. Und jag nicht im Galopp, sonst weht dich der Wind weg.

GEIGER Mir passiert nichts. *Fanfare.* Sie rufen mich wieder.

MUTTER Ich hatte immer Angst, daß man dich mir wegholt. Du warst mein, aber das konnte nicht ewig dauern. Einen Menschen wie dich kann man nicht halten. Es ist deine Größe, die dich mir nimmt.

GEIGER Dann begreifst du also, daß ich gehen muß... Leb wohl.

MUTTER Vergiß mich nicht.

GEIGER Ich werde dich nie vergessen.

Man hört Türenschlagen, schnelle Schritte auf der Treppe. Türenschlagen unten. Eine Fanfare, sich entfernendes Pferdegetrappel.

MUTTER Nun bin ich allein.

Teil III

Publikumsgeräusche vor einem Konzert.

DER DIREKTOR DER PHILHARMONIE *beginnt seine Rede; das Publikum wird still* Meine sehr verehrten Mitbürger, Stadtväter und Ehrengäste. Meine Damen und Herren, liebe Jugend. Wir sind hier zusammengekommen, um das Jubiläum unserer Stadt zu feiern. Dieser Jahrestag ist bedeutungsvoll. Urbs – urbis, civitas – civitatis. Als unsere Vorfahren die Felder und Wälder verließen, um eine städtische Gemeinschaft zu gründen, welche Ziele leuchteten ihnen da? Ganz sicher hat der erwachende Geist – spiritus – spirituus – ihnen diesen ersten entscheidenden Schritt auf dem Wege zur Verwirklichung der menschlichen Art, gens humanorum, diktiert. Ich will damit nicht sagen, daß die Hirten und Bauern der prä-urbanen Zeit nicht unsere Achtung verdienen. Dennoch – erst die Stadt, unsere Stadt, setzte den Anfang der Zivilisation. Erst in der Umfriedung der Mauern dieser Stadt, unserer Stadt, ist der Mensch, gelöst von der organischen Welt, unabhängig von der Natur, einem anderen Menschen begegnet, ohne Vermittlung der Elemente. Nicht mehr der gemeinsame Kampf gegen die Natur, sondern Handel und Industrie, Wissenschaft und Verwaltung waren es, die nunmehr die menschlichen Beziehungen bestimmten. Die Natur wich der Gesellschaft, und die Gesellschaft wurde, wenn ich mich so ausdrücken darf, das einzige natürliche Element. Und was ist die Krönung dieses Prozesses? Die Antwort finde ich hier in diesem Saal. Die Krönung dieses Prozesses, der letzte Triumph über die finstere Dumpfheit der Natur ist… *Geräusche im Saal…* ja, ja, meine Damen und Herren, Sie haben es erraten… sind die Kultur und die Kunst. Nicht die Kunst, die zu Anfang noch im Joch religiöser Vorurteile und primitiver Leidenschaften ächzte, die der Zauberei und dem Aberglauben eines unaufgeklärten Geistes diente. Sondern die befreite, reine und autonome Kunst, die nur sich selber dient, eine Kunst, die nicht sakral ist, sondern zerebral; Geist, durch Geist gezeugt, geistzeugend – wenn ich mich so ausdrücken darf. Die reine Kunst, das heißt der Geist als Quintessenz des Rationalismus. Wenn wir also jetzt das Konzert… *Titel des Konzerts…* hören, gespielt von unserem jungen Maestro, so ist es mehr als ein gewöhnliches Konzert – es ist der Triumph des Geistes über die Materie, der Triumph der ewigen Stadt über die vergängliche Barbarei. *Langes Klatschen.* Wie glücklich sind wir, hier zusammenzusein, unter dem Gewölbe unseres Heiligtums, wenn ich mich so ausdrücken darf, da das Wort »Heiligtum« einem vergessenen Wortschatz angehört, einem Wortschatz, der nota bene vom religiösen Kult geprägt wurde, während die Kultur ja eine weltliche Religion ist, wenn ich mich so ausdrücken darf. Dieser junge Priester…

keineswegs ein Priester, natürlich, das ist nur eine Metapher … wird der Mittler sein zwischen Ihnen und der Gottheit der reinen Kunst – keineswegs eine Gottheit, natürlich. Wir wollen uns also sammeln und andächtig an diesem Gottesdienst teilnehmen, der, Gott behüte, keineswegs ein Gottesdienst ist, selbst wenn er an einen Gottesdienst erinnert. Denn wie ich ja bereits gesagt habe, gibt es hier keine Transzendenz. Der Mensch bringt sich selbst zum Ausdruck zur Ehre des Menschen, das heißt zu Ihrer Ehre, verehrtes Publikum, und bei dieser Gelegenheit auch zu seiner eigenen Ehre. Die innere Sammlung aber – die kommt von allein. Wer die Kultur ehrt, den wird auch sie ehren. Und das wird Ihnen leichtfallen, da Sie kultiviert sind. *Klatschen.* Ja, ganz ohne Zweifel, kultiviert sind Sie. Das sieht man auf den ersten Blick. Man braucht nur Ihre Garderobe zu sehen, besonders die der Damen. Dieser Ozelot in der zweiten Reihe … *Applaus.* Obwohl ich mir unschlüssig bin, ob ich die Siegespalme nicht diesem wundervollen Nerz in der dritten Reihe zusprechen sollte … *Begeisterungsrufe und Applaus.* Man braucht Sie nur zu sehen, sage ich, um Ihr Niveau gebührend zu würdigen. Man braucht nur den Duft der Seifen und Parfums einzuatmen, der hier aufsteigt, um sofort zu verstehen, was für einen unerbittlichen Kampf Sie geführt haben gegen die unvermeidlichen Produkte der Natur, die Unsauberkeit und die schlechten Gerüche, also gegen die Natur selbst. Aber nicht nur die Garderobe und die Parfums beweisen Ihre Kultur. Vor allem Ihre Gesichter legen Zeugnis für Sie ab. Schon im voraus, obwohl das Konzert noch nicht begonnen hat, zeigt sich auf ihnen Begeisterung, bei dem Herrn dort in der ersten Reihe, zum Beispiel. *Applaus.* So steht also alles zum besten. Ein begeisterungsfähiges Publikum, ein inspirierter Künstler und eine erhabene Musik werden gemeinsam ein harmonisches Ganzes schaffen. Wir brauchen uns um den Erfolg unseres heutigen Konzerts keine Sorgen zu machen. Wir können viele unerwartete Eindrücke erwarten. Seien wir bereit für unvergeßliche Erlebnisse. Aber jetzt lasse ich die Musen sprechen. *Er nennt den Titel des Werkes.* Maestro …

Stürmischer Beifall und Ovationen. Dann einen Augenblick Stille vor dem Beginn des Konzerts und die ersten Takte. Nach einer gewissen Zeit …

SCHLACHTER *vorher Paganini* Kann ich jetzt …

GEIGER Bitte nicht stören.

SCHLACHTER Ich bringe Ihnen …

GEIGER Ich habe gesagt, Sie sollen mich nicht stören. Mann, sehen Sie nicht, daß ich ein Konzert gebe?

SCHLACHTER Dann warte ich. *Pause. Das Konzert geht weiter.* Krhm, krhm … *Er räuspert sich, aber der Geiger beachtet ihn nicht.* Heiß heute.

GEIGER Sind Sie immer noch hier?

SCHLACHTER Ich bringe Ihnen …

GEIGER Bitte wenden Sie sich an meine Mutter. Sie ist unten. Mama, Mama, da will jemand was von dir!

SCHLACHTER Unten ist niemand.

GEIGER Kommen Sie wieder, wenn meine Mutter da ist.

SCHLACHTER Aber ich bringe Ihnen …

GEIGER Hören Sie auf, ich hab jetzt keine Zeit, ich gebe ein Konzert, ich kann mich nicht mit Ihnen unterhalten, ich spiele!

SCHLACHTER Aber ich bringe Ihnen Leber.

GEIGER Was?? *Die Geige hört auf zu spielen.*

SCHLACHTER Leber, weil es heute keine Lunge gibt. Lunge gibt es erst wieder morgen.

GEIGER Was ist das?

SCHLACHTER Na – Leber …

GEIGER Rohes Fleisch?!

SCHLACHTER Ganz frisch.

GEIGER Nehmen Sie das sofort weg.

SCHLACHTER Aber ich sage doch, wir haben heute keine Lunge.

GEIGER Ekelhaft, mir das Stück eines … irgendeiner Leiche auf den Tisch zu legen.

SCHLACHTER Mögen Sie keine Leber?

GEIGER Was erlauben Sie sich? Wer sind Sie überhaupt?

SCHLACHTER Ich bin der Schlachter.

GEIGER Dann ist es ein Irrtum. Wir essen nur Blumenkohl.

SCHLACHTER Ach so, Entschuldigung.

GEIGER Also das … das ist Leber?

SCHLACHTER Natürlich. Aber ich glaube, ich störe Sie.

GEIGER Ich habe Leber noch nie von nahem gesehen.

SCHLACHTER Also dann gehe ich.

GEIGER Nein, warten Sie einen Augenblick. Sie … Sie haben die eigenhändig rausgeschnitten?

SCHLACHTER Natürlich. Ich bin doch Schlachter.

GEIGER ... und Lungen, Nieren, Magen, das machen Sie alles selber ... mit eigenen Händen ...

SCHLACHTER Ja, alles selber.

GEIGER Und das Herz?

SCHLACHTER Das Herz auch.

GEIGER Mit Ihren Händen?

SCHLACHTER Nicht mit den Händen. Mit dem Messer. Aber ich will Sie nicht weiter stören. Sie sind beschäftigt, Sie spielen, Sie sind ein Künstler.

GEIGER Nein, wieso, ich unterhalte mich gern mit Ihnen. Ich habe mich noch nie mit einem Schlachter unterhalten.

SCHLACHTER Na, dann bleibe ich noch einen Moment.

GEIGER Der rote Fleck auf Ihrer Schürze, ist das Blut?

SCHLACHTER Klar.

GEIGER Ich habe noch nie Blut gesehen. Nur einmal, als ich mir das Knie aufgeschlagen hatte ... aber das ist schon lange her. Ich weiß noch, daß ich mich sehr gewundert habe, als ich etwas Rotes sah, etwas, was fremd und gleichzeitig meins war. Denn es war ja mein Knie. Bitte, setzen Sie sich doch. Trinken Sie einen Likör?

SCHLACHTER Nein, danke. Alkohol schadet der Leber.

GEIGER Erzählen Sie: Sie töten?

SCHLACHTER Natürlich. Töten ist die Hauptsache.

GEIGER Ja, ja, ich habe auch getötet, aber nur Fliegen, Marienkäfer, Schmetterlinge ... Wir haben einen Garten am Haus. Als ich klein war, bin ich immer mit einem Netz im Garten herumgelaufen. Ich habe die Schmetterlinge gefangen und dann getötet. Aber das ist nicht dasselbe, nicht wahr?

SCHLACHTER Nein, kein Vergleich.

GEIGER Das habe ich mir gedacht. Sagen Sie, diese großen Tiere, die Sie töten… schreien die?

SCHLACHTER Was heißt schreien? Die schreien nicht, die brüllen! Und quieken natürlich.

GEIGER Laut?

SCHLACHTER Kommt drauf an. Wenn sie ordentlich eins vor'n Schädel kriegen, hört man beim Messer weniger.

GEIGER Ah ja, natürlich, ordentlich eins vor'n Schädel. Rauchen Sie?

SCHLACHTER Nein, danke, Rauchen schadet der Lunge.

GEIGER Tut es weh?

SCHLACHTER Was?

GEIGER Der Tod.

SCHLACHTER Ach was…

GEIGER *nach einer Pause* Merkwürdig, Sie erinnern mich an irgend jemanden. Habe ich Sie schon mal gesehen?

SCHLACHTER Nein.

GEIGER Ich könnte schwören, daß wir uns irgendwoher kennen. Die Stimme, der Bart… aber reden wir weiter über Ihren Beruf. Das interessiert mich sehr. Sagen Sie: Haben Sie zum Beispiel nie Zweifel gehabt?

SCHLACHTER An was?

GEIGER An Ihrem Beruf. Haben Sie nie daran gezweifelt, daß Ihr Beruf… einen Sinn hat, eine Daseinsberechtigung, daß er eine absolute Notwendigkeit ist?

SCHLACHTER Was gibt es da zu zweifeln? Schlachter ist Schlachter. Wenn ich eine Kuh geschlachtet habe oder ein Schwein, dann sind sie geschlachtet. Allein schlachten sie sich ja nicht.

GEIGER Aber wenn Sie während des Schlachtens, sagen wir, das… *nennt den Titel seines Konzerts*… hörten?

SCHLACHTER Was?

GEIGER Geige. Ein Violinkonzert. Musik für Geige. Da, hören Sie. *Er spielt ein paar Takte.* Hören Sie?

SCHLACHTER Ja.

GEIGER Nun, und?

SCHLACHTER Nichts.

GEIGER Aber stellen Sie sich vor, daß Sie diese Musik bei sich im Schlachthaus hören. Würden Sie dann keine Zweifel bekommen, sagen wir an der moralischen, ethischen Seite Ihres Berufes, würde Sie das nicht hindern… zu töten?

SCHLACHTER Wieso? Schlachthof ist Schlachthof. Ob man Geige spielt oder nicht. Musik hat damit nichts zu tun, obwohl sich das ja ganz nett anhört. Musik kann's geben oder nicht. Schlachten muß sein.

GEIGER Merkwürdig, darüber habe ich nie nachgedacht.

Von fern das Brüllen von Stieren in die Musik hinein.

DIREKTOR Hausmeister!

HAUSMEISTER Jawohl, Herr Direktor.

DIREKTOR Was ist da los?

HAUSMEISTER Ich weiß nicht, Herr Direktor.

DIREKTOR Was heißt, Sie wissen es nicht. Hören Sie nichts?

HAUSMEISTER Doch, ich höre was, Herr Direktor.

DIREKTOR Und was ist das?

HAUSMEISTER Gebrüll.

DIREKTOR Woher?

HAUSMEISTER Das ist mir nicht bekannt.

DIREKTOR Sind die Türen verschlossen?

HAUSMEISTER Wie gewöhnlich.

DIREKTOR Wie gewöhnlich, wie gewöhnlich... Wieso hört man dann so Ungewöhnliches? Das ist Ihre Fahrlässigkeit. Sofort überprüfen lassen.

HAUSMEISTER Jawohl, Herr Direktor. *Er geht ab.*

DIREKTOR Auf niemanden kann man sich verlassen. Das Personal ist faul und verschlafen. Auf alles muß man selber achten.

Der Hausmeister kommt zurück.

DIREKTOR Haben Sie die Türen überprüft?

HAUSMEISTER Ja, Herr Direktor. Die Türen sind alle geschlossen.

DIREKTOR Und die Läden, die Vorhänge? Richtig zugezogen? Heruntergelassen? Gehen Sie noch einmal nachsehen. Daß mir keine einzige kleine Ritze, Öffnung oder Spalte bleibt. Wo Löcher sind, müssen sie zugestopft werden. Gegebenenfalls mit Kitt verkleistern! Zunähen, flicken, verkeilen, ausbessern. *Er schreit.* Verputzen! Lackieren! *Er senkt seine Stimme bis zum Flüstern.* Zumauern, verbarrikadieren. *Schreit.* Haben Sie verstanden? Und beeilen Sie sich, sonst gibt es einen Skandal! *Der Hausmeister geht ab.* Was für eine Blamage! Ausgerechnet beim Jubiläum. *Man hört immer lauteres Brüllen, allmählich wird die Musik davon übertönt.* Meine Damen und Herren! Das ist nur ein Mißverständnis, ein Zufall, ein Zusammentreffen von unvorhersehbaren Umständen. Eine Anomalie, die nicht zum Programm gehört. Eine kleine Störung, die wir sofort beheben werden. *Verstärktes Brüllen der Tiere.* Ich bitte Sie, meine Herrschaften, es gibt keinen Grund zur Besorgnis. Wir sind völlig abgeschlossen und in absoluter Sicherheit. Unsere Philharmonie wurde von den bedeutendsten Ingenieuren unter Verwendung des allerbesten Materials gebaut. Wir haben schalldichte Wände und gut geschultes, eingearbeitetes Personal. Ich bitte Sie also, Ruhe zu bewahren.

Das Brüllen der Stiere wird zum Brüllen von Schlachtvieh. Es ist fürchterlich. Der Hausmeister kehrt zurück.

DIREKTOR Nun?

HAUSMEISTER Es ist alles zu, verschlossen, zugestopft, verriegelt, vermauert, verkleistert und versiegelt.

DIREKTOR Alles zu. Und was ist hier zu hören? Zugestopft – ohne Erfolg? Versiegelt, und woher dringt immer noch diese Kakophonie durch? Nein, ich nehme das nicht zur Kenntnis. Wenn Sie mir nicht innerhalb von fünf Minuten eine endgültige Erklärung für dieses Phänomen bringen, werden Sie das bedauern.

HAUSMEISTER Jawohl, Herr Direktor. *Er geht hinaus.*

DIREKTOR Meine Herrschaften, ich appelliere an Ihre gute Erziehung, an Ihre Kultur und an Ihre gesellschaftliche Disziplin. Selbst wenn wir jetzt etwas hören, außer

Musik natürlich, dann sollten wir es nicht hören. Wir sollten es ignorieren. Also – selbst wenn wir etwas hören, verschließen wir unsere Ohren. Wenn uns unbehaglich ist, lassen wir's uns trotzdem gut gehen. Wenn wir Brechreiz verspüren, übergeben wir uns nicht, und wenn wir fliehen möchten, fliehen wir nicht. Und vor allen Dingen lassen wir uns nicht von Panik ergreifen. Es wird sich gleich alles klären, ich habe schon die entsprechenden Anweisungen gegeben…

HAUSMEISTER *kehrt zurück* Ich weiß jetzt, Herr Direktor.

DIREKTOR Na, endlich. Also was ist es? Wo ist es?

HAUSMEISTER Im Saal.

DIREKTOR Tiere im Saal?

HAUSMEISTER Nein, Menschen.

DIREKTOR Antworten Sie auf meine Frage. Ich frage, woher die Tiere zu hören sind.

HAUSMEISTER Von den Leuten.

DIREKTOR Sind Sie verrückt geworden?

HAUSMEISTER Das ist in den Leuten, in ihrem Bauch.

DIREKTOR Unsinn.

HAUSMEISTER Doch, wirklich, die Leute, in ihnen drin.

DIREKTOR Ausgeschlossen. Wir haben ein auserlesenes Publikum.

HAUSMEISTER Es ist in ihnen drin… Oh, Jesus, bei mir auch.

DIREKTOR Was?!

HAUSMEISTER In meinem Bauch auch, innen drin. Hören Sie, Herr Direktor? *Er gibt das Brüllen eines Stieres von sich.*

DIREKTOR Was soll das heißen? Benehmen Sie sich gefälligst …

HAUSMEISTER yyy … yyy … yyy … *Er brüllt wie ein Stier.*

DIREKTOR Sie sind fristlos entlassen.

HAUSMEISTER Riind … Schweeiinn … Hammel … *Er brüllt wie ein Stier und blökt wie ein Hammel.*

DIREKTOR Raus!

HAUSMEISTER Luuuungen … Niiiieren …

DIREKTOR Machen Sie, daß Sie wegkommen!

HAUSMEISTER Herr Direktor, Sie auch! Bei Ihnen auch!

DIREKTOR Ich?!

HAUSMEISTER Ich, Sie, wir, iiihre … Schweeeine, Haaaammeeel …

DIREKTOR Schluß, aaufhören … *Er brüllt wie ein Stier.*

HAUSMEISTER Sehen Sie, Herr Direktor? Das sind wir alle, wir aaaallle … *Das Brüllen der Tiere übertönt jetzt endgültig die Musik.*

DIREKTOR Meine Damen und Heeeerren! Bitte verlassen Sie nicht den Saal. Jeder bleibt an seinem Platz, die Plätze sind numeeeeriert. Sie sind schließlich zivilisierte Menschen. Die Kultur, die Kunst, die Zivilisation. Die Assimilation, Ambrosia, Akropolis, Assekuranz, Adaption, Akkumulation, Administration. Meine Herrschaften, ich bitte Sie, ich bin erst bei dem Buchstaben »A« aaa … iich komme gleich zum Buchstaben »B« Beee … Beeee … Beeee … *Die Stimme des Direktors verwandelt sich endgültig in ein Blöken, vermischt sich mit dem anderen Schreien und Blöken und wird langsam ausgeblendet. Nur die Geige spielt noch. Dann hört sie plötzlich auf.*

SCHLACHTER Weshalb hören Sie auf? Sie haben sehr schön gespielt.

GEIGER Ich kann nicht mehr.

SCHLACHTER Warum? Sie sind doch Künstler!

GEIGER Sagen wir, ich war Künstler!

SCHLACHTER Und jetzt nicht mehr?

GEIGER Jetzt bin ich ein toter Künstler.

SCHLACHTER Unsinn! Ich sehe Sie ja bei bester Gesundheit.

GEIGER Ja, mein Körper lebt, mein Organismus. Aber der Sinn meines Daseins ist dahin. Der Sinn war die Kunst. Jetzt existiere ich ohne Sinn. Meine Zellen funktionieren zwar noch weiter, aber sie sind leer. Zellen zu vermieten!

SCHLACHTER Wie ist das möglich?

GEIGER Ich habe den Glauben verloren.

SCHLACHTER Sie sind Atheist?

GEIGER In gewissem Sinne, ja.

SCHLACHTER Ich kenn mich da nicht aus. Ist das ernst?

GEIGER Die ernsteste Sache auf der Welt.

Laute Schritte auf der Treppe, der Direktor der Philharmonie stürzt herein.

DIREKTOR Das erlaube ich nicht, ich protestiere! Maestro, endlich habe ich Sie gefunden. Wo haben Sie denn gesteckt?

GEIGER Sie erlauben, Herr Direktor, mein Freund, ein Schlachter. Er hat Leber gebracht.

DIREKTOR Danke, ich bin nicht hungrig. Ein Schlachter?

SCHLACHTER Fleisch- und Wurstwaren. Zu Diensten.

DIREKTOR Ein Schlachter! Sie also!! Ich werde Sie verklagen! Ich wende mich mit allem Nachdruck gegen Ihre destruktive Tätigkeit!

SCHLACHTER Sie kennen den Herrn?

GEIGER Ach ja, ich habe vergessen, Sie vorzustellen. Das ist der Direktor der Philharmonie.

SCHLACHTER Phil... Phil...

DIREKTOR Ja! Ich bin für die Musiker, für das Publikum und für die nationale Kultur überhaupt verantwortlich. Ganz zu schweigen davon, daß ich moralische und materielle Verluste erlitten habe. Ich erhebe Anspruch auf Entschädigung. Maestro, Ihnen rate ich ebenfalls, vor Gericht zu gehen.

GEIGER Was ist Ihnen denn, Herr Direktor? Sie tragen einen Verband? Was ist passiert?

DIREKTOR Das fragt er noch! Sie haben mich umgeworfen, als ich sie an der Flucht hindern wollte, sie haben auf mir herumgetrampelt wie auf einem Fußabtreter. Das ist mir passiert. Ich bin ein Opfer des Kampfes für die kulturellen Werte. Ich habe verteidigt, versucht, sie zu überreden, gefleht, sie möchten sich wie Gentlemen und Musikfreunde, wie Mäzene und Kunstkenner benehmen. Aber sie haben die Türen eingetreten und die Sessel zerschlagen. Ein Skandal, ein Umsturz, der Ruin! So was hat man noch nicht gesehen! Totale Zerrüttung! Ohnmachten und Nervenzusammenbrüche, Frauen und Generaldirektoren niedergetrampelt auf der Flucht. Allgemeine Verwirrung! Phantastische Gerüchte! Eine Hysterie, eine Panik sondergleichen! Wohin das noch führen soll, weiß Gott allein. Das Schlimmste: der Schlag ging mitten ins Herz unserer Kunst, unserer Kultur! Und das in dem Augenblick, in dem wir fast den Kulminationspunkt erreicht hatten, das Ideal. Gewiß, Schlachthäuser gab es immer, aber doch außerhalb der Stadt. Jetzt sind sie unter uns. In den Schulen und in den Kirchen, in den Museen und in den Konzerthallen. Das Schlachthaus und die Akademie, das Rindvieh und der Intellekt – alles ist durcheinander. Wenn das so weitergeht, wird bald an unseren Tischen gemetzelt werden, in den Betten unserer Frauen und den Wiegen unserer Kinder. Blut wird durch unsere Zimmer fließen. Blut, meine Herren! Nein, das müssen wir verhindern, um jeden Preis! Jetzt, solange es noch nicht zu spät ist. Herr Schlachter, ich protestiere!

SCHLACHTER Wieso schauen Sie mich an?

DIREKTOR Ihr Schlachthaus übertönt meine Philharmonie.

SCHLACHTER Phil... Phil... was ist denn das? Höre ich zum erstenmal.

GEIGER Der Herr Direktor will damit sagen, das Brüllen Ihres Schlachtviehs übertönt unsere Musik.

SCHLACHTER Aha, das heißt, fangt ihr an zu geigen, soll'n meine Beile schweigen.

DIREKTOR Eben! Statt Musik hört man Todesschreie, statt Kunst – Barbarei. Das ist unzulässig!

SCHLACHTER Nicht mit Geigen, sondern mit Beilen! Haha!

DIREKTOR Sie verspotten uns auch noch?

SCHLACHTER Entschuldigen Sie, meine Herren, aber das bin doch nicht ich, der brüllt, das sind die Stiere.

DIREKTOR Aber Sie schlachten sie.

SCHLACHTER Ich schlachte ganz zart, besser könnte ich mich selber nicht schlachten. Ich schärfe das Messer, als wenn ich meinen eigenen Vater schlachten müßte. Aber die sind eben nicht imstande, anders zu brüllen. Das dumme Vieh, meine Herren!

DIREKTOR Man kann keine Musik hören, nur weil Sie schlachten!

SCHLACHTER Dann spielt doch lauter!

DIREKTOR Wir können nicht dauernd fortissimo spielen! Sie stören uns!

SCHLACHTER Mich stören Sie nicht.

DIREKTOR Hinaus mit Ihnen.

SCHLACHTER Wieso? Ich beklage mich nicht über Sie. Spielen Sie, soviel Sie wollen.

DIREKTOR Los, weg mit Ihnen, raus!

SCHLACHTER Gehen Sie doch raus!

GEIGER Meine Herren, Ihr Streit ist gegenstandslos. Ich werde nicht mehr spielen.

DIREKTOR Was soll das heißen, Maestro?

GEIGER Die Musik, die Kunst… das ist vorbei. Ich gebe die Musik auf.

DIREKTOR Aber Maestro, man darf sich doch nicht unterkriegen lassen. Ich verstehe ja, daß man unter dem Eindruck der letzten Ereignisse defaitistische Gedanken haben kann. Aber gleich so weit zu gehen? Man darf die Flinte nicht ins Korn werfen. Sie haben Pflichten der Menschheit gegenüber, die auf Ihre Musik wartet, die nach ihr lechzt!

GEIGER Das ist nicht wahr! Im übrigen pfeife ich auf die Menschheit. Kaum hört sie irgendein Brüllen, schon ist ihr meine Musik schnuppe. Aber ich mache ihr keine Vorwürfe. Offensichtlich ist die Kunst selber ein Irrtum und ein Betrug.

DIREKTOR Was sagen Sie da! Sie, Maestro? Sie sind schließlich ein Künstler!

GEIGER Sicher, ich war einer. Deswegen weiß ich, was ich sage. Ich habe an die Kunst geglaubt. Ich habe geglaubt, sie sei unentbehrlich. Mehr noch, ich habe geglaubt, sie sei das einzige Absolute, die einzige Wirklichkeit. Aber mitten in meine einzige, ausschließliche, erhabene Kunst ist das Brüllen von Kühen und Hammeln gedrungen. Vulgäre Töne aus dem Schlachthaus haben meine Kunst ausgelöscht. Nicht getötet, denn nach einem Mord bleibt wenigstens ein Körper übrig, aber mir bleibt nichts, nichts! Offensichtlich gab es also nichts zu töten. Es gab offensichtlich nichts, ein Nichts ist vernichtet worden, meine Kunst war nichts. Meine Inspiration, meine subtilsten Anstrengungen haben sich angesichts des Gebrülls leidender Ochsen ins Nichts aufgelöst. Ich habe erfahren, daß ein geschlachteter Ochse das Publikum mehr beeindruckt als der größte Virtuose.

SCHLACHTER Recht hat er.

DIREKTOR Nein, nein, Maestro, so kann man nicht, so darf man nicht... Selbst wenn die Natur ihre Rechte hat, die Kunst ist nicht weniger eine Tatsache. Vielleicht habe ich ein wenig übertrieben, als ich sagte, die Kultur sei der Natur gewichen. Ich bin zu weit gegangen, das gebe ich zu. Aber weshalb muß man das eine mit dem andern vermischen? Warum die Natur gegen die Kultur ausspielen, das Fleisch gegen die Seele, das Brüllen der Sterbenden gegen… *Er nennt das Violinkonzert.* Ist es nicht klüger, sie voneinander abzugrenzen und darauf zu achten, daß sie getrennt bleiben? Dafür zu sorgen, daß sie sich nicht allzu nahe kommen? Das Schlachthaus soll Schlachthaus bleiben und die Kunst Kunst. Jedes an seinem Platz, weit voneinander entfernt, getrennt durch Sitte und Konvention.

GEIGER Haben Sie gedacht, daß mich die Kunst nur als solche interessiert, als Kunst an sich? Ich pfeife auf die Kunst an sich. Wenn ich mich der Kunst hingegeben habe, dann nur, weil sie mir die Wahrheit zu sein schien, eine Form der Wahrheit. Ich dachte, die Wahrheit wohne in ihr. Aber die Wahrheit kann nur eine sein: einzig, unzerstörbar und unbeschränkt. Die Wahrheit darf nicht zerbrechlich, vergänglich oder sterblich sein, sonst ist sie keine Wahrheit. Die Kunst aber hat sich als brüchig, klein und sterblich erwiesen; mit anderen Worten, sie ist nicht die Wahrheit. Daher gebe ich die Kunst auf und suche die Wahrheit woanders.

DIREKTOR Wo?

GEIGER In dem, was sich stärker als die Kunst erwiesen hat.

DIREKTOR Im Schlachthaus?!

GEIGER Warum nicht?

DIREKTOR In Dreck, Blut und Gebrüll?

GEIGER Ich habe bereits gesagt, daß es mir weder um

Schönheit noch um Moral noch um Ästhetik noch um erhabene Gefühle geht. Wenn die Wahrheit weder schön noch moralisch ist, um so schlimmer für die Schönheit und die Moral. Das Schlachthaus läßt sich auf nichts reduzieren, es widersetzt sich jedem Versuch dazu, es ist der Kern der Wirklichkeit, das Leben selbst…

DIREKTOR Ein schönes Leben! Dort wird getötet!

GEIGER Man tötet nicht, was tot ist, sondern was lebendig ist. Der Tod nährt sich vom Leben, wie Sie sich von Fleisch nähren. Der Tod braucht immer das Leben, immer von neuem. Wo also ist mehr Leben als in einem Schlachthaus, wo man unaufhörlich tötet?

DIREKTOR Auch ein Gesichtspunkt.

GEIGER Ihnen erscheint das merkwürdig, weil Ihre Optik falsch ist. Sie sehen alles von den gesellschaftlichen Konventionen her, und Sie haben nicht den Mut, Ihren Standpunkt zu revidieren. Sie wollen ihn gar nicht revidieren. Und warum nicht? Weil es so viel bequemer für Sie ist. Sie profitieren von der Kultur, Sie verkaufen Kunst, Sie ziehen Dividenden aus dem ganzen Schund, den Sie anderen als Wert aufdrängen.

DIREKTOR Aber um Gottes willen!…

GEIGER Ist es nicht so? Leugnen Sie, daß Sie an der Kunst verdienen?

DIREKTOR Was hat das eine mit dem andern zu tun? Einer muß sich doch mit den Finanzen, mit der Organisation beschäftigen… Das bedeutet nicht, daß die Kultur wertlos ist.

GEIGER Nicht für mich. Ich habe schon gesagt, was ich davon halte. Auch Ihr Profit kann die Wahrheit nicht widerlegen, obwohl er sie verdecken kann. Aber nicht mehr lange. Die Zeit ist nahe, in der die Menschheit, auf die Sie sich berufen, erkennt, wie sehr sie von Ihnen betrogen wird.

DIREKTOR Glauben Sie?

GEIGER Haben Sie vergessen, was gerade geschehen ist? Das ist kaum ein Anfang. Meinen Sie, daß ich der einzige bin, der solche Schlußfolgerungen daraus zieht? Sie vergessen dabei, daß Effekte sich steigern müssen. Wer einmal den Schrei der Agonie gehört hat, wird sich nie mehr mit einer Soprankoloratur zufriedengeben. Er wird einen Effekt suchen, der wenigstens genauso stark ist wie der, der ihm die Fähigkeit genommen hat, sich an… *nennt den Titel des Violinkonzerts…* zu freuen. Und es waren viele, die ihn gehört haben. Sehr viele. Ich prophezeie Ihnen den Bankrott!

DIREKTOR Steigerung der Effekte. Ein interessanter Gedanke. Vielleicht haben Sie recht.

GEIGER Ob Sie mir Recht geben oder nicht, ist mir egal. Ich weiß schon, was ich zu tun habe. Ich werde kein Künstler mehr sein. Ich werde Schlachter.

DIREKTOR Sie? Sie? Die Hoffnung unserer Musik?

GEIGER Es gibt keine Hoffnung mehr.

DIREKTOR Ja, dann… *Zum Schlachter.* Brauchen Sie nicht einen Teilhaber?

SCHLACHTER Das heißt wen?

DIREKTOR Mich.

SCHLACHTER Sie sind doch aus einer anderen Branche. Aus der Phil… Phil…

DIREKTOR Aus der Philharmonie. Aber ich kann mich umschulen lassen. Die Zeiten ändern sich. Außerdem denke ich an eine Fusion unserer beiden Unternehmen. Jeder behält sein Spezialgebiet, wir tauschen nur unsere Erfahrungen aus. Sie werden sehen, zusammen bauen wir etwas ganz Neues auf.

SCHLACHTER Da kommen Sie an den Falschen. Neuheiten gibt es bei mir nicht. Bei mir wird geschlachtet.

DIREKTOR Aber natürlich, natürlich. Darauf beruht ja die Attraktivität Ihres Gewerbes, wie unser Maestro so richtig bemerkt hat. Das Schlachthaus ist der Kern, die Essenz, das wirkliche Leben, sagt er. Wir lassen das Leben unverändert, wir fügen nur die Idee hinzu.

SCHLACHTER Kostet das viel?

DIREKTOR Eine Idee kostet nichts und kann kolossalen Gewinn bringen.

SCHLACHTER Das gefällt mir. Wie lautet Ihre Offerte?

DIREKTOR Ich habe große Räumlichkeiten in der Innenstadt, an einem ausgezeichneten Verkehrspunkt. Früher stand da die Philharmonie.

SCHLACHTER Die Phil... die Phil... den Namen müßte man ändern, der ist zu schwer.

DIREKTOR Und zu altmodisch. Wir ändern ihn. Maestro, ich engagiere Sie.

GEIGER Ich habe Ihnen gesagt, daß ich meine Karriere aufgebe.

DIREKTOR Keineswegs. Sie nehmen nur andere Instrumente. Ich stelle die Räumlichkeiten und die Idee, unser Freund seine Firma, das Material und die Werkzeuge, und Sie werden wieder vor dem Publikum stehen.

GEIGER Vor was für einem Publikum...

SCHLACHTER Eben. Vor was für einem Publikum?

DIREKTOR Meine Herren, ich habe eine Vision. Ich sehe die Philharmonie der Zukunft. Maestro, Sie haben recht... Mit den Illusionen ist es vorbei, und mit der Kunst genauso. Die Leute lechzen nach der einen einzigen, nackten Wahrheit. Wenn die Wahrheit nur im Schlachthaus ist, warum soll man sie ihnen nicht zeigen? Wir werden öffentlich töten, auf der Bühne im hellen Licht der Scheinwerfer. Offen und vorsätzlich. Wir schaffen eine Philharmonie der Instinkte, der ursprünglichen Gefühle und fundamentalsten Erlebnisse. Als erstes geben wir ein Konzert für zwei Ochsen, Keule, Axt und Messer. Mit einer entsprechenden theoretisch-ideologisch-informativen Einführung. Maestro, Ihre Erfahrung kommt uns sehr zustatten. Ihr Ruhm wird die Massen anziehen. Ein Künstler, der früher die subtilsten musikalischen Werke gespielt hat und jetzt den Ochsen die Kehlen durchschneidet, das wird eine Sensation. Ein Zeichen, daß alles sich von Grund auf geändert hat.

GEIGER Sie wollen, daß ich öffentlich töte?

DIREKTOR Würden Sie es lieber heimlich tun, in der Vorstadt, verschämt und verstohlen? Pfui, Maestro! Sie protestieren gegen die Heuchelei der Kunst und der Kultur, und dann heucheln Sie selber. Ist das eine kompromißlose Haltung? Nein, Maestro. Jetzt ist die Zeit der Aufrichtigkeit gekommen.

SCHLACHTER Mir ist das egal, Hauptsache, das Geschäft geht gut.

DIREKTOR Maestro, Sie müssen Ihre Schwäche überwinden. Das ist Ihre moralische Pflicht. Wenn Sie zu bestimmten Schlußfolgerungen gekommen sind, müssen Sie die Konsequenzen daraus ziehen. Ihre Einwände widersprechen Ihren Schlußfolgerungen. Das beweist, daß Sie unter dem Einfluß humanitärer Lügen und der Vorurteile Ihrer Erziehung stehen. Sie greifen nach der Zukunft, aber die Vergangenheit hält Sie zurück. Werfen Sie diesen Ballast von sich. Mehr Mut, junger Mann, mehr Stärke, mehr Selbständigkeit. Sie hatten den Mut, selbständig zu denken, lernen Sie auch, selbständig zu handeln. Es ist höchste Zeit, daß Sie Ihre Schwäche, Ihre Weichheit und Gefühlsduselei bezwingen. Man muß sich zu Zähigkeit, Härte und Unerbittlichkeit erziehen. Das ist Ihre Aufgabe. Denken Sie darüber nach und arbeiten Sie an sich, inzwischen bereiten wir zwei alles übrige vor. Gehen wir.

SCHLACHTER Arrivederci, Maestro. *Der Schlachter und der Direktor gehen hinaus.*

GEIGER Ja, er hat recht. Wenn ich brutal, hart und unerbittlich sein soll, muß ich vor allem meine Hypersensibilität, meine Skrupel und meine guten Manieren ablegen. Sofort. Diese Leber zum Beispiel… ich ekle mich vor ihr. Also muß ich sie essen, und zwar roh. Ach, das ist nicht so leicht. *Es klopft an der Tür.* Wer ist denn da wieder?… Du?!

FLÖTISTIN Ich.

GEIGER Nach allem, was geschehen ist, habe ich dich nicht erwartet…

FLÖTISTIN Du scheinst dich nicht zu freuen.

GEIGER Warum bist du gekommen?

FLÖTISTIN Eine ziemlich direkte Frage.

GEIGER Meinetwegen?

FLÖTISTIN Was verstehst du darunter?

GEIGER Ich möchte wissen, ob du zu mir gekommen bist, weil du mich trotz allem sehen wolltest. Obwohl du beleidigt warst, obwohl du geschworen hattest, mich nie wieder zu treffen…

FLÖTISTIN Was für eine Einbildung!

GEIGER … du bist gekommen, weil du mich liebst, weil du ohne mich nicht leben kannst, weil du mich anbetest, weil du aus Liebe zu mir vergehst, für mich, durch mich, einzig und allein und ausschließlich um meinetwillen…

FLÖTISTIN Ach, hör auf! Wie kommst du auf solche Gedanken? Was für eine Selbstüberschätzung! Nein, nein! Ich bin nur gekommen, um meine Flöte zu holen. Du bist mir völlig gleichgültig.

GEIGER Das ist eine Lüge! Du bist gekommen, um mich zu sehen. Die Flöte ist nur ein Vorwand.

FLÖTISTIN Was du dir einbildest, was du dir vormachst! Was willst du mir denn einreden! Hier sind die Tatsachen: Mein Instrument, meine Flöte, hier liegt sie, ich habe sie das letzte Mal hiergelassen. Jetzt bin ich zurückgekommen, um mir mein Eigentum abzuholen. Worauf gründest du deine Vermutungen? Auf nichts. Reine Einbildung, unverschämte Unterstellungen.

GEIGER Du bist gekommen, weil du mich sehen wolltest.

FLÖTISTIN Das ist nicht wahr.

GEIGER Doch!

FLÖTISTIN Du irrst dich!

GEIGER Leugne es nicht!

FLÖTISTIN Doch!

GEIGER *demütig, leise* Weshalb leugnest du? Es wäre so schön, wenn du es zugäbst … dann würde noch alles gut werden.

FLÖTISTIN Du solltest glücklich sein, daß ich überhaupt gekommen bin. Deinetwegen oder nicht deinetwegen, Hauptsache, daß ich da bin. Du solltest dich über meine bloße Anwesenheit freuen. Dann …

GEIGER Dann würdest du es zugeben?

FLÖTISTIN Vielleicht.

GEIGER Vielleicht. Das heißt, man weiß nichts. Wie immer.

FLÖTISTIN Du solltest glücklich sein, daß ich existiere. Bei dir oder woanders …

GEIGER Ja, so war es einmal … Ich weiß, wie ich vor Glück gezittert habe, allein bei dem Gedanken, daß es dich gibt. Irgendwo, ganz weit weg von mir … Die Freude darüber war stärker als die Verzweiflung, daß du nicht bei mir warst.

FLÖTISTIN Na siehst du.

GEIGER Heute ist das nicht mehr so.

FLÖTISTIN Warum nicht? Was hat sich geändert?

GEIGER Ich habe mich geändert. Immer auf dich zu warten, auf jede deiner Gesten, auf jedes deiner Worte, deine Gedanken zu erraten, die ich nicht enträtseln kann, vor Freude zu zittern, dann wieder vor Verzweiflung, was ist das für eine Schwäche, was für eine Abhängigkeit!

FLÖTISTIN Natürlich. Aber ist nicht gerade dies das Schöne?

GEIGER Nicht für jeden. Außerdem suche ich nicht mehr das Schöne. Ich will stark und unabhängig sein.

FLÖTISTIN Ah, das ist tatsächlich neu.

GEIGER Ja, eine Revolution. Ich habe die Konzeption geändert. Jetzt wirst du auf jede meiner Gesten und jedes meiner Worte warten müssen, dich freuen oder verzweifeln, um meinetwillen.

FLÖTISTIN Muß ich das?

GEIGER Traurig sein, wenn ich nicht da bin, glücklich, wenn ich komme.

FLÖTISTIN Sieh an!

GEIGER Kurz gesagt, jetzt werde ich der Herr sein und nicht der Sklave. Nur unter dieser Bedingung können wir weitermachen. Sonst…

FLÖTISTIN Sonst?

GEIGER Sonst ist alles aus mit uns.

FLÖTISTIN Ah – so ist das?

GEIGER Ja.

FLÖTISTIN Danke für das Ultimatum. Es klingt sehr ernst, was du da sagst. Gott sei Dank redest du Blödsinn.

GEIGER Blödsinn! Meine Erfahrungen, meine Schlußfolgerungen, meine Entschlüsse sind für dich nur Blödsinn?

FLÖTISTIN Du forderst Sicherheit, und du willst diese Sicherheit auf meine Abhängigkeit von dir und deine völlige Unabhängigkeit von mir stützen. Siehst du nicht, daß eine solche Beziehung keinen Sinn hat, daß sie nicht möglich ist? Leben heißt, sich mit jemandem verbinden, und jede Verbindung ist eine gegenseitige Abhängigkeit. Wir können natürlich den Schein aufrechterhalten, gegenseitig unsere Eitelkeit schonen, unsere Träume von Unabhängigkeit, unsere Illusionen von Freiheit pflegen. Du kannst so tun, als wäre ich unabhängig von dir, und dabei deine Abhängigkeit von mir unterstreichen. Dann wäre ich bereit anzuerkennen, daß du mir nicht völlig gleichgültig bist. Das ist alles, was wir tun können.

GEIGER Das ist nicht viel.

FLÖTISTIN »Alles«, das ist in jedem Fall viel. Und Sicherheit, was für ein Blödsinn. Wie kannst du Sicherheit verlangen, wenn du ja schon für dich selber nicht garantieren kannst, ganz zu schweigen von uns beiden. Wenn du leben willst, mußt du auf Sicherheit verzichten.

GEIGER Früher habe ich geglaubt, daß ich zwischen der Kunst und dem Leben, das heißt zwischen der Kunst und dir, wählen müßte. Jetzt sehe ich, die Frage war falsch gestellt. Eine solche Wahl gibt es nicht. Es gibt keinen Unterschied zwischen dir und der Kunst. Überall die gleiche Zweideutigkeit, hier wie dort kein endgültiges Prinzip, überall nur Abhängigkeit, Relativität, Nuancen, Unklarheit, ein ewiges Spiel, Gott weiß worum und wofür, keine Ergebnisse, keine Erklärungen, kein Sinn. Und nur das existiert, was zwischen zwei Flecken, zwei Formen, zwei Tönen, zwei Worten, was zwischen dir und mir geschieht, und weiter nichts. Nein, es gibt keine Wahl zwischen der Kunst und dem Leben. Beide beruhen auf demselben

Prinzip. Und das Prinzip ist unannehmbar. Es gibt nur die Wahl zwischen der Kunst und dem Leben auf der einen Seite, und… und…

FLÖTISTIN … und was?

GEIGER Ich weiß nicht.

FLÖTISTIN Dann vergiß die Wahl, die es nicht gibt, finde dich damit ab, daß es sie nicht gibt, und hör auf, künstlich Probleme zu schaffen.

GEIGER Nicht ich schaffe die Probleme, sondern sie schaffen mich. Ich weiß so viele Dinge nicht, aber das heißt ja nicht, daß es sie nicht gibt. Vielleicht gibt es eine Alternative? Ich fühle, daß es eine Wahl gibt, ich kann nur die Alternative nicht finden. Ich kenne nur die erste Möglichkeit, das heißt dich und die Kunst. Aber ich suche und suche und werde sie finden.

FLÖTISTIN Viel Erfolg, aber es wird dir nicht gelingen. Du wirst nur dich, mich und alles zerstören. Ist es das, was du willst?

GEIGER Ja, ich werde alles zerstören, wenn es notwendig ist, wenn das, was ist, mich daran hindert, das zu finden, was vielleicht jenseits all dessen ist.

FLÖTISTIN Es gibt nichts jenseits.

GEIGER Die Geige!

FLÖTISTIN Wozu brauchst du wieder die Geige? Jetzt, da ich hier bin… Du wirst hoffentlich nicht wieder Geige spielen… Wie das letzte Mal…

GEIGER Spielen? Ich denke gar nicht dran.

FLÖTISTIN Was dann?

GEIGER Ich will sie kaputtmachen.

FLÖTISTIN Mach keine Witze.

GEIGER Kaputtmachen, töten und beerdigen.

FLÖTISTIN Wenn du dich wirklich nicht nur lustig machst, dann bist du verrückt. Was für eine Idee, ein so teures Instrument zu vernichten...

GEIGER Ich mache mich nicht lustig, und ich bin nicht verrückt. Es ist eine Notwendigkeit, ein unerläßliches Opfer. Eine Art von Exorzismus. Oder vielmehr eine schwarze Messe. Ein Gottesdienst mit umgekehrten Vorzeichen. Ja, meine kleine Geige, du heiligstes Instrument der Kunst, so sensibel, so zerbrechlich und so unglaublich kostbar. Nur ein Künstler, der dir geweihte Priester, hat das Recht, dich mit seinen schlanken, weißen Fingern zu berühren. Feierlich, fromm und kunstvoll. Jetzt werde ich dich wie ein Tölpel berühren, wie ein Schlachter, wie ein Schweinekerl, damit ich endlich ein Tölpel, ein Schlachter, ein Schweinekerl werde. Da du zerbrechlich bist, berühre ich dich mit der Axt. Du wirst wundervoll singen, wenn ich dir die Kehle durchschneide. Da du so kostbar bist, zerstöre ich dich. Wo ist die Axt!

FLÖTISTIN Untersteh dich.

GEIGER Warum? Das ist ein Ritualmord.

FLÖTISTIN Ganz gleich. Aber du hast gesagt, die Geige erinnere dich an meine Hüften, sie sei meine Hüfte. Du hast die Geige in deinen Händen gehalten und dabei an mich gedacht. Wenn du die Geige verwundest, verletzt du mich.

GEIGER He, meine kleine Geige. Bist du meine Liebe? Gebogen wie ihre Taille, wie ihr schmaler Hals? Glatt wie sie, zerbrechlich wie sie, und danach verlangend, liebevoll und wissend berührt zu werden. Ich habe dich an mich geschmiegt und süßes Gurren mit meinen Händen, meiner Kunst, meiner Liebe aus dir hervorgelockt … Jetzt werde ich dich anders singen lassen. Ich hole den letzten Schrei aus dir heraus, einen Schrei, den du nie wiederholen wirst. Den letzten, endgültigen, einzigen. Ich entlocke dir einen Ton, den noch kein Geiger aus seinem Instrument herausgeholt hat. Dann, wenn du sterben wirst.

FLÖTISTIN Nein!

GEIGER Warum? Das ist ein Mord aus Liebe.

FLÖTISTIN Laß das, mach das nicht!

GEIGER Ich muß.

FLÖTISTIN Ich erlaube es dir nicht.

GEIGER Ich muß, ich muß, ich muß!

FLÖTISTIN Ich erlaube es nicht, ich erlaube es nicht, ich erlaube es nicht!

GEIGER Du kannst es nicht verhindern.

Man hört einen Kampf.

FLÖTISTIN Hilfe! Hilfe! *Man hört eine Axt auf eine Geige schlagen, das Jaulen von Saiten und den dumpfen Widerhall zersplitternden Holzes.* Mörder! *Die Schläge wiederholen sich. Der Geiger demoliert die Geige mit immer schnelleren Axtschlägen. Man hört die Schritte der Flötistin, die sich eilig entfernt. Sie schreit.* Mörder! Möóörder … *Die Schritte und ihr Schreien entfernen sich, man hört noch eine Zeitlang die Schläge.*

Teil IV

DIREKTOR *hält eine Rede* Meine Damen und Herren, meine sehr verehrten Mitbürger, hochverehrte Stadtväter und Ehrengäste, liebe Jugend... ach, was rede ich da. Sehr verehrte Organismen, liebe biologische und gesellschaftliche Funktionen, hochverehrte Materienverwandlungsprozesse, verehrte psycho-physisch-soziale Systeme beziehungsweise energetische Informationssysteme, labil, aber vorübergehend stabil. O Ihr Produkte der Evolution, hochverehrte Eiweißsynthesen. Ich habe die Ehre, Sie bei unserer festlichen Eröffnungsfeier zu begrüßen... Ach, entschuldigen Sie. »Ehre« ist ein Wort aus der Rumpelkammer, das aus dem veralteten Wörterbuch der Werte stammt, die heute wertlos sind. Was für eine Ehre, wozu Ehre? Nein, es gibt keine Ehre. Bilden Sie sich nur nicht ein, daß Sie hier irgend jemanden mit Ihrer Gegenwart beehren, Sie Entwürfe Ihrer selbst, Sie Melodramen des Universums, auf die Bildfläche Ihrer eigenen Schädel projiziert, mit Ihnen selbst in der Hauptrolle. Ehre ist genauso ein Unsinn wie Hierarchie. Es gibt keine Ehre ohne Hierarchie, Hierarchie gibt es auch nicht, also nieder mit der Hierarchie! Ist denn ein Spiegel, der sich in einem zweiten Spiegel spiegelt, vornehmer als der zweite Spiegel, oder ist dieser zweite Spiegel, der sich in jenem ersten spiegelt, ehrenwerter als jener erste Spiegel? Ganz sicher nicht. Ein Neuron ist soviel wert wie ein Neuron, und Neuronen können sich nicht gegenseitig ehren. Zwei mal zwei ist soviel wert wie vier, und vier kann zwei mal zwei das Wasser reichen. Glaube ja nicht, o Struktur, daß du jemandem Ehre oder Schande bringen kannst. Bilde dir nicht ein, schön oder häßlich, gut oder schlecht, gemein oder edel, feige, mutig, stark, schwach oder überhaupt irgendwie zu sein. Schlag dir all diese imaginären Eigenschaften aus dem Kopf, diese linguistischen Mißverständnisse, diese Ethiken und Ästhetiken, den Glauben und die Moral. Vergiß sie für immer, du Variante, du zwar realisierte, aber zufällige, zwar einzige, aber nicht notwendige Version. Weil es keine andere gibt, mit der man dich vergleichen könnte, stellt sich heraus, daß der Begriff des Unterschieds keinen Sinn mehr hat, denn du kannst schließlich nicht verschieden von dir selbst sein. Und wenn es im allgemeinen keinen Unterschied gibt, dann gibt es auch im besonderen keine Unterschiede, und deswegen gibt es keine Hierarchie. Denn Unterschiede erzeugen unvermeidlich Hierarchien: Der Hase unterscheidet sich von der Schildkröte, weil er schneller läuft. Glücklicherweise stimmt das nicht, es gibt keine Unterschiede, wie wir in der obigen Analyse bewiesen haben. Was gibt es also? Nichts. Denn das eine ist nur vorhanden, wenn es sich von einem zweiten unterscheidet. Etwas existiert nur auf Grund der Unterscheidung. Ein Nichts kann nicht von einem anderen Nichts unterschieden werden, wie ich oben gezeigt habe. Wenn wir also alle identisch und gleich sind, dann nicht, weil wir alle dieselbe – na, wie sagt man – Seele haben. Seele! Haha! *Gelächter im Saal.* Wir sind nur deswegen identisch, weil wir alle Nichts sind. *Stürmischer Beifall.* Ja, wir sind nichts, und zwischen dem einen Nichts und dem anderen Nichts gibt es keinen Unterschied. Wenn uns die Versuchung ankommt, das Gegenteil zu glauben, müssen wir uns daran erinnern, daß wir einer uralten Täuschung erliegen, einem willkürlichen Urteil des beschränkten Geistes, einer künstlichen, durch nichts gerechtfertigten Diskriminierung, einer der Lügen unserer ehemaligen Kultur, die immer die Hierarchie gefeiert hat. Meine Damen und Herren, liebes Publikum … entschuldigen Sie, lieber größter gemeinsamer Nenner. Wir wollen jetzt einen gemeinsamen Spottruf auf die Hierarchie ausstoßen und einen Schrei des gerechten Hasses auf die Kultur, auf diese ekelhafte hieratische Verlogenheit.

Applaus, Schreie, Buhs und Pfiffe. Der Lärm verstummt allmählich. Man hört das Kreischen eines Messers, das geschärft wird.

HAUSMEISTER Da wollen unbedingt zwei Damen zu Ihnen.

GEIGER Ich will niemanden sehen, ich brauche niemanden, ich empfange niemanden.

HAUSMEISTER Das habe ich denen schon gesagt, aber die sind nicht abzuwimmeln. Sie wollen Ihnen was sagen.

GEIGER Was können die mir zu sagen haben.

HAUSMEISTER Damit wollten sie nicht rausrücken, aber sie sagen, es ist sehr wichtig.

GEIGER Ich weiß selber, was wichtig ist.

HAUSMEISTER Das habe ich ihnen auch gesagt, aber sie sagen, sie wissen das besser.

GEIGER Ich weiß es am besten.

HAUSMEISTER Das habe ich denen auch gesagt. Aber die haben gesagt, daß sie noch etwas wissen.

GEIGER Was?

HAUSMEISTER Damit wollten sie nicht rausrücken.

GEIGER Dann sollen sie hereinkommen. *Er hört auf, das Messer zu schärfen.*

HAUSMEISTER Bitte kommen Sie herein.

MUTTER Na endlich. Ich habe schon gedacht, du läßt uns zu Tode warten. Zeig mal, wie du aussiehst. Erbärmlich…

GEIGER Mama? Du wieder?…

MUTTER Was soll das heißen – »wieder«?

GEIGER Wir hatten uns doch verabschiedet…

MUTTER … für immer, ich weiß. Aber nicht für lange. Das ist also deine Garderobe? Kümmerlich. Ich dachte, sie hätten dich besser untergebracht. Erlaube, daß ich dich vorstelle: unsere Nachbarin von gegenüber, eine sehr nette Frau. Ach ja, ihr kennt euch ja.

GEIGER Sie?

MUTTER Weshalb stehst du so rum? Sag guten Tag. Verzeih ihm, meine Liebe, er ist so schüchtern…

GEIGER Du?

FLÖTISTIN Ein Glück, daß du mich wenigstens erkennst.

MUTTER Du brauchst dich nicht zu genieren. Wir beide haben keine Geheimnisse voreinander.

GEIGER Aber wir haben uns doch getrennt!

FLÖTISTIN Wirklich? Daran kann ich mich nicht erinnern.

GEIGER Macht nichts – aber du mit Mama? Mama mit dir? Ihr beide zusammen?

MUTTER Wieso wundert dich das? Ich hab dir doch gesagt, es ist unsere Nachbarin.

GEIGER Aber du mochtest sie nicht, ihr konntet euch nie leiden.

MUTTER Wir?

FLÖTISTIN Wir?

GEIGER Du hast sie gehaßt und sie dich.

MUTTER Da mußt du was verwechselt haben. Sie ist meine beste Freundin. Nicht wahr, Liebe?

FLÖTISTIN So ist es. Wir mögen uns sehr, sehr gern.

MUTTER Wir können ohne einander nicht leben.

FLÖTISTIN Wir beten uns an. *Sie küssen sich geräuschvoll.*

GEIGER Träume ich? Woher diese plötzliche Freundschaft? Was wollt ihr von mir? Wollt ihr beide zusammen was von mir oder jede einzeln?

MUTTER Ach, wie primitiv du dich ausdrückst. Entschuldige, meine Liebe. Er ist manchmal unartig.

FLÖTISTIN O ja, er ist schwierig.

GEIGER Unartig … schwierig … Ihr behandelt mich immer noch wie früher. Begreift ihr nicht, daß sich alles geändert hat? Ich habe mich von euch befreit. Vielleicht drücke ich mich primitiv aus, ich will euch da nicht widersprechen. Das kommt eben davon, daß ich mich verändert habe. Ra-di-kal.

MUTTER Schon wieder?

GEIGER Mama, ich hab jetzt keine Zeit, dir das zu erklären. Ich habe gleich meinen Auftritt.

MUTTER Ach ja, richtig. Ich habe gehört, du hast beschlossen, Mörder zu werden. Ist das wahr?

GEIGER Definitiv und unwiderruflich.

MUTTER Sicher nur, um mich zu ärgern.

GEIGER Du kannst darüber denken, was du willst. Aber du weißt genau, daß du mich betrogen hast. Du hast mich ätherisiert, hast mir was von Vergeistigung, Musik und Körperlosigkeit vorgeschwatzt. Die Kunst war deine Idee. Ein sauberes Höschen und ein sauberes Hemdchen und ein weißes Krägelchen, ein besticktes Zwangsjäckchen. Du hast die Kunst erfunden, um mich ganz für dich zu haben, selbst wenn ich nicht bei dir bin. Solange ich ein Künstler war, war ich ein Kind und gehörte dir. Wie naiv war ich, als ich glaubte, ich könnte mich von dir durch die Kunst befreien und brauchte nur mit dem Bogen über die Saite zu streichen, um meine Unschuld zu verlieren.

MUTTER Und hast du deine Meinung geändert?

GEIGER Ich weiß jetzt, daß man nur mit dem Messer …

MUTTER Tu, was du nicht lassen kannst.

GEIGER Du protestierst nicht?

MUTTER Du bist erwachsen, mein Junge.

GEIGER Du bist mir deswegen nicht böse?

MUTTER Aber nein. Es ist höchste Zeit, daß du ein Mann wirst. Nur … ich zweifle daran, daß es so vor sich geht, wie du es dir denkst. Wie hast du gesagt? … Ein Messer? Mit einem Messer ins Herz?

GEIGER An die Kehle. Aber man kann auch genausogut ins Herz. Übrigens sind diese technischen Details unwichtig.

MUTTER Schrecklich und erschreckend. Aber das ist ja deine Sache. Ich habe gesagt, tu, was du nicht lassen kannst, ich werde mich nicht einmischen. Nur... bist du sicher, daß man die Unschuld ausgerechnet so verliert?

GEIGER Ganz sicher.

MUTTER Mein Kleiner, vielleicht ist es mein Fehler, daß wir über bestimmte Dinge nie aufrichtig miteinander geredet haben... Wie soll ich sagen? Über bestimmte... Phänomene des Lebens. Ich habe dich nie aufgeklärt. Aber jetzt unterhalten wir uns endlich wie erwachsene Menschen. Weißt du, worauf... ehem... sagen wir... die physische Liebe beruht... die sinnliche... zwischen Mann und Frau?

GEIGER Angenommen, ich weiß es. Was folgt daraus?

MUTTER Ausgezeichnet, da muß ich nicht ins Detail gehen. Wenn du es aber weißt, warum benimmst du dich nicht wie andere Kinder? Ich wollte sagen, wie andere Jungen... Warum hast du dir in den Kopf gesetzt, daß man seine Unschuld nur auf diese schreckliche, absurde Weise verliert? Nur durch Morden? Das stimmt doch gar nicht! Das ist sinnlos!

GEIGER Wenn ich mich nicht täusche, Mama, willst du mich zur Unzucht verleiten.

MUTTER Du hast veraltete Moralvorstellungen, mein Kleiner. Ich möchte nur, daß du endlich ein Mann wirst.

GEIGER Mama? Du willst das? Das ist merkwürdig, das ist nicht möglich!

MUTTER Warum? Schließlich ist es höchste Zeit. Ich bin mir bewußt...

GEIGER Eben.

MUTTER Dann mach dich daran, wie sich's gehört, und irritier mich nicht! Du warst immer ein schwieriges Kind.

GEIGER Was rätst du mir?

MUTTER Dumme Frage. Erklär du ihm das, ich hab keine Geduld mehr. Ich laß euch allein.

GEIGER Einen Augenblick, ich glaube, ich beginne zu verstehen.

MUTTER Na endlich.

GEIGER Mir schwant etwas.

MUTTER Besser spät als nie. Liebes, nimm dich seiner an. So oder so, den Rest mußt du besorgen. Ich gehe inzwischen nach Hause und bereite alles für euren Empfang vor. Bleibt nicht zu lange. Ich warte mit dem Abendbrot auf euch.

GEIGER Einen Augenblick! Und mein Auftritt?

MUTTER Der wird nicht stattfinden. Du kommst nach Hause zurück.

GEIGER Aha, ich komme nach Hause zurück.

MUTTER Jetzt, nachdem wir alles geklärt haben, hast du hier nichts mehr zu suchen. Gib ihnen die Messer zurück und sag, daß du's dir anders überlegt hast. Zum Abendbrot gibt es Blumenkohl.

GEIGER Mama, warte noch. Ich habe gesagt, ich beginne zu verstehen, und ich will alles verstehen.

MUTTER Was noch?

GEIGER Wenn du sagst, du möchtest, daß ich ein Mann

werde, heißt das doch das Gegenteil. Oh, Mama, ich kenne dich zu gut, um dir zu glauben.

MUTTER Ich geb sie dir, du Dummkopf. Was soll ich noch tun? Überzeugt dich das nicht?

GEIGER Natürlich, du willst, daß ich ihr Liebhaber werde. Das bedeutet, daß man auf diese Weise bestimmt kein Mann wird.

MUTTER So?

GEIGER Ein Liebhaber zu sein heißt noch lange nicht, ein Mann zu sein.

MUTTER Hörst du, meine Liebe?

GEIGER Du willst mir einreden, beides habe etwas miteinander zu tun. Das ist nicht wahr. Weshalb versuchst du es dann? Weil du mich betrügen willst. Wieder einmal. Du möchtest, daß ich unschuldig bleibe. Diesmal definitiv, für immer.

MUTTER Hör zu, bevor ich endgültig die Geduld verliere. Keine Mutter ringt sich zu dem durch, was ich jetzt für dich tue. Diese Angelegenheiten erledigen die Söhne allein. Ich will dir helfen, weil ich sehe, daß du es ohne mich nicht schaffst. Ich kann nicht zulassen, daß mein Sohn eine Ausnahme macht.

GEIGER Eine Ausnahme. Eben. Ihr laßt keine Ausnahmen zu.

MUTTER Wer ist »ihr«?

GEIGER Ihr Frauen. Ihr könnt Männer, echte Männer nicht leiden, weil ihr die Konkurrenz fürchtet. Deswegen schafft ihr euch scheinbare Männer, falsche Männer, Quasi-Männer. Die sind keine Gefahr für euch. Sie halten sich für echte Männer und geben sich damit zufrieden. Ihr betrügt sie, und sie erlauben euch, euer Monopol auszuüben.

MUTTER Was für ein Monopol, ein Monopol worauf, was erzählst du nur?

GEIGER Ein Monopol auf das Leben, auf das geheime Wissen vom Leben, also auf die letzte Wahrheit. Ihr seid Bräute, Jungfrauen, Geliebte, Ehefrauen, aber das alles ist nur ein Vorwand, nur eine List, um uns anzulocken, irrezuführen und euch einzuverleiben. Im Grunde seid ihr alle Mütter, das ist euer wahres Gesicht und eure wahre Natur. Das ganze Spiel geht nur darum, zu gebären, Kinder in die Welt zu setzen. Deshalb seid ihr so stark und ruhig, deswegen geratet ihr nicht ins Schleudern, deswegen sucht ihr nichts, weder in der Kunst noch in der Wissenschaft, weder in der Politik noch in der Religion noch in der Philosophie. Was solltet ihr auch suchen, welches Geheimnis, welche Lösung, ihr, die ihr in euch das größte Geheimnis tragt. Ach, wie einfach wäre alles für mich, wenn ich eine Frau wäre.

MUTTER Ich möchte dich darauf aufmerksam machen, daß du keine bist. Benimm dich also deinem Geschlecht gemäß und mach hier keine Szene. Auch du hast deine Rolle zu spielen.

GEIGER Eine untergeordnete. Was wollt ihr, was soll ich werden? Ein Liebhaber? Ein Assistent, ein Diener und Gehilfe eurer Weiblichkeit? Noch weniger, ein Instrument, das vor und nach Gebrauch ein Instrument bleibt. Nichts verändert sich an ihm, nichts verwandelt sich. Ihr dagegen seid der Anfang und das Ziel. Ihr bietet mir einen untergeordneten Platz an und versprecht mir, um mich zu trösten, die Würde eines Mannes. Als wenn ihr das Recht hättet, über sie zu verfügen. Als wenn eine gewöhnliche Ergänzung der Weiblichkeit diesen Titel verdiente, der doch nur den Männern zukäme, die sich euch nicht unterwerfen, die unabhängig von euch, die euch gewachsen sind.

MUTTER Schöne Sachen, die wir hier erfahren. Dann war deiner Meinung nach dein Vater also kein Mann?

GEIGER Du nennst ihn nur einen Mann, weil er mich gezeugt hat, weil er deine Weiblichkeit bestätigt, ergänzt, weil er ihr gedient hat. Aber ein Mann war er nicht. Beruht denn die Männlichkeit nur darauf? Aber ich will ihm nicht voreilig Unrecht tun, ich habe meinen Vater nicht gekannt. Du kanntest ihn. Sag, hat mein Vater … hat er jemanden getötet?

MUTTER Er?!

GEIGER Dein verächtliches Erstaunen ist mir Antwort genug.

MUTTER Wie kannst du ihm so was unterstellen! Dem eigenen Vater!

GEIGER Also nicht? Das hab ich mir gedacht. Nicht einmal dazu war er fähig.

MUTTER Du bedauerst, daß dein Vater kein Mörder war?

GEIGER Nein, an meiner Situation ändert das nichts, aber es tut mir leid für ihn. Er war also nur mein Vater, aber er war kein Mann.

MUTTER Das geht über meinen Verstand.

GEIGER Er war unschuldig, er blieb eine Jungfrau bis zum Ende seiner Tage, der Arme. Was ist denn Unschuld?

Nicht eure Unschuld, die ihr euch ausgedacht habt, die darin besteht, daß uns der Zutritt zu euch verwehrt wird. Die Unschuld ist nicht das, was ihr vor uns verbergt – übrigens nicht ohne Heuchelei –, Unschuld ist: das Geheimnis nicht zu kennen. Die Spielereien mit euch sind unschuldig, weil sie uns zu nichts Wesentlichem führen, obwohl sie diese Illusion schaffen. Es geht nicht einmal darum, daß wir das Geheimnis nicht kennen, sondern darum, daß wir an ihm nicht teilnehmen. Ins Geheimnis eingeweiht zu sein, heißt daran teilnehmen. Theoretisch kenne ich das Geheimnis, aber es ergibt sich nichts daraus. Ich kenne es, aber ich nehme nicht daran teil. Erst wenn ich an dem Geheimnis des Blutes teilnehme, verliere ich meine Unschuld. Das ist der ganze Unterschied zwischen uns und euch. Ihr nehmt ohne jede Anstrengung ganz natürlich an dem Geheimnis teil, während wir…

MUTTER Wenn ich dich richtig verstehe, möchtest du gern ein Kind gebären. Ich warne dich, du wirst dabei auf grundsätzliche Schwierigkeiten stoßen.

GEIGER Das ist der Hochmut der Eingeweihten. Nein, ich habe nicht die Absicht, ein Kind zu gebären. Aber deine Ironie ist deplaciert. Ich kann zwar nicht gebären, aber ich habe eine andere Chance.

MUTTER Was für eine?

GEIGER Ich kann töten.

MUTTER Bist du dir dessen bewußt, was du sagst?

GEIGER Ich weiß, es klingt nicht angenehm. Ich sage ja nicht, daß es mir selbst nicht auch peinlich wäre, aber es ist der einzige Ausweg. Ich habe keine andere Möglichkeit – ich, der ich keine Frau bin –, zum Geheimnis zu gelangen, in seinen Kern. Was bleibt mir sonst? Ich bilde mir nicht mehr ein – ganz gleich, ob als Künstler, Heiliger oder Politiker –, die endgültige Erkenntnis erreichen zu können. Von der Illusion der Liebe will ich gar nicht mehr reden, ich habe genug darüber gesagt. Es ist Zeit für den letzten Versuch, der eigentlich der erste hätte sein sollen, da es kein Versuch mehr, sondern bereits Gewißheit ist. Das Leben hat zwar die Eingangstür vor mir zugemacht, aber die Ausgangstür hat es offengelassen. Also gehe ich hinaus – ich werde töten. Nur auf diese Weise habe ich an der endgültigen Wahrheit teil. Wir Männer haben keine andere Wahl, wenn wir mit euch Frauen Schritt halten wollen.

MUTTER Ich erlaube dir nicht, ein Mörder zu werden. Ich werde das verhindern.

GEIGER Ausgezeichnet, du bist wirklich empört, Mama. Das ist der beste Beweis, daß ich diesmal meine Unschuld verliere. Ich werde eingeweiht und brauche dich nicht mehr, Mama. Ich bleibe allein, endlich allein und selbständig, nur dem Geheimnis zugewandt. Der erste Todesstoß, den ich gebe, befreit mich für immer von dir, weil er meine Geburt aufrechnet. Ich werde töten, und das wird sein wie gebären. Nur der Tod kann mich von der Unschuld befreien.

MUTTER *zur Flötistin* Was sagst du dazu? Mach doch den Mund auf, sag ihm was! Ich hab keine Kraft mehr, mit ihm zu diskutieren.

FLÖTISTIN Das sind alles nur … Komplimente.

MUTTER Komplimente? Komplimente für wen!?

FLÖTISTIN Für uns natürlich.

MUTTER Dieses blutrünstige Gefasel?

FLÖTISTIN Ja. Im Grunde will er nur von uns anerkannt werden. Er möchte uns gefallen. Er glaubt, daß wir ihn bewundern, wenn wir ihn blutbefleckt mit der Waffe in der Hand sehen. Daß wir dann sagen: »Ach, was ist das für ein Mann, der Inbegriff der Männlichkeit! Was für ein Teufelskerl!« Er vergißt dabei, daß wir Frauen gebären und mehr über das Blut wissen als ein Heerführer. Deine Schlachterei imponiert uns nicht, mein Junge, du kannst soviel Innereien ausreißen, wie du willst. Die Frauen werden dich immer nur als erbärmlichen Karrieremacher betrachten. Und selbst wenn du pausenlos tötest – es ist nie dein eigenes Blut, weder dein Leiden noch dein Leben. Du hast recht, wir haben das in uns, was du bei anderen suchst. Deine Anstrengungen können bei uns nur Mitleid für deine Opfer und Abscheu vor dir hervorrufen.

GEIGER Ihr könnt reden, was ihr wollt. Aus euch spricht nur die Wut, daß ich euch entwischt bin, daß ihr mich nicht zu euren Zwecken benutzen könnt. Ihr Frauen haßt mich jetzt dafür, daß ich ein Mann, ein echter Mann sein werde, nicht bloß irgendein lächerlicher Vater…

FLÖTISTIN Wer ein Mann ist oder nicht, das entscheiden wir. Was den Vater betrifft… da muß ich dich enttäuschen. Du wirst immer nur ein Vater sein – bestenfalls. Du selber wirst niemanden gebären. Niemanden und nichts…

GEIGER Und den Tod?

FLÖTISTIN … nicht aus deinem eigenen Bauch. Immer dasselbe. Du kannst nur fremdes Leben oder fremden Tod verursachen, zeugen oder töten. Aber aus dir selbst kannst du weder Leben noch Tod gebären. Du bist ein ewiger Vater, immer nur zur Vaterschaft verurteilt. Du hattest recht: Du bist nur ein Werkzeug, ein Instrument, ein Diener… außer wenn…

MUTTER Sei still!

GEIGER Außer wenn was?

FLÖTISTIN Ach, nichts!

GEIGER Warum redest du nicht zu Ende? Was wolltest du sagen?

FLÖTISTIN Ich war zu Ende, ich hab nichts mehr zu sagen.

MUTTER Wie kannst du nur!

FLÖTISTIN Ich hatte nicht absichtlich, ich schwöre dir…

GEIGER Was nicht absichtlich… Worüber redet ihr, warum flüstert ihr…

MUTTER Beruhige dich, es ist nicht wichtig. Dieses ganze Gespräch war unnötig.

GEIGER Was wollte sie sagen?

MUTTER Sie? Hat sie was gesagt? Hast du was gesagt?

FLÖTISTIN Nicht daß ich mich erinnern könnte.

GEIGER Ihr verheimlicht etwas vor mir. Wovon hat sie gesprochen, was wollte sie sagen… Was wollte sie mit dem sagen, was sie nicht gesagt hat…

FLÖTISTIN Gehen wir.

MUTTER Wir dürfen ihn nicht allein lassen.

FLÖTISTIN Aber ich kann nicht mehr…

MUTTER Er darf jetzt nicht allein bleiben.

GEIGER Warum darf ich jetzt nicht allein bleiben?

MUTTER Gut, dann geh, vielleicht ist es besser, wenn du gehst.

GEIGER Warum ist es besser, daß sie geht?

FLÖTISTIN Es tut mir so leid…

MUTTER Geh schon, geh, ich bleibe bei ihm.

FLÖTISTIN Verzeih mir, ich habe es nicht ernst gemeint.

MUTTER Hör auf.

GEIGER Was hat sie nicht ernst gemeint? Was sollst du ihr verzeihen? Warum macht ihr aus allem ein Geheimnis?

FLÖTISTIN Auf Wiedersehen.

MUTTER Nun geh schon, geh, geh, geh. *Die Flötistin geht.*

GEIGER *ruft ihr nach* Warte doch, unser Gespräch ist noch nicht zu Ende!

MUTTER Wieso? Es ist doch alles gesagt worden.

GEIGER Nein, nicht alles. Da war noch etwas… *Pause.*

MUTTER Findest du es nicht kalt hier? *Pause.* Offensichtlich heizen sie nicht… *Pause.*

GEIGER Weißt du was, Mama? Geh du auch!

MUTTER Magst du nicht, daß ich hier bin?

GEIGER Doch, aber ich habe keine Zeit mehr. *Von weitem hört man das Brüllen der Ochsen – das Gemurmel des Publikums.* Hörst du, Mama? Es fängt gleich an. Ich muß mich vorbereiten. Das Messer schärfen, die Gummistiefel anziehen und die Schürze umbinden. Das ist mein erster Auftritt, ein Konzert für zwei Ochsen, Keule, Axt und Messer. Der eine Ochse heißt Beethoven, der zweite Leonardo da Vinci. Ich darf nicht versagen.

MUTTER Fühlst du dich auch wirklich gut?

GEIGER Ich? Ausgezeichnet. Ich habe zwar etwas Lampenfieber, aber ich werde bestimmt Erfolg haben – vorausgesetzt, daß ich mich jetzt vorbereiten kann. Ich muß mich konzentrieren... Geh jetzt, Mama. Wenn du mein Bestes willst, geh jetzt. Wenn du da bist, kann ich mich nicht konzentrieren.

MUTTER Ja, wenn ich dich störe... dann gehe ich eben. Ich möchte nicht, daß du meinetwegen Schwierigkeiten hast. Ich möchte immer das Beste für dich, das weißt du. Selbst bei diesem Vorhaben, das ich persönlich nicht befürworten kann. Viel Glück, mein Junge, obwohl ich es lieber hätte...

GEIGER Schon gut, schon gut, Mama, ich weiß, ich weiß. Nur – laß mich jetzt allein.

MUTTER Ich habe Angst.

GEIGER Wovor?

MUTTER Und wenn ich hier in der Ecke sitze... Ich sag kein Wort, ich werde dich nicht stören, ich könnte ja stricken... Es wäre genau so, als ob ich gar nicht da wäre...

GEIGER Aber du kannst doch nicht das ganze Leben bei mir bleiben!

MUTTER Nein, das kann ich nicht.

GEIGER Bist du böse?

MUTTER Aber nein, warum denn...

GEIGER Du glaubst doch hoffentlich nicht, daß ich dich rauswerfe?

MUTTER Aber nein, aber nein... Ich versteh ja, daß du... Aber mußt du wirklich?

GEIGER Lassen wir das, Mama.

MUTTER Wie du willst.

GEIGER Laß dich umarmen.

MUTTER Du… du willst mich umarmen?

GEIGER Ja, gib mir einen Kuß.

MUTTER Das hast du noch nie gewollt.

GEIGER Auf Wiedersehen, Mama.

MUTTER Ich gehe, aber ich mache mir Sorgen um dich.

GEIGER Warum?

MUTTER Weil du noch nie so zärtlich zu mir warst. *Die Mutter geht hinaus.*

GEIGER Also wie war das?… »Immer dasselbe. Du kannst nur fremdes Leben oder fremden Tod verursachen, zeugen oder töten. Aber aus dir selbst kannst du weder Leben noch Tod gebären. Du bist ein ewiger Vater… Du bist nur ein Werkzeug, ein Instrument, ein Diener… außer wenn…« Außer wenn… außer wenn… außer wenn… was? *Pause.* »Du selbst kannst keinen Tod gebären. Außer wenn…« *Pause.* »Du selbst kannst keinen Tod gebären…« *Pause. Er macht die Tür zum Korridor auf.* Niemand da. Sie ist gegangen. *Er macht die Tür zu und schließt sich ein.* Außer wenn… außer wenn… außer wenn… außer wenn… das.

DIREKTOR *hält eine Ansprache.* Wie wohl ist uns, wenn wir uns nackt sehen. Nicht uns selber, sondern jeder den andern. Kleider schaffen Unterschiede, also Lügen. Eine individuelle Umhüllung ist Egoismus, also das Böse. Nicht das Böse in dem moralischen Sinn der Kirche oder der Gesellschaft. Der Egoismus ist das Böse, weil er ein Fehler ist, weil er auf der falschen Voraussetzung beruht, daß wir einzeln existieren. Böse und lügnerisch sind also Paravents, Gardinen, Rouleaus, Vorhänge und Umhänge wie auch Mäntel, Kleider, Hosen, Socken und Hemden, ganz zu schweigen von der sogenannten Leibwäsche. Ha, ha! Leibwäsche! Alles, was bedeckt, trennt, separiert, versteckt und begrenzt, ist böse. Wir haben dem Bösen den Kampf angesagt. Wir sind nackt, frei, natürlich und spontan. Und wenn jemand nicht natürlich und nicht spontan sein will, dann werden wir ihn dazu zwingen. Was soll das heißen, daß jemand nicht natürlich und nicht spontan sein will, wenn alle natürlich und spontan sind? Was bedeutet es, wenn jemand unnatürlich und nicht spontan sein will, wenn Natürlichkeit und Spontaneität die Wahrheit und das Gute, Unnatürlichkeit und Nicht-Spontaneität doch Lüge und das Böse bedeuten? Möchte denn jemand das Böse und nicht das Gute? So möge denn der Nachbar seinen Nachbarn bewachen, einer den anderen zwingen, frei zu sein. Frei von den Unterschieden, weil der Unterschied nicht nur die Lüge, sondern auch die Unfreiheit bedeutet. Unterschiede, das sind Beschränkungen, und Beschränkungen, das sind Grenzen der Freiheit oder Mangel an Freiheit. Erlösen wir uns gegenseitig, schützen wir uns vor einem Mangel an Freiheit. Zurück zur Natur, meine Herrschaften, zur Natur! Laßt uns nichts verstecken, nichts und vor niemandem. Wir wollen uns selbst verwirklichen. So geht auch die Natur vor, die sich nicht versteckt, sondern sich verwirklicht. *Stürmischer Beifall. Der Direktor wendet sich an den Hausmeister, leise.* Weshalb ist er noch nicht da? Wo ist er?

HAUSMEISTER In seiner Garderobe.

DIREKTOR Dann holen Sie ihn. Wir fangen gleich an.

HAUSMEISTER Jawohl, Herr Direktor.

DIREKTOR *nimmt seine Rede wieder auf* Wie glücklich sind wir, wenn wir frei und spontan sind. Die Düfte, die von uns ausgehen, zeugen von unserer Spontaneität. Zum Beispiel der Herr in der zweiten Reihe… *Beifall.* Das sind Sie nicht? Dann jemand anderes, aber es macht nichts, es gibt ja keine Unterschiede. Das wichtigste ist, daß man kein Parfum, keine Seife, kein Kölnisch Wasser oder andere Betrügereien riecht. Nichts Künstliches und nichts Unklares. Nackt, meine Herrschaften, nackt! Und fürchten wir uns nicht vor einem Schnupfen. Der Saal ist gut geheizt. Wir haben eine ausgezeichnete Heizung, wir haben die allermodernsten technischen Einrichtungen, wir können kühn zur Natur zurückkehren, uns frei machen, uns entblößen. Wie der Herr in der sechsten Reihe dort unten… *Beifall…* oder die Dame in der vierten Reihe… *Anerkennendes Gemurmel, Beifall.* Meine Herrschaften, bitte, stehen Sie nicht auf, jeder möchte was sehen, und jeder wird sehen. Bitte, meine Herren, bitte nicht berühren, sonst kommt alles durcheinander. In der Pause ist das Berühren erlaubt. Ja, meine Herrschaften, nicht nur mit dem Geruchssinn nehmen wir an dem Leben der andern teil. Wir sind mit allen unseren Sinnen zusammen. Hören Sie diese spontanen, urtümlichen und kompromißlosen Laute? Halten Sie sich nicht zurück, sondern regen Sie sich gegenseitig an! Mäßigung und Enthaltsamkeit sind Mittel der Unterdrückung. Halten Sie sich nicht zurück, auf daß Sie nicht zurückgehalten werden. *Beifall. Der Direktor wendet sich an den Hausmeister, leise.* Was ist? Wo bleibt er denn? Waren Sie bei ihm?

HAUSMEISTER Ja, aber die Tür ist verschlossen.

DIREKTOR Haben Sie geklopft?

HAUSMEISTER Ich habe geklopft, aber er hat nicht geantwortet.

DIREKTOR Haben Sie gerufen?

HAUSMEISTER Ich habe auch gerufen, aber er hat sich nicht gemeldet.

DIREKTOR Vielleicht ist er schon weg.

HAUSMEISTER Das geht nicht. Der Schlüssel steckt von innen.

DIREKTOR Dann müssen Sie die Tür aufstemmen lassen.

HAUSMEISTER Jawohl, Herr Direktor.

DIREKTOR *fährt mit seiner Rede fort* Meine Herrschaften, in einem Augenblick werden wir an einem denkwürdigen Akt teilnehmen, an einer Reinigung von der Kultur, einer Befreiung von der Zivilisation. Sie könnten jetzt fragen, warum wir uns hier versammelt haben, in diesem Tempel der Kultur und der Kunst, in diesem Mausoleum der Tradition. Die Antwort ist in der Frage bereits enthalten. Dieses Gebäude war unser Gefängnis, daher müssen wir auch hier unsere Freiheit manifestieren. Hier haben wir die Verlogenheit der Kunst zelebriert, also werden wir auch hier die Wahrheit unserer Instinkte wiederfinden. Hier haben wir der Künstlichkeit gehuldigt, also werden wir hier auch die Spontaneität erleben. Hier haben wir uns unseren

Illusionen hingegeben, also werden wir hier auch die Wirklichkeit wiederfinden. *Beifall.* Einst lauschten wir hier den Klängen der Musik, jetzt werden wir Ochsen schlachten. Musik, das ist Differenzierung und Ordnung, das heißt Lüge und Sklaverei. »Messer ins Herz«, das ist einfach »Messer ins Herz«! Wenn das Ideal der Malerei und der Bildhauerei die Einheit der Schaffensdynamik mit dem zu schaffenden Gegenstand ist, dann können weder Bilder noch Statuen sich mit unserm »Messer ins Herz« vergleichen, denn das ist die Einheit des Akts und des Gegenstandes par excellence. Wenn das Ideal der Literatur ist, letzte Wahrheiten auszudrücken, wie kann sich dann die Literatur mit dem Messer vergleichen, das im Herzen steckt? Wenn das Ideal des Theaters die unmittelbare Aktion ist und nicht ein So-tun-als-ob oder ein Imitieren, dann ist das Messer im Herzen das vollkommene Theater. Kurz gesagt, statt komplizierter, imitierter und wirkungsloser Akte haben wir jetzt einen einfachen, wortwörtlichen und wirkungsvollen Akt. *Beifall.* Meine Herrschaften, die Kultur hat uns geteilt in Künstler und Publikum, in Ausführende und Konsumenten, in Priester und Gläubige. In Eingeweihte und solche, die man dem Geheimnis fernhielt. Das gibt es jetzt nicht mehr, jetzt dürfen alle an allem teilnehmen. Jetzt gibt es eine echte Kommune. Einst produzierte sich vor Ihnen hier ein Virtuose, ein Spezialist. Sie waren nicht imstande, eine einzige Note zu wiederholen, selbst wenn man Ihnen die Geige in die Hand gelegt hätte. Jetzt tritt ein Henker vor Ihnen auf. Aber produziert sich ein Spezialist? Absolut nicht. Denn töten kann jeder. Hier gibt es keine unüberschreitbaren Barrieren, weil jeder am Akt des Tötens teilnehmen kann – sowohl als Schlachter wie als Ochse. Die Rollen sind austauschbar, und keiner kann mehr auf den anderen neidisch sein. Hier gibt es keinerlei Exklusivität, Töten ist eine Kunst für alle, eine Kunst für die Massen. Töten kann jeder, immer und überall. Töten kann, wer will, womit er will, wo er will und wen er will. *Beifall.* Und damit lassen Sie uns, meine sehr verehrten Herrschaften, beginnen. *Pause.* Einen Augenblick... Was, noch nicht?... Entschuldigen Sie, ich werde hinter die Kulissen gerufen. Offensichtlich eine kleine Verzögerung aus technischen Gründen. *Pause.* Meine Herrschaften, die Vorstellung muß leider aus Gründen, für die wir nicht verantwortlich sind, ausfallen. *Pfiffe und Proteste.* Meine Herrschaften, aus ganz essentiellen Gründen kann unser Darsteller nicht auftreten! *Vermehrte Pfiffe und Proteste.* Meine Herrschaften, da ist wirklich nichts zu machen! *Die Menge protestiert wild.* Also gut, meinetwegen, warum eigentlich nicht? Sie haben recht, machen wir weiter! Wir machen weiter! Ja, wir wollen weitermachen, wir müssen weitermachen! Meine Herrschaften, die Vorstellung geht weiter! Und daher: Wer vertritt ihn? Wer ist der nächste? Wer meldet sich freiwillig?

Die polnische Uraufführung des Stückes erfolgte 1975 in Warschau.

Buckel

Schauspiel
in vier Akten

Personen

Onek, Mann über Dreißig
Onka, Frau Ende Zwanzig
Baron, Mann Anfang Vierzig
Baronin, Frau über Dreißig
Student, junger Mann, Anfang Zwanzig
Buckliger, Mann über Dreißig
Unbekannter, Mann Ende Vierzig

Anmerkungen:
Obwohl Vogelgezwitscher oder andere Naturgeräusche zu Kitsch verleiten könnten, sollte das Ganze – Bühnenbild, Kostüme und Darstellungsstil der Schauspieler – auf keinen Fall den Eindruck von Pastiche, Parodie oder Groteske erwecken. Falls solche Elemente in dem literarischen Material enthalten sind, erscheinen sie in einer präzisen, werkgetreuen Interpretation auf natürliche Weise und im richtigen Maß von selber, ohne daß man sie besonders hervorheben oder betonen müßte. Ich halte diese Bemerkung für wichtig, um die Tonart zu bezeichnen, in der das Stück gespielt werden sollte. Wenn man sie nicht beachtet, verfälscht man seinen Sinn.

In der Beziehung Baronin–Onka darf es keine lesbischen Akzente geben. Bei dem Paar Unbekannter–Student wäre ein leichter Akzent von Homosexualität erlaubt, aber nur mit äußerster Diskretion und ausschließlich von seiten des Unbekannten. Es sollte eher in der Schwebe bleiben.

Anmerkung für die Übersetzer: »Onek« und »Onka« sollten nicht übersetzt werden. Phonetisch haben diese Namen wohl auch in anderen Sprachen einen guten Klang. Es sei denn, es gäbe eine ungewöhnlich genaue und – das ist sehr wichtig – ebenso klangvolle Entsprechung.

Erster Akt

Auf der linken Seite (»links und rechts« vom Publikum) schräg nach hinten gebaut, die Fassade eines Hauses. Ein kleiner verandaähnlicher Vorbau auf zwei Säulen. Eine Doppeltür als Eingang. Die äußeren Flügel aus massivem Holz sind angelehnt. Die inneren, teilweise verglasten Flügel sind geschlossen. Auf der Veranda steht rechts ein Schaukelstuhl. Links ein Stuhl. Eine Klingel neben der Tür. Rechts und links in der Fassade je ein Fenster mit geschlossenen Fensterläden. Die Fassade des Hauses ist pastellrosa, die Fensterläden sind blaßblau gestrichen. Einige Stufen führen von der Veranda auf einen gepflegten Rasenplatz vor dem Haus. Auf der linken Seite der Bühne, auf dem Proszenium, ein ovaler Tisch mit einer bäuerlichen, weißblau karierten Tischdecke. Um den Tisch vier Gartenstühle. (Die gleichen wie der Stuhl auf der Veranda.) Rechts, ebenfalls auf dem Proszenium parallel zur Rampe, eine steinerne Bank ohne Lehne. Rechts hinten eine Art Gartenlaube: eine kleine Bank in Form eines Hufeisens, darüber auf schmalen Säulen ein Dach. Das Haus ist von Bäumen umgeben. Im Hintergrund um die Laube herum Bäume und Sträucher. Es ist Anfang Juli, vormittags. Strahlend blauer Himmel. Sonne und Grün, Licht und Schatten. Die rechte Seite der Bühne liegt in der Sonne, die linke im Schatten. Links ist also Osten, rechts Westen. (Das Haus, die Bäume usw. werfen Schatten.) Vogelgezwitscher.

Erste Szene

Von rechts treten Onek und Onka auf. Onek ist klein, rundlich, korpulent, rot und ständig in Bewegung. Ein »sportlich« karierter Anzug, eine ebenfalls »sportliche« Schirmmütze, Knickerbocker. Er trägt eine Reisetasche. Onka ist eine schöne, nicht sehr große Blondine, in einem hellen, langen Kleid, mit einem großen Hut und einem leichten, offenen Schirm.

ONKA Was für ein hübsches blaues Haus!

Onek stellt die Reisetasche auf die Erde. Er macht einen Schritt auf das Haus zu. Er zieht einen Kneifer aus der Tasche, setzt ihn sich auf die Nase. Er betrachtet einen Augenblick lang das Haus.

ONEK Rosa.
ONKA Mit grünen Fensterläden...
ONEK Blauen.
ONKA ...und Bäume, Bäume, Bäume...
ONEK Grüne. *Er setzt den Kneifer ab, Onka wendet ihm ostentativ den Rücken zu. Sie zieht ein Taschentuch aus ihrer Tasche, legt es sich auf die Augen.* Grüne... Nicht wahr? So scheint es mir jedenfalls. Auf den ersten Blick... Aber ich bestehe nicht darauf. *Onka ant-*

wortet nicht. Gott, bin ich brutal, entschuldige. Ich sehe was Grünes und schreie hemmungslos: grün. Wie der letzte Prolet. Was gäbe ich darum, wenn ich die Welt mit deinen Augen sehen könnte.

ONKA Brauchst du ja nicht.

ONEK Ich sehe irgendwas, ohne darüber nachzudenken. Aber ihr Künstler… Oh, ihr habt eine ganz andere Sensibilität. Wir gewöhnlichen Sterblichen sollten viel mehr von den Künstlern lernen. *Er geht auf sie zu und steht hinter ihrem Rücken.* Verzeih mir, bitte.

ONKA *dreht sich zu ihm um und streckt die Hand aus; Onek küßt ihre Hand.* Ich verzeihe dir. Die Bäume sind grün.

ONEK Überhaupt nicht.

ONKA Die Bäume sind grün.

ONEK O nein! Du willst dich jetzt nur meinem Niveau angleichen.

ONKA Sie sind wirklich grün!

ONEK Ich bewundere deine Opferbereitschaft, aber ich habe sie nicht verdient. Bleib da oben, wo du bist. Ich bitte dich um nichts anderes.

ONKA *stampft mit dem Fuß auf* Die Bäume sind grün, grün, grün!

ONEK Wie du willst.

ONKA Was ist das für ein Ton!

ONEK Ich gebe dir doch recht.

ONKA Nein!

ONEK Sie sind nicht grün?

ONKA Nein, nein, nein!

ONEK Schade. Ich dachte, sie sind grün. He, ist da jemand?

Er geht auf die Veranda. Er drückt die Klinke herunter, die Tür ist verschlossen. Er klopft an die Scheibe, preßt die Stirn an die Scheibe und guckt hinein. Dann zieht er einige Male an der Klingelschnur. Die Klingel schwingt heftig hin und her und klingelt laut. Onek wartet. Niemand erscheint. Das ist unerhört. Wir sind doch angemeldet. *Er kommt von der Veranda herunter.* Sehen wir mal hinten nach. *Er geht nach links.* Ich habe uns telegrafisch angemeldet. *Er verschwindet links. Onka folgt ihm. Die Reisetasche bleibt auf der Bühne stehen.*

Zweite Szene

Von rechts tritt der Baron auf. Ein großer, vierzigjähriger brünetter Mann mit einem schwarzen, üppigen, gepflegten Bart, in einem leichten, elfenbeinfarbenen Anzug und einem gleichfarbigen Borsalino, weißes Plastron, weiße Handschuhe und weiße Schuhe. In der Hand einen Stock mit Knauf. Er raucht eine Zigarre. Er kommt langsam auf die Bühne, sieht sich aufmerksam um und verbreitet Rauchwolken. Er geht nach links. Mit der Spitze des Stockes lupft er den Rand der Decke, die auf dem Tisch liegt. Seine Bewegungen sind beherrscht, bei scheinbarer Nonchalance ist er konzentriert und wachsam. Er kehrt nach rechts zurück. Von rechts tritt die Baronin auf. Eine große, schlanke Brünette, über dreißig. Ein elegantes Kostüm – langer Rock bis zu den Knöcheln – mit einem kleinen Hut. Ihr folgt eine Gestalt, mit Gepäckstücken so beladen, daß sie kaum zu sehen ist. Ein Student, in der Uniform eines Studenten, wenig über zwanzig. Unscheinbar, schmal und blaß. Schwarze Handschuhe, die er – außer in einer Szene – nie auszieht. Er schleppt Koffer und Hutschachteln. Ein Koffer ist verschlissen und ärmlich, die anderen sind elegant.

BARONIN Stellen Sie das bitte dahin. *Der Student stellt die Koffer und Schachteln auf der rechten Seite der Bühne ab. Es scheint fast unglaublich, daß er so viel Gepäck tragen konnte.* Sehen Sie dieses Individuum? *Sie zeigt auf den Baron. Der Student ringt mit Mühe nach Luft. Er setzt seine Mütze ab und wischt sich die Stirn mit den Hemdsärmeln.* Ohrfeigen Sie ihn.

STUDENT Das ist nicht Ihr Ernst!

BARONIN Doch. Es ist mein Mann. *Der Baron beobachtet sie, während er seine Zigarre raucht. Der Student verbeugt sich vor dem Baron, der Baron erwidert den Gruß mit einem leichten Kopfnicken.* Haben Sie gehört, worum ich Sie gebeten habe? *Der Student dreht die Mütze in seinen Händen. Die Baronin, trocken.* Nun – dann also ... adieu. *Sie streckt dem Studenten die Hand hin; der verbeugt sich nur, und die Baronin zieht ihre Hand zurück. Der Student nimmt sich von dem Gepäckberg seinen ärmlichen Koffer. Er geht zum Haus.* Einen Augenblick.

Der Student bleibt stehen, ohne zu wissen, was sie jetzt von ihm will. Die Baronin geht auf den Studenten zu, wirft die Arme um seinen Hals und küßt ihn leidenschaftlich. Der

Student bleibt passiv. Die Baronin beugt ihn nach hinten, seine Mütze fällt herunter. Der Baron betrachtet die Szene und streift die Asche von seiner Zigarre. Schließlich läßt die Baronin den Studenten los und sieht den Baron an, ohne den Studenten weiter zu beachten. Der hebt seine Mütze auf, klopft sie am Knie ab, verbeugt sich vor der Baronin und geht schnell auf das Haus zu. Aber der Baron steht ihm im Weg. Der Student bleibt stehen, weicht ihm dann in einem weiten Halbkreis aus. Der Baron sieht ihm nach, macht eine halbe Wendung, ohne sich aber von der Stelle zu rühren. Der Student beschleunigt seine Schritte und läuft auf die Veranda. Er drückt die Klinke, die Tür gibt nicht nach. Der Student läuft wieder hinunter und verschwindet links. Der Baron macht eine halbe Wendung und steht wieder der Baronin gegenüber.

BARONIN Warum hast du mich allein gelassen?

Der Baron wendet sich ab, geht nach links, setzt sich auf einen Stuhl. Die Baronin setzt sich auf die Bank auf der rechten Seite der Bühne. Der Baron steht auf und geht nach links ab. Die Baronin springt auf und geht ihm nach. Die Gepäckstücke, die der Student getragen hatte, bleiben auf der Bühne liegen.

Dritte Szene

Die Eingangstür öffnet sich. Der Bucklige kommt auf die Veranda. Klein, untersetzt, Igelfrisur, Buckel, in einem grobleinernen Hemd, dunkelgrünen Knickerbockern, Kniestrümpfen aus dicker grauer Wolle, festen, klobigen Schuhen. Abgesehen vom Buckel ist er kräftig und gesund. Er streckt sich, reibt sich die Augen, gähnt, bindet sich eine Schürze um, kommt von der Veranda herunter, nimmt einige Gepäckstücke und trägt sie ins Haus.

Vierte Szene

Von links treten Onek und der Baron auf. Der Baron jetzt ohne Zigarre. Onek redet lebhaft gestikulierend.

ONEK Ein Skandal, daß niemand zu unserem Empfang da ist. Ich habe unsere Ankunft telegrafisch angekündigt.

BARON Schon möglich.

ONEK Meine Frau ist Künstlerin. Sie malt Bilder.

BARON So, so.

ONEK Sie haben wohl bemerkt, daß sie sehr sensibel ist.

BARON O ja…

ONEK Wir sind ein vollkommenes Ehepaar. Sie ist die Seele, und ich bin der Körper. Sie gibt mir den Himmel, und ich gebe ihr die Erde. Obwohl so etwas nicht ohne Mißverständnisse abgeht.

BARON Natürlich nicht.

ONEK Meiner Meinung nach hat Gott Mann und Frau geschaffen, damit sie sich ergänzen. Die Frau besitzt Intuition, Sensibilität und künstlerisches Talent. Und ich, nun ja, ein wenig Wissen und ein bißchen gesunden Menschenverstand.

BARON Was Sie nicht sagen!

ONEK Das ist ganz natürlich bei einem Mann. Aber ohne sie wäre ich prosaisch, gewöhnlich, brutal. Sie adelt mich. Meine Stärke und mein Verstand dienen ihr, also diene ich dem Schönen, dem Guten und der Kunst. Ich beschütze sie vor der Unbill des Alltags.

BARON Recht so!

Sie überqueren die Bühne von links nach rechts, im Spaziergängertempo und im Rhythmus des Gesprächs.

Fünfte Szene

Von links treten Onka und die Baronin auf.

ONKA Er ist ständig überarbeitet. Ich bin froh, daß er endlich etwas ausspannen kann.

BARONIN Die Voraussetzungen hier sind ideal dafür.

ONKA Bleiben Sie lange?

BARONIN Das hängt von den Launen meines Mannes ab. Leider ist er unberechenbar.

ONKA Oh, mein Mann ist ganz anders. Ich kann mich auf ihn verlassen. Er ist ein verantwortungsbewußter, solider Mensch ... Ich fühle mich neben ihm immer ganz kindlich ... Obwohl er es ist, der sich manchmal wie ein Kind benimmt.

BARONIN Im Bett?

ONKA Wie bitte?

BARONIN Passons.

ONKA Ja, manchmal weint er im Schlaf.

BARONIN Aber er schläft.

ONKA Er ist übermüdet. Mein Mann ist ein sehr gefragter Rechtsanwalt. Wir haben die Absicht, in die Hauptstadt überzusiedeln. Und Sie?

BARONIN Ich bin finanziell unabhängig.

ONKA Ich wollte fragen, ob Ihr Mann…

BARONIN Er spielt Karten.

ONKA Oh!

BARONIN Und gewinnt immer.

ONKA Sie sind eine originelle Frau.

BARONIN Nein.

ONKA Nicht? Bin ich dann originell?

BARONIN Ich glaube nicht. *Pause.*

ONKA *gekränkt.* Sie haben doch etwas Originelles an sich.

Sie überqueren die Bühne und treten rechts ab. Aus dem Haus kommt der Bucklige. Er trägt weitere Gepäckstücke ins Haus.

Sechste Szene

Von rechts treten als erstes Paar Onek und die Baronin auf, als zweites Paar folgen der Baron und Onka.

ONEK Wir freuen uns, Sie kennengelernt zu haben. Richtige Bekanntschaften sind schon die halben Ferien.

ONKA Ich habe gehört, Sie beschäftigen sich mit dem Leben?

BARONIN Sie haben ein so positives Verhältnis zur Welt…

BARON Das ist zuviel gesagt. Ich bin ein Dilettant. Und Sie? Sie malen, wie ich gehört habe?

ONEK Ich kenne die Menschen von Berufs wegen. Vergessen Sie nicht, ich bin Anwalt.

ONKA Ach, nur laienhaft.

BARONIN Eben. Nicht eine Spur von Skepsis. Das ist herrlich.

BARON Echte Kunst verträgt keinen Professionalismus.

ONEK Ich glaube an den Menschen. Ich verhehle nicht, daß ich aus einer bescheidenen Familie stamme und mir alles aus eigener Kraft erarbeitet habe.

ONKA Und das echte Leben?

BARON Gibt es nicht. *Die Baronin dreht sich zum Baron um.*

BARONIN Hast du gehört?

BARON *zur Baronin, er verneint höflich* Leider nein…

BARONIN Dieser Herr ist der geborene Optimist. Wie angenehm, mit einer so gesunden, reichen Natur zusammenzusein…

BARON *verbeugt sich leicht* Ich gratuliere.

Von links tritt der Student mit seinem Koffer auf.

Siebte Szene

BARONIN Ah, endlich! Wo haben Sie denn gesteckt! *Der Student verbeugt sich linkisch.* Unser neuer Freund. Er wird mit uns hier wohnen.

ONKA Wirklich? Sie machen hier auch Ferien?

ONEK Willkommen! Willkommen!

ONKA Sehr angenehm. *Onka streckt ihm die Hand hin, aber der Student verbeugt sich nur. Onka zieht ihre Hand zurück.*

BARONIN Er ist Student.

ONEK Bravo! Wir brauchen eine gebildete Jugend. Ärzte, Ingenieure. Die Eisenbahn hat eine kolossale Zukunft.

STUDENT Ich studiere Philosophie.

ONEK Brauchen wir auch. Was uns fehlt, ist ein moderner Plato.

STUDENT Ich bin gegen die idealistische Tradition.

ONEK Aber Sie haben doch Ideale?

ONKA Quäl ihn nicht.

Achte Szene

Auf der Veranda erscheint der Bucklige.

ONEK Na so was …

ONKA *warnend* Liebling …

BUCKLIGER Guten Tag, die Herrschaften! *Er will weitere Koffer hineintragen.*

ONEK Sie sind von hier, guter Mann?

BUCKLIGER Ja, gnädiger Herr.

ONEK Dann rufen Sie doch bitte den Besitzer. Sagen Sie ihm, daß seine Gäste angekommen sind. Sie warten schon seit einer Stunde. Obwohl ich ihm unsere Ankunft telegrafisch angekündigt hatte.

BUCKLIGER Das kann ich nicht, gnädiger Herr.

ONEK Warum nicht?

BUCKLIGER Weil ich der Besitzer bin.

ONEK Das ist nicht möglich!

ONKA *warnend* Liebling!

ONEK *fängt sich.* Natürlich, das ist durchaus möglich.

BUCKLIGER Kommen Sie bitte herein, meine Herrschaften. Bitte sehr, wenn ich vorausgehen darf. *Er geht mit dem restlichen Gepäck ins Haus.*

ONEK Haben Sie das gesehen?

BARONIN Leider war es kaum zu übersehen.

ONEK Und was sagst du dazu?

ONKA Armer Mensch.

ONEK Arm? Das ist Betrug! Die Annonce enthielt keinen Hinweis darauf, daß der Eigentümer anormal ist.

BARON Bucklig.

ONEK Bucklig, also anormal! Das ist ein Klagegrund. Er hat eine normale Anzeige aufgegeben und ist selber anormal. Betrüger!

ONKA Liebling, reg dich nicht auf!

ONEK Wir, die Gesellschaft, müssen uns vor Vertrauensmißbrauch schützen. Entweder wir sind konsequent, oder wir können gleich in Höhlen zurückkehren.

BARON Er hatte das Recht, nicht bekanntzugeben, daß er einen Buckel hat. Natürlich besteht ein Unterschied zwischen einem Buckligen und einem Nichtbuckligen. Aber der Besitzer einer Pension darf sehr wohl ein Buckliger sein. Und einem Buckligen steht es frei, Pensionsbesitzer zu sein.

ONEK Ferien mit einem Krüppel?!

BARON Wenn ich mich recht erinnere, hat er auch nicht behauptet, kein Krüppel zu sein. Er hat einfach auf jeden Hinweis in dieser Angelegenheit verzichtet.

ONEK Aber so was hat es noch nie gegeben! Das passiert mir zum erstenmal!

BARON Ich gebe zu, daß man öfter einem Pensionsbesitzer ohne Buckel begegnet als einem mit Buckel. Aber was folgt daraus?

ONEK Wie können Sie so fragen? Das ist einfach unzulässig.

BARON Warum?

ONEK Sie tolerieren so etwas?

BARON Ich wiederhole meine Frage: Wieso ist das unzulässig?

ONEK Ich schlage vor, ihm ein Ultimatum zu stellen: Entweder wir alle verschwinden, oder … oder …

BARON Oder was? Oder der Buckel verschwindet? Sie müssen zugeben, das ist nicht sehr realistisch.

ONEK Also verschwinden wir. *Der Student stellt seinen Koffer ab und zieht sich verstohlen nach links zurück.*

BARON *Verbeugt sich vor Onka* Gnädige Frau … *Er geht auf die Veranda, verschwindet im Innern des Hauses. Der Student tritt links ab.*

ONEK *zur Baronin* Bitte, beeinflussen Sie doch Ihren Gatten.

BARONIN Ich bedaure unendlich. *Sie folgt dem Baron ins Haus.*

Neunte Szene

ONKA Aber Liebling, warum willst du eigentlich wegfahren?

ONEK Wie?! Soll ich zulassen, daß dieser Quasimodo recht behält?

ONKA Hier ist es schön... Von so einem Fleckchen Erde habe ich immer geträumt.

ONEK Eben. Dieses Monstrum disharmoniert einfach mit der Natur. Ich bin immer für die Natur, aber gegen jede Entartung.

ONKA Hast du schon mal an die moralische Seite gedacht?

ONEK Natürlich. Es ist meine moralische Pflicht, dir diesen Anblick zu ersparen. Dazu bist du zu empfindsam.

ONKA Wir dürfen nicht egoistisch sein. Es ist doch nicht seine Schuld, daß er ein Krüppel ist. Sicher leidet er darunter. Wir verstärken nur seine Komplexe, wenn wir ihm zeigen, daß wir uns vor ihm ekeln. Außerdem hast du schon die Hälfte angezahlt.

ONEK Ein Engel, ein richtiger Engel!

ONKA Fährt jetzt überhaupt noch ein Zug?

ONEK Ethik oder Ästhetik. Das ist das Dilemma.

ONKA Und wohin wollen wir fahren? Mitten in der Saison ist es nicht leicht, ein anständiges Hotel zu bekommen.

ONEK Wir bleiben.

ONKA Du bist wunderbar.

ONEK Er soll die Koffer vom Bahnhof holen.

Onka küßt ihn auf die Stirn. Dunkel.

Zehnte Szene

Sonniger früher Nachmittag. Also liegt die linke Seite der Bühne in der Sonne, die rechte im Schatten. Die Fensterläden sind offen. Am Tisch sitzt der Baron. Weiße Hosen mit tadellosen Bügelfalten und ein dunkelblaues Jackett. Auf der Bank sitzt der Student und liest ein Buch. Onek tritt in Hemd, offener Weste und Pantoffeln aus dem Haus. Er geht die Treppe von der Veranda herunter und auf den Baron zu. Er setzt sich breitspurig an den Tisch.

ONEK Erlauben Sie, daß ich mich zu Ihnen setze? *Der Baron weist ihm mit samtener Geste den Stuhl, auf dem Onek schon sitzt.* Phantastisch... diese Forellen mit Mandeln...

BARON Ja, die Küche erweist sich als unerwartet gut.

ONEK Gut? In meinem ganzen Leben habe ich so etwas noch nicht gegessen. Dieses Omelett... wie hieß es noch – à la Finnland?

BARON Norwegen.

ONEK Köstlich. Wer hätte gedacht, daß er so gut kocht.

BARON *öffnet eine Kiste Zigarren.* Zigarre?

ONEK Nein danke, ich rauche nicht. *Der Baron zündet sich eine Zigarre an.* Wissen Sie, warum?

BARON Es schmeckt Ihnen nicht.

ONEK Nein, hier geht es ums Prinzip. Jeder sollte Prinzipien haben, die sein Leben bestimmen. Meines ist: nicht rauchen. Und dieses Prinzip hat sich bewährt – natürlich unter dem Gesichtspunkt, keinen Tabak zu konsumieren.

BARON Ich verstehe. Sie sind ein Mann von Grundsätzen.

ONEK Rauchen schwächt die Psyche und vermindert die Vitalität. Ich möchte mir alle meine geistigen und körperlichen Kräfte erhalten. Das Leben mit allen Poren einsaugen. Ganz elementar... Wie eine Blume oder eine Pflanze.

BARON Eine Blume ist eine Pflanze.

ONEK Zum Beispiel jetzt. Ich bin an die frische Luft gegangen, weil ich der Meinung bin, daß es ein Verbrechen wäre, sich in einem geschlossenen Raum aufzuhalten, wenn es draußen so schön ist. Meine Frau hat mir auch zugeredet, ein wenig hinauszugehen. Man muß jeden Augenblick nutzen.

BARON Wie geht es Ihrer Frau Gemahlin?

ONEK Sie hat Migräne.

BARON Eine entzückende Frau.

ONEK Sie ist farbenblind.

Der Bucklige kommt mit einem Tablett, auf dem eine halbvolle Karaffe mit Likör und zwei Gläschen stehen, über die Veranda zum Tisch und serviert Likör. Onek dankt mit einer Geste.

BARON Trinken Sie nicht?

ONEK Niemals!

Der Baron hebt sein Glas, trinkt einen Schluck, nickt dem Buckligen beifällig zu. Der Bucklige entfernt sich mit einer Verbeugung.

ONEK Und wissen Sie, warum?

BARON Aus Prinzip.

ONEK Woher wissen Sie das… *Der Bucklige tritt ins Haus. Onek sieht sich nach ihm um.* Ich habe kein Vertrauen zu ihm.

BARON Als Koch, Lakai und Maître d'hotel ist er tadellos.

ONEK Eben. Wer weiß, was sich dahinter verbirgt…

BARON Was sollte…

ONEK Sie kennen die Buckligen nicht.

BARON Ich glaube nicht, daß er etwas zu verbergen hat. Ein Buckel ist eine höchst offensichtliche Angelegenheit. Nicht zu kaschieren. Schon die kompromißlose Ausbuchtung… Eigentlich merkwürdig, ein Buckel ist immer gewölbt, nie ausgehöhlt, nie konkav. Immer nach außen, nie nach innen. Extrovertiert, nie introvertiert. Aber selbst ein konkaver Buckel, also das Gegenteil eines Buckels, wäre nicht zu verbergen.

Der Student sieht von seinem Buch auf und beginnt, dem Gespräch zuzuhören.

ONEK Sie sehen nicht den Menschen unter dem Buckel. Der Mensch ist wichtig und das, was in ihm steckt. Die Seele… die Psyche.

BARON Und?

ONEK Er hat einen Buckel, wir sind gerade. Wir sind gesund, stark, schön, voller Lebensfreude, er ist ein Krüppel. Dafür muß er uns hassen.

BARON Das habe ich nicht bemerkt.

ONEK Na eben. Er läßt es sich nicht anmerken, aber er

nimmt es uns übel. Bucklige sind verschlossen, boshaft, listig... Das weiß jedes Kind.

BARON Nehmen wir an, Sie haben recht. Was für Konsequenzen hätte das in der gegebenen Situation? Er beherbergt und bewirtet uns, und wir bezahlen ihn dafür. Der Vorteil liegt auf beiden Seiten.

ONEK *schüttelt den Kopf.* Sie sind naiv, Herr Baron. Bucklige sind rachsüchtig.

BARON Wollen Sie damit sagen, daß er uns auf irgendeine Weise schaden könnte?

ONEK Zweifellos. Ich rate Ihnen, auf der Hut zu sein.

BARON Ich verstehe. Sie vermuten, daß er etwas gegen uns im Schilde führt.

ONEK Nicht vertrauen. Aufpassen. Auf der Hut sein.

BARON Danke, daß Sie mir die Augen geöffnet haben. Aber ist es dann nicht schon zu spät?

ONEK Es ist nie zu spät.

BARON Es ist doch schon zu spät.

ONEK Wieso...

BARON Na einfach, wörtlich zu spät. Hören Sie zu. Die einfachste Methode, sich an uns zu rächen, ist, uns zu vergiften. Uns ein Mittel ins Essen zu schütten. Und in Anbetracht dessen, daß wir bereits gegessen haben...

ONEK Meinen Sie das ernst?

BARON Ich entwickle Ihren Gedanken weiter. Spüren Sie keine Beschwerden?

ONEK Nein... Und Sie?

BARON Ich auch nicht, aber das will nichts bedeuten. Wenn er ein Gift benutzt, dann sicher keins, das sofort tötet. Unser plötzlicher Tod würde auffallen, außerdem kann es nicht in seinem Interesse liegen, sich seiner Gäste zu entledigen. Wenn er uns vergiftet, dann ganz allmählich. Er dosiert die Menge genau und benutzt Giftsorten, die uns langsam zugrunde richten. Zunächst geringfügige Symptome, kaum bemerkbar. Kopfschmerzen, von Zeit zu Zeit Verdauungsbeschwerden... Er arbeitet natürlich nach dem Zeitzünderprinzip. Der Tod tritt erst ein, wenn wir die Pension bereits verlassen haben. Wer weiß, vielleicht erst nach einigen Jahren... Was ist Ihnen?

ONEK Mir ist schlecht. *Er steht auf.*

BARON Gehen Sie schon?

ONEK Ich muß mich hinlegen.

BARON Schade. Wir haben so nett geplaudert... Dann bis zum Abendbrot.

Onek verschwindet im Haus. Der Student steht von der Bank auf und geht nach links. Als er am Baron vorbeikommt, klappt er das Buch betont laut zu. Er geht ins Haus. Der Baron trinkt Likör.

Elfte Szene

Die Baronin kommt aus dem Haus. Sie bleibt hinter dem Baron stehen, geht dann nach rechts, dreht sich zum Baron um und tut so, als hätte sie den Baron eben erst bemerkt.

BARONIN Ach du bist es, ich habe dich gar nicht gesehen. *Sie bleibt stehen und wartet auf eine Reaktion des Ba-*

rons, aus der sie ersehen könnte, wie sie sich weiter verhalten soll. Ruhst du dich aus? *Sie hält sein Schweigen für Zustimmung und setzt sich an den Tisch.* Die letzten Tage waren so anstrengend... Wir waren beide nervös... *Der Baron macht eine ungeduldige Geste.* Ich gebe zu, daß ich mich manchmal nicht in der Gewalt habe. *Pause.* Aber ich habe ja auch Grund dazu. *Der Baron erhebt sich, als wolle er weggehen.* Vielleicht sind es wirklich nur die Nerven. Man sucht eine Rechtfertigung und beschuldigt andere. *Der Baron setzt sich wieder.* Ich bin glücklich, hier zu sein. Eine neue Umgebung, ein anderer Lebensstil... Dieses Mal sind wir wirklich auf dem Land. *Pause.* Und endlich allein. Denn die albernen Leute hier zählen kaum. Dieser Rechtsanwalt ist wirklich komisch... Was hältst du von ihr? *Der Baron antwortet nicht.* Etwas exaltiert, aber eine brave kleine Person. Weißt du, was sie mir gesagt hat, als wir allein waren? »Ihr Mann sieht dem Thronfolger auffallend ähnlich. Er ist nur etwas kleiner.«... Etwas kleiner... Was die sich vorstellt... *Pause.* Sie wollte zu gerne wissen, wie unser eheliches Zusammenleben aussieht. Sie ist hysterisch... *Pause.* Hast du bemerkt, daß man von unserem Fenster aus Ruinen sehen kann? Die müssen wir besichtigen. Wir könnten auch zum See gehen. *Pause.* Der erste Tag auf dem Lande. Herrliches Wetter. Alles ist frisch, fröhlich, wie am ersten Tag der Schöpfung. Hast du nicht das Gefühl, daß man hier ganz von vorne anfangen könnte? Ganz neu? *Der Baron schweigt. Die Baronin steht auf.* Ich gehe ein wenig spazieren. *Sie geht den*

Pfad, der nach hinten führt, an der Gartenlaube vorbei, nach hinten.

Der Baron trinkt Likör. Onka tritt aus dem Haus.

Zwölfte Szene

ONKA Ach, Sie sind hier… Ich habe Sie nicht gesehen. Störe ich Sie auch nicht?

BARON *steht auf und verbeugt sich.* Ihre Gesellschaft wird mir ein Vergnügen sein. *Onka setzt sich. Sie ist etwas verlegen.* Fahren Sie jedes Jahr in die Ferien?

ONKA Ja…

BARON Wir auch. Meistens ins Ausland.

ONKA Nach Italien?!

BARON Auch nach Italien.

ONKA Ich wollte schon immer nach Italien. Mein Mann hat mir versprochen, daß wir im nächsten Jahr… Wenn er eine Stellung in der Hauptstadt bekommt.

BARON Wie fühlt sich Ihr Mann?

ONKA Nicht allzu gut.

BARON Was fehlt ihm? Kann ich irgendwie behilflich sein?

ONKA Nein danke. Er hat sich hingelegt… *Pause.* Ich wollte bei ihm bleiben, aber er hat mich angefleht, nicht auf die frische Luft zu verzichten. Er denkt nur an mich.

BARON Ich hoffe doch, es ist nichts Ernsthaftes.

ONKA Anscheinend Verdauungsstörungen.

BARON Dieses traurige Laster ruiniert die Gesundheit.

ONKA Laster?

BARON Der Hang zum Alkohol.

ONKA Wovon reden Sie!

BARON Das wissen Sie am besten.

ONKA Mein Mann trinkt nie.

BARON Ach, ja? Dann reden wir nicht mehr davon.

ONKA Sie wollen damit andeuten, daß …

BARON Lassen wir das Thema. Ich war überzeugt davon, daß Sie im Bilde sind. Aber wenn Sie nichts wissen …

ONKA Mein Mann … nimmt Alkohol zu sich?

BARON Nimmt zu sich … sehr euphemistisch. Ich hab versucht, ihn zurückzuhalten, aber … *Er zeigt auf die Karaffe.*

ONKA Er hat getrunken?

BARON Und zwar allein. Ich trinke nur mäßig.

ONKA Jetzt verstehe ich, warum er nicht wollte, daß ich bei ihm bleibe.

BARON Er hat es vorgezogen, seinen Zustand vor Ihnen zu verbergen.

ONKA Er trinkt heimlich?

BARON Offensichtlich.

ONKA Was meinen Sie, schon lange?

BARON Nach der Schnelligkeit zu urteilen, mit der er sich betrinkt, schon seit Jahren. Ein entkräfteter Organismus. Insbesondere, da er so viel raucht.

ONKA Raucht?!

BARON Entschieden zu viel. Er hat alle meine Zigarren geraucht.

ONKA Ist es möglich, daß er mich so viele Jahre getäuscht hat?

BARON Er wollte Sie nicht beunruhigen. Das spricht sogar sehr für ihn.

ONKA Es fällt mir schwer, das zu glauben.

BARON Denken Sie nicht mehr daran.

ONKA Aber wenn es wahr ist…

BARON Reden wir von etwas anderem.

ONKA Was soll ich nur machen!

BARON Vor allem dürfen Sie ihn nicht merken lassen, daß Sie Bescheid wissen. Allein der Gedanke, daß Sie seine Laster kennen, könnte ihn in Depressionen stürzen. Von da aus ist es nur ein kleiner Schritt zum Selbstmord.

ONKA Nein!

BARON Ich würde Ihnen raten, sich so zu verhalten, als wüßten Sie von nichts. Ihn so zu behandeln wie vorher. Er würde es nicht überleben, wenn er erführe, daß Sie das Vertrauen zu ihm verloren haben.

ONKA Sie erschrecken mich.

BARON Nur Mut. Es ist eine Krankheit, die zwar degeneriert, aber nicht tötet. Jedenfalls nicht sofort.

ONKA Degeneriert?

BARON Sie senkt den Lebenstonus.

ONKA Tonus? Was heißt das?

BARON Ich möchte nicht gerne deutlicher werden. *Pause.*

ONKA Mein Mann erfreut sich eines makellosen Rufes… Ich habe eine Bitte an Sie.

BARON Ich erfülle Ihnen alles, was Sie wünschen.

ONKA Natürlich werde ich ihn nicht spüren lassen, daß ich alles weiß. Wenn ihn das töten könnte…

BARON Das würde ihn ganz sicher töten.

ONKA Aber ich habe den Eindruck, daß er sein Laster nicht nur vor mir, sondern auch vor der ganzen Welt verbirgt.

BARON Das ist nicht verwunderlich, er hat ja eine verantwortungsvolle Position.

ONKA Bei mir ist es nicht schlimm. Ich kann verstehen und verzeihen. Aber die Leute... Die öffentliche Meinung... Und noch dazu jetzt, wo wir in die Hauptstadt ziehen sollen...

BARON Tatsächlich, eine schwierige Situation.

ONKA Deshalb flehe ich Sie an, bitte sagen Sie es niemandem weiter.

BARON Sie können sich auf meine Diskretion verlassen.

ONKA Wie soll ich Ihnen nur danken?

BARON Mein Lohn ist Ihr Vertrauen.

ONKA Oh... *Pause.* Ich will mal nachsehen, was er macht. *Sie steht auf. Der Baron steht ebenfalls auf. Onka geht auf die Veranda. Sie dreht sich um und legt den Finger auf den Mund. Der Baron antwortet ihr mit dem gleichen Zeichen. Dunkel.*

Dreizehnte Szene

Sommerliche Dämmerung. Fröschequaken und Grillenzirpen. Die Zeit nach dem Abendbrot. Es ist noch hell. In der Nähe des Tisches auf dem Proszenium vier Stühle, auf denen Onka, die Baronin und der Baron sitzen. Der vierte Stuhl ist frei. Rechts auf der Bank sitzt Onek, mit dem Gesicht zum Publikum. Er ist in finstere Gedanken versun-

ken. Auf der Veranda sitzt der Student auf dem Schaukelstuhl und schaukelt rhythmisch. Auf dem Tisch ein Samowar und ein Porzellanservice. Der Bucklige schenkt Tee ein und serviert ihn. Onka lacht laut und künstlich. Der Baron hat eben eine Anekdote erzählt.

ONKA Onek-Liebling, hast du gehört? *Onek reagiert nicht.*

BARON *zur Baronin* Amüsant, nicht wahr?

BARONIN Nein. Aber ich freue mich, daß du so gut aufgelegt bist.

ONKA Finden Sie es nicht komisch?

BARONIN Sogar sehr. Nur, ich habe es schon gehört. Viele Male.

Der Bucklige kommt zum Baron. Der Baron nimmt eine Tasse vom Tablett und Zucker zum Tee. Die Damen halten bereits ihre Tassen auf den Knien.

ONKA Sie nehmen keinen Zucker?

BARONIN Nein. *Der Bucklige nähert sich Onek und bietet ihm Tee an. Onek schüttelt den Kopf.*

ONKA Onek-Liebling! Tee kannst du doch trinken!

Der Bucklige nähert sich dem Studenten und bietet ihm Tee an. Der Student trinkt ihn ebenfalls ohne Zucker… Der Bucklige geht ins Haus. Der Baron zieht ein kleines Büchlein in einem altmodischen Ledereinband aus seiner Tasche.

BARON Ich habe etwas Interesantes über diese Gegend hier gefunden. Ein Reiseführer in Versen, herausgegeben vor fünfzig Jahren. Der Autor war anscheinend der hiesige Probst.

BARONIN Sie müssen wissen, daß mein Mann auch ein Dichter ist.

ONKA Wirklich? Davon hat er mir nichts erzählt.

BARONIN Weshalb hast du ihr nicht gesagt, daß du ein Dichter bist?

BARON *blättert im Buch* Beschreibungen der hiesigen Sehenswürdigkeiten: Eine Dampfmühle – Dampfmaschinen waren damals noch eine Sensation. Die Insel auf dem See… Aber das Interessanteste ist die Beschreibung des Hexensabbats auf dem Berg.

ONKA Kann man den Berg von hier sehen?

BARON Das müßten wir unseren Wirt fragen. Aber ich fürchte, es wäre sehr taktlos. Der Berg heißt Buckelrigi…

ONKA Sonderbarer Name.

BARON Die hiesige Bevölkerung nennt diesen Berg schon seit Urzeiten so, also auch der Autor dieses Büchleins. Natürlich verachtet und verspottet er den Aberglauben. Im übrigen ist es interessant, wie die Kirche in dieser Hinsicht ihre Meinung geändert hat. Schließlich ist die Inquisition doch aus dem Glauben an die Realität von Hexen und Zauberei entstanden. Unser guter Probst jedoch behauptet, daß jene Zauberei nur schamloser heidnischer Unfug sei. Aber ich möchte für die Erlösung seiner Seele nicht bürgen. Die Beschreibungen dieser Teufelszusammenkünfte sind, auch wenn er sie in Anführungszeichen setzt, viel zu lebendig und überzeugend.

ONKA Worin bestand denn diese Zauberei?

BARON In mannigfaltigen, mehrfach wiederholten sexuellen Akten. Darf ich um den Zucker bitten?

ONKA Oh!... *Sie schiebt dem Baron die Zuckerdose hin.*

BARON Danke. Unter Beteiligung vieler Hexen und des Teufels.

BARONIN Ein sehr interessantes Buch.

STUDENT Quatsch.

BARON *wendet sich an den Studenten.* Sie glauben also nicht an die Magie?

STUDENT Auch Quatsch.

BARON Ich verstehe. Es scheint Ihnen unmöglich, daß ein einzelner so viele auf einmal verkraften könnte. Unmöglich natürlich nur, wenn wir übernatürliche Kräfte ausschließen. *Wendet sich an Onka.* Welchen Standpunkt würden Sie in dieser Sache vertreten?

ONKA Ich... ich weiß nicht, wovon Sie reden.

BARONIN Wie ich meinen Mann kenne, wird er es Ihnen sicher gerne erklären.

BARON Mit anderen Worten... *Der Student steht vom Schaukelstuhl auf und geht mit geballten Fäusten auf den Baron zu. Der Baron unterbricht den angefangenen Satz und sieht den Studenten an.* Wollten Sie etwas sagen? *Der Student steht mit gesenktem Kopf und geballten Fäusten vor dem Baron. Nach einem Augenblick dreht er sich um und läuft nach hinten, an der Gartenlaube vorbei, davon.* Um zu unserem Thema zurückzukehren...

Die Baronin steht auf. Onek ebenfalls. Die Baronin geht ins Haus. Onka wendet sich an ihren Mann.

ONKA Bring mich ins Haus. *Onek schlägt sich, ohne sie weiter zu beachten, auf die Wange und tötet eine Mücke. Er betrachtet die tote Mücke und zerreibt sie zwischen den Fingern. Ohne eine Antwort von ihm abzuwarten, dreht sich Onka um und geht ins Haus. Der Baron trinkt Tee.*

ONEK *steht auf und geht zum Baron.* Leihen Sie mir das Buch. *Dunkel.*

Zweiter Akt

Erste Szene

Vormittags, wie zu Beginn des ersten Aktes. Das gleiche sonnige Wetter. Vogelgezwitscher. Vor dem Haus spielen der Baron und Onek eine Partie Kricket. Sie spielen in Hemdsärmeln; der Baron trägt ein Batisthemd mit einem Jabot und breiten Ärmeln, Onek ein nicht allzu frisches, zerknittertes Hemd. Während der Szene folgen sie ihren Kricketkugeln, die sie in Miniaturtore schlagen.

ONEK Nein, wir können nicht passiv bleiben. Hier muß man handeln, einen Standpunkt einnehmen.

BARON Zum Handeln sehe ich keine Möglichkeit. Einen Standpunkt können wir natürlich einnehmen.

ONEK Wir sind uns doch einig, daß ein Buckel ein unnatürliches Phänomen ist.

BARON Statistisch gesehen, ja. Aber Statistiken haben nicht mit Natur, sondern mit Arithemetik zu tun. Ein Buckel ist ein lebendiger Organismus, ein Werk der Natur. Also ist er eine natürliche Erscheinung.

ONEK Und das akzeptieren Sie?

BARON Die Natur kann man nicht nicht akzeptieren. Sie sind dran.

ONEK Gut. Also ist es eine natürliche Erscheinung. Ihrer

Theorie nach. Um so weniger sollten wir uns als Gesellschaft gleichgültig verhalten. Die Gesellschaft hat sich im Kampf mit der Natur geformt.

BARON Wollen Sie ihn physisch beseitigen?

ONEK Ich?

BARON Ihr letzter Satz war nur so zu verstehen. Die Ausrottung von Krüppeln, Geisteskranken, biologisch niedrigen, schwachen Geschöpfen. Ich enthalte mich jedes moralischen Urteils. Aber selbst wenn wir uns auf Ihren Standpunkt einlassen, scheint es mir nicht, als ob unser Buckliger ein physisch schwacher, ungeschickter Mensch wäre. Im Gegenteil. Was seinen geistigen Horizont betrifft, so liegt auch der innerhalb der Norm.

ONEK Sie haben mich mißverstanden. Ich bin kein Barbar. Ich fordere nicht die Rückkehr zu den Bräuchen der Neandertaler. Ich bin ein Mann des Fortschritts. Wenn ich eine Lösung suche, dann nur innerhalb unserer Zivilisation, und zwar im Namen unserer Zivilisation. Jeder hat das Recht zu leben.

BARON Dann finden Sie keinen Ausweg. Den Buckel auf operativem Weg zu entfernen ist unmöglich. Die Medizin ist hilflos.

ONEK Das meinte ich auch nicht. Obwohl es die beste Lösung wäre. Es geht mir darum, dieses unnatürliche Phänomen …

BARON Anormale.

ONEK Wie bitte?

BARON Wir waren uns bereits einig, daß es ein natürliches Phänomen ist. Nennen wir es also anormal. Natürlich, aber abweichend von der Norm. Statistisch gesehen.

ONEK Ganz gleich. Es geht darum, diese Widernatürlichkeit…

BARON Anormalität.

ONEK Diese Anormalität, sozusagen, zu zivilisieren, wenn man sie schon nicht beseitigen kann. Die Zivilisation ist das Werk normal genormter Leute, also steht ein Buckliger außerhalb der Zivilisation. Und dennoch steckt er mitten in ihrem Schoß. Wie ein Keim, Herr Baron, wie ein Keimling. Darauf beruht der Widerspruch, der möglicherweise tragische Folgen haben kann.

BARON Zum Beispiel?

ONEK Das fragen Sie noch? *Er sieht sich um und senkt die Stimme.* Und die Giftmischerei?

BARON Giftmischerei?

ONEK Sie haben mir selber gesagt, daß er uns vergiftet.

BARON Das war nur eine Schlußfolgerung, die ich aus Ihrer Behauptung gezogen habe. Eine logische Konstruktion. Außerdem habe ich gesehen, daß Sie heute gefrühstückt haben.

ONEK Ich habe gegessen, weil der Mensch essen muß. Aber dieses Gift… Jeder Bissen blieb mir im Halse stecken.

BARON Wir haben keine Beweise.

ONEK Selbst wenn er uns nicht vergiftet, so kann er uns gar nicht vergiften. Oder er macht etwas andres. Zündet das Haus an oder ermordet uns im Schlaf… Was weiß ich, was dem plötzlich einfällt… Sie hatten recht, man muß bei ihm auf alles gefaßt sein.

BARON Was schlagen Sie also vor? *Onek legt den Stock*

weg und hakt den Baron unter, als meinte er, man könne mit physischer Aufdringlichkeit Argumente verstärken. Er spaziert mit dem Baron auf und ab und gestikuliert mit der freien Hand.

ONEK Wir müssen ihn zähmen, wir müssen erreichen, daß er seinen Buckel vergißt, wir müssen ihn wieder in die Gesellschaft eingliedern. Dann wird er uns nicht mehr hassen. So wie die Dinge jetzt stehen, riskieren wir, daß sich alles, wenn nicht heute, dann morgen gegen uns wendet. Ich bitte Sie, das ist ein gefährliches Element, eine destruktive Kraft, die sich in jedem Augenblick entladen kann. Und was dann? Entfesselung negativer Emotionen, Vernichtung, Ausrottung, Zerstörung. Falls wir dem nicht zuvorkommen.

BARON Aber wie?

ONEK Wir müssen uns so benehmen, daß er sich gleichberechtigt fühlt. Ich war immer ein Demokrat, und in dieser Hinsicht decken sich meine Überzeugung mit der Sozialprophylaxe und meine Ideologie mit der Pragmatik. Man muß ihm zu verstehen geben, daß wir ihn für unseresgleichen halten, daß zwischen ihm und uns keine Unterschiede bestehen …

BARON Und der Buckel?

ONEK Was für ein Buckel?

BARON Er hat einen Buckel, haben Sie den Buckel vergessen?

ONEK Der hat keine Bedeutung. Es gibt keinen Buckel.

BARON *befreit sich aus Oneks Umklammerung* Das ist Ihre Ansicht. Überraschend neu, und im übrigen anfechtbar. Aber wird auch er dieser Meinung sein?

ONEK Wenn man ihm ein Beispiel der großen Gesellschaft gibt…

BARON Selbst dann. Ich bezweifle, daß er seine Meinung über sich ändern wird. Es ist ein demokratisches Privileg, eine eigene Meinung zu haben, insbesondere über sich selbst.

ONEK Sie glauben, er wird hartnäckig darauf bestehen, daß er einen Buckel hat? Auch wenn wir ihm sagen, daß er keinen hat?

BARON Ganz sicher. Als buckliger, schiefer, also nicht gerade gewachsener Mensch hat er eine größere Chance als ein gerade gewachsener, der trotzdem bucklig ist.

ONEK Größere Chance wofür?

BARON Er selbst zu sein.

ONEK Undankbarer Kerl.

BARON Ich sehe nur einen Ausweg.

ONEK Es gibt keinen Ausweg.

BARON Nicht so zu tun, als ob er keinen Buckel hätte. Im Gegenteil: diese Tatsache auf Schritt und Tritt zu betonen. Aber daraus eine Tugend zu machen, eine Qualität, einen Anlaß, stolz zu sein. Ihn zu überzeugen, daß ein Buckel ein Meisterwerk der Natur ist und die Buckligen die schönsten Menschen auf der Welt sind. Daß wir im Vergleich zu ihm benachteiligt, unterentwickelt und häßlich… in jeder Hinsicht minderwertiger sind als er, weil wir keinen Buckel haben. Anormal…

ONEK Wieso! Er hat doch einen Buckel.

BARON Aber ich erkläre Ihnen doch, daß wir nur so seine Feindseligkeit bannen können, vor der Sie solche

Angst haben. Statt Neid wird er Nachsicht empfinden. Er wird uns zwar ein wenig von oben herab behandeln, aber nicht mehr hassen, uns zwar etwas verachten, aber uns wenigstens nicht schaden.

ONEK Darauf lasse ich mich niemals ein! Ein Buckliger soll mehr wert sein als ich?!

BARON Bitte sehr. Wenn Sie lieber vergiftet, verbrannt oder im Schlaf ermordet werden wollen… Ich schlage Ihnen ja nur Alternativen vor.

Auf der Veranda erscheint der Bucklige. Er hat einen Brief und eine Zeitung in der Hand.

BUCKLIGER Die Post für den Herrn Rechtsanwalt.

Onek nimmt den Brief entgegen. Er reißt den Briefumschlag auf. Der Bucklige legt die Zeitung auf den Tisch und geht ins Haus. Onek überfliegt den Brief und begibt sich in Richtung des Hauses.

BARON Und unsere Partie?

ONEK Ich gebe auf. *Er geht ins Haus.*

Der Baron nimmt die Zeitung vom Tisch, geht auf die Veranda, setzt sich auf den Schaukelstuhl und liest die Zeitung. Von hinten, an der Gartenlaube vorbei, kommen die Baronin und Onka.

Zweite Szene

Onka hält einen Regenschirm und einen Strauß frischgepflückter Feldblumen in der Hand.

ONKA Er sieht gut aus, aber er gefällt mir nicht. Er ist irgendwie merkwürdig.

BARONIN Trotzdem hat er sich wie ein Gentleman benommen…

ONKA Soo…?

BARONIN Na ja, vielleicht nicht allzu geschickt. Aber er hatte den besten Willen – was man von meinem Mann nicht sagen kann.

ONKA Die beiden mögen sich anscheinend nicht besonders.

BARONIN Es ist gar nicht möglich, meinen Mann zu mögen.

ONKA Und Sie… und du?

BARONIN Ich mag ihn ja auch nicht.

ONKA Wie kannst du so reden.

BARONIN Ich liebe ihn. *Die Damen bleiben neben der Gartenlaube stehen. Pause.*

ONKA Ja, so…

BARONIN Setzen wir uns. *Die Damen setzen sich in die Laube. Sie nehmen ihre Hüte ab. Onka klappt den Regenschirm zu und legt den Strauß neben sich auf die Bank.* Vermutest du nichts? Ist dir nichts aufgefallen?

ONKA Was denn?

BARONIN An seinem Benehmen, an meiner Haltung…

ONKA An dir, an ihm?

BARONIN Ich dachte, es sei alles offensichtlich, alle müßten es merken.

ONKA Ich weiß nicht, wovon du sprichst.

BARONIN Lüg nicht! Das ertrage ich nicht! *Pause.* Ich rede offen mit dir. Du hast also kein Recht, mir vorzuspielen, daß du nichts weißt. Deine Heuchelei ist ekelhaft. *Pause.* Sei nicht böse. Sag mir … ist es wirklich … ist es wirklich nicht zu sehen?

ONKA Vielleicht ein bißchen.

BARONIN Gut. Deshalb will ich lieber offen mit dir reden, als gute Miene zum bösen Spiel zu machen. Wenn ich lächerlich bin, dann sollen wenigstens alle wissen, daß ich die erste bin, die es weiß.

ONKA Es tut mir so leid … Ich bin zwar nicht selber in einer solchen Situation, aber ich kann mir vorstellen, daß es schrecklich ist.

BARONIN Bemitleide mich nicht. Ich brauche kein Mitleid.

ONKA *beleidigt* Wie du willst. *Pause.* Ich misch mich nicht ein. *Pause.* Es zwingt mich ja keiner. *Pause.*

BARONIN Im übrigen mache ich mir keine Illusionen, was ihn angeht.

ONKA Jetzt verstehe ich, warum du so schlecht über ihn redest.

BARONIN Du irrst dich. Ich kenne ihn besser als jeder andere und versichere dir, daß es nichts mit Rache zu tun hat. Ich mag lächerlich sein, aber Gott sei Dank bin ich nicht dumm. Oh, ich kenne ihn gut. Vielleicht ist das der Grund, weshalb er mich so behandelt … Er weiß, daß ich der einzige Mensch bin, der ihn durchschaut hat.

ONKA Warum dann…

BARONIN Eben – warum. Was weiß ich? Ich gäbe viel darum, das zu erfahren. Wenn ich es wüßte, wäre ich vielleicht fähig, mich zu befreien. Aber ich habe keine Ahnung, obwohl ich sonst alles weiß. Ich weiß, daß er böse ist. Daß er mich nicht liebt. Daß ich ihn langweile. Aber ich muß es einfach versuchen, trotz allem… Trotz so vieler Fehlschläge… immer wieder. Ich weiß alles, was man wissen kann, nur das eine nicht: warum ich ihn liebe.

ONKA Vielleicht willst du ihn nicht verstehen. Vielleicht braucht er mehr Zärtlichkeit…

BARONIN Was bitte?

ONKA Selbstlose Freundschaft…

BARONIN Er?

ONKA Mehr Zuwendung…

BARONIN Du schwärmst doch nicht zufällig für ihn?

ONKA Wie kannst du!… Ich bin verheiratet.

BARONIN Mit diesem Erdapfel?

ONKA Was meinst du damit…?

BARONIN Deinen Mann natürlich.

ONKA Ich verbitte mir das! *Sie steht auf und drückt sich den Hut auf den Kopf.*

BARONIN Setz dich! *Sie setzt sie mit Gewalt wieder hin.*

ONKA *den Tränen nahe* Du verstehst das nicht… Du kannst nicht verstehen, daß es auch glückliche Ehen gibt, solche wie… solche, die… solche, in denen… *Sie kann ihre Tränen nicht länger unterdrücken und weint. Die Baronin nimmt ihr den Hut ab, streichelt ihr Haar und reicht ihr ein Taschentuch.*

BARONIN Ich wollte dich nicht verletzen. Jeder hat seine eigenen Sorgen, das ist ganz natürlich. Aber weshalb verheimlichst du deine, nachdem du meine kennst? Weshalb gibst du es nicht zu?

ONKA Was?

BARONIN Kind, vor mir brauchst du keine Komödie zu spielen. Wir sind beide unglücklich.

ONKA Ich bin glücklich … *Sie weint.*

BARONIN Aha, und der Erdapfel?

ONKA Hör auf!

BARONIN Hast du gedacht, du kämst so leicht davon? Hast du dir eingebildet, du könntest mir zuhören und weiter nichts, schnell weg und dich überlegen fühlen? Das ist mir doch gleich, was anderen Frauen passiert … Ich bin besser dran, ich bin in Sicherheit! Nicht mit mir, mein Liebling, nicht mit mir …

ONKA Das ist nicht wahr!

BARONIN Was denn, du wehrst dich? Paß auf, ich kann noch mehr erzählen …

ONKA Du willst mich ärgern. Dafür, daß … dafür, daß …

BARONIN … du mich beneidest.

ONKA *wendet sich heftig von ihr ab.* Ich? Dich? Nein, also das ist zu viel.

BARONIN Ja, ja, du bist neidisch auf mich. Du würdest dein ganzes Kartoffelglück sofort auf der Stelle weggeben, nur um das gleiche zu empfinden wie ich. Ach was, um irgend etwas zu empfinden.

ONKA Das ist die Höhe!

BARONIN Ich bin unglücklich, aber ich lebe. Du bist unglücklich, aber tot. Was ist das kleinere Übel? *Onka springt von der Bank auf, drückt sich den Hut auf den Kopf und läuft aus der Laube.* Die Blumen!

Onka kehrt zurück. Die Baronin reicht ihr den Strauß und den Schirm. Onka reißt ihr den Blumenstrauß aus den Händen und rennt zur Veranda. Sie bleibt bei dem Baron stehen, der von der Zeitung aufsieht. Sie wirft dem Baron den Blumenstrauß hin und rennt ins Haus. Der Baron sieht ihr verwundert nach. Die Baronin kommt auf die Veranda. Sie öffnet den Schirm und dreht ihn in der Hand, so daß er wie ein Karussell wirkt.

BARON Was hat sie denn?
BARONIN Nichts Besonderes. Sie ist verliebt in dich. *Dunkel.*

Dritte Szene

Nachmittags. Die linke Seite in der Sonne, die rechte im Schatten. Auf der linken Seite sitzt die Baronin im Sessel und liest ein Buch. Von rechts hinten kommt der Student, wie immer in Handschuhen. Die Baronin sieht vom Buch auf und beobachtet ihn. Der Student nähert sich der Veranda, ohne sie zu beachten.

BARONIN Guten Tag.
STUDENT *bleibt stehen.* Guten Tag.
BARONIN Warum haben Sie nicht zu Mittag gegessen? *Der Student macht eine vage Geste.* Keinen Hunger?

STUDENT Nein.

BARONIN Ich habe bemerkt, daß Sie fast nichts essen. Bitte setzen Sie sich doch. *Der Student setzt sich auf einen freien Stuhl. Er faltet und entfaltet seine Hände.* Weshalb? Haben Sie Sorgen?

STUDENT Nein.

BARONIN Warum dann? In Ihrem Alter…

STUDENT Ich ekle mich.

BARONIN Vor dem Essen?

STUDENT Vor dem Essen und überhaupt.

BARONIN Überhaupt wovor?

STUDENT Vor mir.

BARONIN Was Sie nicht sagen! Sie sind jung, gesund, stark… Ich könnte es noch verstehen, wenn Sie ein Krüppel wären. Einen Buckel hätten oder so was Ähnliches. Aber so…

STUDENT Das ist alles ganz gleichgültig.

BARONIN Sie geben doch wohl zu, daß da ein gewisser Unterschied besteht.

STUDENT Äußerlich. Aber hier… *Er zeigt auf seinen Bauch.*

BARONIN Wo, ich seh nichts.

STUDENT Innen drin.

BARONIN Entschuldigen Sie, aber ich kann immer noch nichts sehen. Sie sind von oben bis unten zugeknöpft.

STUDENT Das kann man sowieso nicht sehen.

BARONIN Selbst wenn Sie sich ausziehen?

STUDENT Auch nicht.

BARONIN Interessant. Wo könnte man das also sehen?

STUDENT Im Seziersaal.

BARONIN Merkwürdige Dinge erzählen Sie. Ist Ihnen kalt?

STUDENT Nein. Warum?

BARONIN Sie tragen immer Handschuhe. *Der Student verbirgt seine Hände hinter dem Rücken.* Haben Sie Ekzeme?

STUDENT Nein. Aber das ist gleichgültig.

BARONIN Keineswegs. Ekzeme sind eine Krankheit. Und Sie sind gesund. Wie Sie mir versichern.

STUDENT Das hängt vom Standpunkt ab.

BARONIN Was? Also dann haben Sie doch Ekzeme?

STUDENT Nein, aber das hat keine Bedeutung.

BARONIN Ekzeme sind keine Krankheit?

STUDENT Vom übergeordneten Standpunkt aus – nein. Auch Geschwulstzellen sind Zellen. Genauso wie die sogenannten gesunden Zellen. Das bleibt sich gleich.

BARONIN Weshalb ziehen Sie dann nie Ihre Handschuhe aus? Selbst wenn Sie Ekzeme haben?

STUDENT Das habe ich schon gesagt.

BARONIN Ich habe es wieder vergessen.

STUDENT Ich ekle mich.

BARONIN Vor Ihren eigenen Händen?

STUDENT Ganz besonders vor meinen eigenen.

BARONIN Warum ganz besonders?

STUDENT Weil es meine sind. Ich kann mich nicht von ihnen befreien. *Er lehnt sich über den Tisch, geheimnisvoll.* Sie laufen hinter mir her…

BARONIN Das möchte ich sehen…

STUDENT *geheimnisvoll* Ich weiß nicht, ob sie jetzt gerade wollen.

BARONIN Sie können Ihre Hände nicht ausstrecken?

STUDENT Manchmal – nicht.

BARONIN Sie setzen mich immer mehr in Erstaunen. Sie sind doch nicht gelähmt.

STUDENT Nein, aber manchmal trennen sich meine Hände von mir und werden selbständig. *Er legt seine Hände auf den Tisch.* Sie treiben Allotria, jagen sich wie zwei Hasen auf dem Feld... Oder wie... irgendwelche Wesen. Ich schaue ihnen zu... Oh, sehen Sie? Sie fangen schon an. *Seine Hände bewegen sich auf dem Tisch.*

BARONIN Bitte, ziehen Sie die Handschuhe aus.

STUDENT Wozu...

BARONIN Ich möchte mich mit eigenen Augen davon überzeugen, daß Sie nicht lügen. Vielleicht haben Sie doch Ekzeme? *Der Student zieht den rechten Handschuh aus. Er streckt die Hand der Baronin hin und wendet den Kopf ab. Die Baronin ergreift seine Hand.* Tatsächlich.

STUDENT Was sehen Sie?

BARONIN Nichts. Völlig reine Haut. Na ja, vielleicht die Fingernägel nicht ganz...

STUDENT Die Haut! Aber unter der Haut...

BARONIN Was ist unter der Haut...

STUDENT Schmutz! Sehnen, Fleisch, Lymphe, Blut... Alles das gleiche.

BARONIN Das gleiche wie was...? Drücken Sie sich deutlicher aus.

STUDENT Das gleiche wie auf dem Teller.

BARONIN Sie meinen Essen?

STUDENT Gedärme – Kutteln, Lunge – Haschee, Lenden –

Filet, Bauchlappen – Ragout. In mir und vor mir… Alles glitschig…

BARONIN *streichelt seine Hand.* Sie haben schöne Hände…

STUDENT *entreißt ihr seine Hand und zieht wieder den Handschuh an.* Wir betrügen uns. Wir glauben, rein zu sein, geometrisch, vollkommen wie eine Idee! Nein, gnädige Frau. Wir sind Masse und Plasma, stinkendes, pulsierendes Plasma, das vielleicht schon fault, aber das läuft auch auf das gleiche hinaus. Es gibt keinen Unterschied zwischen Verfaulen und Leben. So oder so – es bleiben Bakterien. Sich vermehren oder sterben – es ist alles das gleiche. Bakterien, Mikroben, Schmutz…

BARONIN Wir, das heißt wer?

STUDENT Wir alle.

BARONIN Ich auch? *Der Student schweigt.* Was ist denn Ihrer Meinung nach rein?

Aus dem Inneren des Hauses ertönt Klaviermusik. Ein klassisches Werk, kein romantisches.

STUDENT Musik.

BARONIN Spielen Sie ein Instrument?

STUDENT Leider nein. Obwohl ich mir das sehr wünsche. Ich bin unmusikalisch. *Pause. Beide hören der Musik zu.* Wer spielt?

BARONIN Mein Mann. *Der Student steht auf.* Wollen Sie nicht zuhören?

Der Student geht rechts ab. Dunkel. Man hört weiter Musik.

Vierte Szene

Die Bühne wird wieder hell. Derselbe Nachmittag, etwas später. Auf der linken Seite sind die Fensterläden geschlossen. Aus dem Inneren des Hauses Klaviermusik. (Ein anderes Werk als in der letzten Szene.) Rechts fahren Onek und Onka auf einem Tandem. Onek lenkt. Auf der Lenkstange hat er einen toten Hahn mit aufgeplusterten Federn. Sie kreisen einmal auf der Bühne und halten vor der Veranda. Sie steigen ab. Onek lehnt das Fahrrad an eine Säule der Veranda. Er trägt den toten Hahn an den Flügeln. Er zieht an der Klingelschnur. Die Klaviermusik bricht ab. In der Tür erscheint der Baron.

BARON Womit kann ich dienen?

ONEK Ach, Sie sind das…

BARON Sie haben geklingelt.

ONEK Ja, aber nicht nach Ihnen.

BARON *zu Onka* Sie brauchen mich auch nicht?

ONKA Wir haben gedacht, daß… daß… Liebling, entschuldige dich.

ONEK Aber ich habe doch gesagt, daß ich nach der Bedienung geklingelt habe!

BARON Was sehe ich, Sie waren auf der Jagd?

ONEK Was heißt hier Jagd. Wir haben einen Ausflug gemacht, nicht wahr?

ONKA Ja, wir haben die Ruinen besichtigt, und dann waren wir auch am See…

BARON *zeigt auf den Hahn* Und das?

ONEK Ein Unfall.

ONKA Wir fuhren durchs Dorf und …

BARON Aaahaaa … Sie haben den Hahn überfahren.

ONEK Ich hab ihn überfahren? Wir haben ihn zusammen überfahren.

BARON Wie? Sie auch, gnädige Frau? Das kann ich nicht glauben. Das ist zu grausam.

ONKA Ich … ich wollte ja nicht. *Zu Onek* Du hast gelenkt!

ONEK Ich, ich, ich! Jetzt bin ich an allem schuld. Außerdem hat ihn niemand überfahren. Er ist selbst in das Rad gelaufen.

BARON *verbeugt sich vor Onka.* Lady Macbeth …

Onek zieht wieder an der Klingelschnur. Die Fensterläden auf der linken Seite gehen auf, im Fenster erscheint die Baronin.

BARONIN Was ist passiert?

BARON Das Ehepaar Macbeth ist von einer Ausfahrt zurückgekehrt.

BARONIN *zu Onka* Wo warst du?

ONKA Am See, und dann haben wir die Ruinen der alten Mühle besichtigt, und dann ist dieser Hahn …

BARONIN Ich komme sofort. *Sie verschwindet aus dem Fenster.*

BARON *kommt von der Veranda herunter und nähert sich Onek.* Lebt er wirklich nicht mehr?

ONEK Bitte, sehen Sie doch selber nach.

BARON *streckt die Hand aus und berührt die aufgeplusterten Federn; auf der Veranda erscheint die Baronin.* Armer Don Juan. Was warst du für ein Hennenheld.

Das ist nun deine Strafe: der Tod unter den Rädern eines ehelichen Fahrrades.

ONKA Ich habe es nicht gewollt! Ich habe es wirklich nicht gewollt.

BARONIN Beruhige dich! *Zu Onek* Und Sie bringen das da bitte weg. Wozu haben Sie ihn hergeschleppt?

ONEK Wie können Sie fragen? Für eine Hühnerbrühe.

BARONIN Haben Sie Hunger?

ONEK Nein, aber es wär schade um den schönen Hahn …

BARONIN Und weshalb machen Sie solchen Lärm?

ONEK Ich klingele nach der Bedienung. Ich will den Hahn in die Küche geben.

BARONIN Tragen Sie das sofort weg und werfen Sie es irgendwo in die Büsche. Weit weg.

ONEK Aber …

BARONIN Keine Widerrede. *Zu Onka* Und du komm ins Haus.

Onka geht gehorsam auf die Veranda. Die Baronin läßt sie vorangehen, beide verschwinden im Haus. Der Baron kreuzt die Arme vor Onek, als wolle er sagen: »Sehen Sie, mein Herr, da kann man nichts machen.«

ONEK Wo ist der Bucklige?

BARON Er ist nicht da. Er ist zur Post gegangen.

ONEK Und das sagen Sie mir erst jetzt?

BARON Ich habe gedacht, Sie klingeln gern.

Onek dreht sich um und geht mit seinem Hahn nach rechts. Der Baron sieht ihm nach, bis er verschwunden ist.

Dann setzt er sich auf den Schaukelstuhl und schaukelt. Dunkel.

Fünfte Szene

Dämmerung, wie am Ende des ersten Aktes. Fröschequaken und Grillenzirpen. Das Fahrrad ist weggeräumt. Auf den vier Stühlen, die im Halbkreis um den Tisch stehen, sitzen auf der linken Seite der Bühne: die Baronin, Onka, der Baron und Onek. Auf der Bank auf der rechten Seite der Bühne sitzt der Student mit dem Gesicht zum Publikum. Auf dem Tisch ein Samowar. Der Bucklige bereitet wie gewöhnlich den Tee. Er bedient den Samowar, stellt die Tassen auf das Tablett usw. Alle schweigen. Plötzlich sagt Onek laut, mit künstlicher Suada:

ONEK Wissen Sie, wie dieser Berg heißt? *Niemand antwortet. Die Gesellschaft ist an diesem Abend nicht sehr gesprächig.* Buckelrigi. *Allgemeines Schweigen. Onka nutzt den Moment aus, in dem der Bucklige sie nicht sehen kann, um Onek Zeichen zu geben.* Wissen Sie, woher diese Name stammt? Von dem Wort Buckel.

BARON Nanu!

ONEK Direkt. Was sagen Sie dazu?

Schweigen. Der Bucklige beginnt, Tee anzubieten. Zuerst den Damen.

ONKA Wir haben außergewöhnlich schönes Wetter.

BARON Was sehen Sie für einen Zusammenhang zwischen diesem Namen und … Wie sagten Sie?

ONEK Einem Buckligen?

BARON O ja. Könnten Sie uns das näher erklären?

BARONIN Jetzt fängt es an.

ONKA *leise zum Baron* Ich flehe Sie an, hören Sie auf.

ONEK Na was denn! Buckelrigi, das heißt der Rigi eines Buckligen. Und wer ist ein Buckliger? Einer, der einen Buckel hat. Ganz einfach.

Der Bucklige scheint nichts zu hören. Er schenkt der Baronin Tee ein.

BARON Daran habe ich nicht gedacht. Aber schon möglich, daß Sie recht haben.

ONKA Könnten wir vielleicht von etwas anderem reden?

ONEK Warum? Manchen Leuten gefällt es vielleicht nicht, mir gefällt es sehr. Ich finde einen Buckel sogar schöner als einen gewöhnlichen Rücken.

BARON Eine interessante Feststellung. Aber wie ist sie zu begründen?

Onka rührt ihren Tee um und klappert dabei laut mit dem Löffel.

ONEK Ja. Vergleichen Sie zum Beispiel ein Gebirge und eine Ebene. Was ist an einer Ebene interessant? Nichts. Alles eintönig und eben. Aber ein Gebirge? Das ist etwas anderes. Hier höher, dort niedriger … Abwechslungsreich. Das Auge kann sich erholen. Als Panorama sind Bucklige bedeutend mehr wert als wir. Jeder Maler wird Ihnen das bestätigen. Nicht wahr, Onkalein?

ONKA Mich laß bitte aus dem Spiel.

BARON Unter landschaftlichen Gesichtspunkten vielleicht. Aber auf anderen Gebieten muß der Vergleich nicht unbedingt zum Vorteil des … Wie hatten Sie das ausgedrückt?

ONEK Buckligen?

BARON … des Buckligen ausfallen. Betrachten wir zum Beispiel die Proportionen des menschlichen Körpers. Die Maßstäbe für Schönheit sind von den Griechen gesetzt worden. Der Apoll von Belvedere …

ONEK Wissen Sie, weshalb die Griechen keine Buckligen in Stein verewigt haben?

BARON Eine überraschende Frage.

ONEK Weil sie selber gerade gewachsen waren. Sie wollten gern bucklig sein, aber sie schafften es nicht.

BARON Was Sie nicht sagen! Die Griechen wollten bucklig sein?

ONEK Natürlich, was ist daran verwunderlich? Jeder wäre gern bucklig.

ONKA Wenn du nicht sofort aufhörst …

BARONIN Schweig.

BARON Aber es ist immer noch nicht klar, worauf die von Ihnen behauptete Überlegenheit beruht.

ONEK Bucklige gefallen Ihnen nicht?

BARON Sie weichen vom Thema ab.

ONEK Was haben Sie gegen Bucklige?

BARON Nichts, aber ich möchte wissen, was Sie für sie haben.

ONEK Schämen Sie sich nicht?

BARON Sie antworten immer noch nicht auf meine Frage.

ONEK Ich mag sie. Meine besten Freunde waren Bucklige. Und das kann ich Ihnen direkt ins Gesicht sagen.

BARON Aber…

ONEK Es ist höchste Zeit, einmal klar festzustellen: Ein Buckel ist etwas Schönes. Jeder sollte bucklig sein.

ONKA Er ist total betrunken.

Der Student steht von seiner Bank auf und geht nach links. Er bleibt in Onkas Nähe stehen und hört dem Gespräch zu.

BARON Hätten Sie gern einen Buckel?

ONEK Ich?

BARON Wenn jeder…

ONEK Leider war die Natur geizig. Das ist ein Gottesgeschenk, Herr Baron, eine Ausnahme, eine Seltenheit… Damit muß man geboren werden. Ich bitte Sie, das ist wie…

STUDENT Pscht!!! …

Onek bleibt das Wort im Halse stecken. Alle sehen den Studenten an. Der Student legt den Finger auf den Mund und horcht. Alle horchen unwillkürlich auch. Der Student neigt sich über Onek und hält die Hand an sein Ohr. Ihr Bauch knurrt. *Er richtet sich auf wie ein Arzt, der seine Diagnose gestellt hat. Die Baronin bricht in Gelächter aus. Der Student setzt sich wieder auf seine Bank. Onek springt auf.*

ONEK Lausejunge!

BARON Den Zucker bitte!

Der Bucklige reicht ihm die Zuckerdose. Onek setzt sich wieder, der Baronin gelingt es, ihr Lachen zu unterdrücken. Während des folgenden Schweigens tun alle so, als wenn sie den Buckligen nicht sähen, der aber in diesem Schweigen zum Mittelpunkt wird. Der Bucklige geht ins Haus.

Sechste Szene

ONKA Wie konntest du!

ONEK Ich hab doch nichts Schlimmes gesagt.

ONKA Bist du wirklich so blöd?

ONEK *zum Baron* Sie haben alles verdorben. Wieso haben Sie diese Griechen aufs Tapet gebracht.

ONKA Ich hab genug davon. *Sie steht auf.*

ONEK Ich wollte das Beste! *Onka wendet sich von ihm ab und geht nach hinten. Onek steht auf und folgt ihr.* Warte, warte …

BARON *durchsucht seine Taschen; zur Baronin* Weißt du nicht, wo meine Zigarren sind?

BARONIN Nein!

Die Baronin steht auf und folgt Onka und Onek nach hinten. Der Baron steht auf und geht auf das Haus zu. Onka bleibt im Hintergrund stehen.

ONKA Wer ist da! *Sie greift hilfesuchend nach der Hand ihres Mannes, der sie inzwischen eingeholt hat.* Hier ist jemand!

Der Baron bleibt stehen und wendet sich in Oneks und Onkas Richtung.

ONEK *unsicher* Das bildest du dir ein…

Eine höfliche Baßstimme aus dem Hintergrund der Bühne:

STIMME Guten Abend.

Siebte Szene

Onek und Onka weichen zurück. Die Dämmerung ist inzwischen fortgeschritten. Aus den dunklen Büschen hinter der Laube taucht der Unbekannte auf. Ein großer, stattlicher Mann mit gezwirbeltem Schnurrbart; Melone, schwarzer Anzug, ein goldenes Uhrkettchen an der Weste, Stock. Er geht an Onka, Onek und dem Baron vorbei zur Mitte der Bühne. Bei seinem Anblick erhebt sich der Student von der Bank. Der Unbekannte nimmt den Hut ab und wiederholt mit seiner tiefen und höflich modulierten Stimme:

UNBEKANNTER Guten Abend. *Pause.*
ONEK *unsicher* Guten Abend…

UNBEKANNTER Ich sehe, die Herrschaften haben bereits zu Abend gegessen. Das ist gut, ich wollte nicht stören. *Alle sehen ihn schweigend an.* Nehmen Sie Platz. Bitte, machen Sie meinetwegen keine Umstände. Ich setze mich... *Er sieht sich um.* Oh!... *Er holt den fünften Stuhl von der Veranda. Er stellt ihn in die Mitte der Bühne, mit der Lehne zur rechten Kulisse, von wo er alle anderen Stühle überblicken kann.* Hierhin.

Unbekannter will sich gerade setzen, als er merkt, daß keiner der anderen Anstalten macht, sich hinzusetzen. Er richtet sich wieder auf und weist den Damen mit einer einladenden, aber entschiedenen Geste ihre Stühle zu. Die Damen setzen sich wie hypnotisiert. Erst dann setzt sich der Unbekannte. Onek nimmt ebenfalls seinen Platz ein. Der Baron und der Student bleiben stehen.

BARON Mit wem habe ich das Vergnügen?

Der Unbekannte zieht eine kleine Flasche aus der Tasche, schraubt sie auf und hält sie sich unter die Nase. Er atmet einige Male tief durch. Er dreht den Verschluß wieder zu und steckt das Fläschchen in die Tasche.

UNBEKANNTER Entschuldigen Sie, Heuschnupfen.
ONEK Dagegen hilft am besten Kampfer.
UNBEKANNTER Meinen Sie? Ich werde es versuchen. Aber die einzige Radikalkur ist ein Klimawechsel.
BARON Was hindert Sie daran? *Der Student will nach rechts verschwinden.*

UNBEKANNTER Das Landleben ist nichts für mich. Alle diese Kräuter, Gräser und Blumen … Für Sie bedeutet es Freude und Gesundheit. Aber mir … *Er dreht sich auf seinem Stuhl um.* Sie verlassen uns? *Der Student bleibt einen Augenblick lang mit dem Rücken zu den anderen stehen. Pause. Der Unbekannte läßt ihn nicht aus den Augen. Der Student kehrt um und setzt sich auf die Bank. Der Unbekannte wendet sich wieder den anderen zu …* mir schadet es. Nun, und wie läßt sich der Urlaub an?

ONEK Danke, nicht schlecht.

UNBEKANNTER *wendet sich an Onek.* Schön hier, nicht wahr? Stille, Frieden … Da erholen wir uns.

ONEK So ist es.

UNBEKANNTER Wir gehen spazieren, machen Ausflüge …

ONEK Manchmal.

UNBEKANNTER Mit dem Fahrrad.

ONEK Mit dem Fahrrad?

UNBEKANNTER Mit dem Fahrrad.

ONEK Wieso mit dem Fahrrad …

UNBEKANNTER Ein schöner Sport. Obwohl Unfälle passieren. Heute zum Beispiel hat gerade ein Radfahrer im Dorf einen Hahn überfahren. Haben Sie nichts davon gehört?

ONEK Ich nicht, aber vielleicht meine Frau …

UNBEKANNTER Und, was schwerer wiegt, anstatt dem Eigentümer eine Entschädigung zu zahlen, hat er das Opfer seiner Fahrkünste mitgenommen, also Fahrerflucht begangen …

BARON Woher wissen Sie das?

UNBEKANNTER Der Eigentümer hat Anzeige erstattet.

BARON *bereits ohne Ironie, höflich, wenn nicht sogar unterwürfig* Erlauben Sie, daß ich mich vorstelle.

UNBEKANNTER Nicht nötig, nicht nötig. *Der Baron setzt sich.* Im übrigen sind das Bagatellen. Die Bauern wissen selber nicht, was sie wollen. Im Verhältnis zur Gesamtproblematik hat dieser kleine lokale Vorfall keine Bedeutung. Ich habe es nur so nebenbei erwähnt, da wir vom Radsport sprachen...

ONEK Trotzdem müßte man...

UNBEKANNTER *unterbricht ihn, mit Nachdruck* Ich wiederhole: keine Bedeutung. *Onek verstummt.* Es gibt sehr viel wichtigere Dinge. Haben Sie heute schon Zeitung gelesen?

BARON Natürlich.

UNBEKANNTER Und was sagen Sie dazu?

BARON Wozu? Was meinen Sie?

UNBEKANNTER Das ist doch wohl klar...

BARON Ich gestehe, daß ich nicht weiß, worauf Sie hinauswollen. Obwohl ich die Zeitung von oben bis unten, von vorne bis hinten gelesen habe. Aber vielleicht habe ich etwas übersehen...

ONEK *springt hoch* Ich hole sie.

UNBEKANNTER Nicht nötig, nicht nötig. Sie hätten es ganz sicher bemerkt. Aber es ist nicht ausgeschlossen, daß diese Nachricht aus gewissen Rücksichten der Öffentlichkeit vorenthalten wurde. Sie könnte eine verhängnisvolle Wirkung haben, ein schlechtes Beispiel geben...

ONEK *setzt sich wieder* Ganz richtig.

UNBEKANNTER Aber Tatsachen sind Tatsachen, und man muß sich mit ihnen abfinden. Wir sind hier zwar in der tiefsten Provinz, aber gerade deshalb müssen wir besonders auf der Hut sein. Nicht dem Schein trauen. Überhaupt nicht vertrauen. Haben Sie Vertrauen zu mir?

ONEK Als loyale Bürger …

UNBEKANNTER Natürlich, natürlich. Aber woher wissen Sie, wer ich bin?

ONEK Vielleicht ein Täßchen Tee? Ich klingle nach … *Er springt vom Stuhl auf.*

UNBEKANNTER *sehr entschieden und mit einem Anflug von Gereiztheit* Danke, nein!

Onek setzt sich wieder.

BARON Wenn Sie sich erinnern – ich habe Sie gleich gefragt, wer Sie sind.

UNBEKANNTER Und keine Antwort erhalten. Und wissen Sie, warum? Weil es ohne Bedeutung ist. Selbst wenn ich in Uniform erschienen wäre, und Sie können mir glauben, es wäre keine gewöhnliche Uniform gewesen … Na und? Jeder kann sich verkleiden. Selbst wenn ich eine Vollmacht vorgelegt hätte – und die Unterschrift auf diesem Dokument hätte Sie stärker beeindruckt, als Sie es sich vorstellen können –, woher wüßten Sie, daß meine Dokumente nicht gefälscht sind. Und selbst wenn sie echt wären, wer würde Ihnen garantieren, daß ich kein Wolf im Schafspelz bin? Leider mehren sich die Fälle von Infiltration, auch auf höchster Ebene. Aber das ist nicht das Wesentliche. Nehmen wir an, es stimmt. Ich habe eine gewisse Position, ich kann Ihnen versichern, daß sie nicht ganz gering ist, aber mehr darf ich Ihnen hierüber nicht verraten. Dank meiner Verdienste erfreue ich mich des uneingeschränkten Vertrauens der allerhöchsten Persönlichkeiten.

ONEK *springt auf* Exzellenz!

UNBEKANNTER Setzen! *Onek setzt sich.* Aber selbst unter diesen Umständen, meine Damen und Herren, überlegen Sie, wer Ihnen garantieren kann, ob mich nicht nach einer langjährigen und glänzenden Karriere, nach Jahren des Glaubens und des absoluten Gehorsams, plötzlich Zweifel befallen, ob nicht der Wurm des Unglaubens in mir zu bohren beginnt. Ob mich nicht – kurz gesagt – die Hyäne des Verrats zerreißt.

ONEK O nein, Exzellenz, ganz sicher nicht!

UNBEKANNTER *irritiert* Natürlich nicht! *Er fängt sich.* Ich wollte Ihnen nur ein Beispiel geben. In den Zeiten, denen wir entgegengehen, wird die Frage der Identität immer problematischer werden. *Er dreht sich zum Studenten um.* Weshalb halten Sie sich so abseits? Bitte, kommen Sie näher…

Der Student steht von der Bank auf und geht zögernd über die Bühne, verfolgt von den Blicken des Unbekannten. Er kommt auf die Terrasse und setzt sich auf den Schaukelstuhl.

ONKA Also wirklich, das hätten wir nicht erwartet... So eine Ehre.

BARONIN Werden Sie sich lange hier aufhalten?

ONKA Sie bleiben bei uns, nicht wahr? Es sind noch Zimmer frei.

UNBEKANNTER Sie sind zu gütig, aber leider kann ich nicht. Obwohl ich gerne hier bliebe. Trotz meines Heuschnupfens... Aber einige Zeit werde ich in der Gegend sein. Ich habe hier einen bestimmten Auftrag auszuführen.

BARON Wenn ich Sie richtig verstanden habe, stehen wir mitten in einer Krise des Vertrauens. Sowohl den Institutionen als uns selber gegenüber. Was für einen Ausweg sehen Sie?

UNBEKANNTER Noch weniger vertrauen.

BARON Nicht vertrauen, um zu vertrauen? Das ist ein Widerspruch in sich.

UNBEKANNTER Keineswegs. Wenn wir konsequent Vertrauen verweigern, schützen wir uns vor dem Mißbrauch unseres Vertrauens, das heißt, wir gewinnen unser Vertrauen zurück.

ONKA Aber zu jemandem muß ich Vertrauen haben!

UNBEKANNTER Sie sind eine Frau und dazu eine verheiratete. Die Ehe gehört zu derselben Kategorie wie die Kirche, der Thron, die Monarchie... zur Welt der Ordnung. Die Institutionen sind, was sie sind. Sie beruhen gerade darauf, daß sie ihre Identität demonstrieren. Aber es tritt eine andere Welt gegen uns an, die der doppelten Identität. Unsere Feinde sind zu schwach, um uns offen anzugreifen. Deshalb tun sie so, als wären sie andere, als sie sind. Obwohl sie nicht wir sind, tun sie so, als wären sie identisch mit uns, sie mißbrauchen also unser Vertrauen. Wir wären wehrlos, wenn wir ihnen gegenüber nicht dieselbe Waffe anwendeten, mit der sie uns angreifen: die der doppelten Identität.

BARON Wir sollen also so tun, als wären wir unsere Feinde?

UNBEKANNTER Ja. Wir müssen vor uns selber so tun, als wären wir unsere Feinde, und zwar für den Fall, daß wir auf unsere Feinde stoßen, die so tun, als wären sie wir. Nur auf diese Weise können wir ihr Vertrauen gewinnen und sie demaskieren.

BARON Also doch Vertrauen.

UNBEKANNTER Ja, aber nicht unser Vertrauen. Es geht darum, wer wen mit dem Mangel an Vertrauen übertrumpft. Leider hängt die Wahl der Waffen nicht von uns ab, aber wenn wir nun einmal diese Waffe in der Hand haben, müssen wir uns stärker erweisen als der Gegner.

BARON Aber dann weiß man ja nicht, wer wer ist!

UNBEKANNTER Auf den ersten Blick nicht.

ONKA Schrecklich.

UNBEKANNTER Ich respektiere Ihre Gefühle. Aber vielleicht sind Sie sich unserer Situation nicht bewußt. Vielleicht wissen Sie nicht, was uns erwartet, wenn wir nicht die entsprechenden Schritte unternehmen. Und das mit aller Konsequenz. Vielleicht sollte ich so etwas nicht sagen, aber wir leben auf einem Vulkan.

ONKA Wir wissen hier nichts. Das Leben ist so ruhig…

UNBEKANNTER ... und inzwischen brodelt und kocht der Vulkan unter unseren Fußsohlen. Wir sind von Verschwörungen, Geheimbünden und Komplotten zersetzt und zerfressen...

ONEK Ja! Die Buckligen schmieden Komplotte.

UNBEKANNTER Was für Bucklige...

ONKA Mein Mann fühlt sich seit einiger Zeit nicht wohl. Bitte beachten Sie ihn nicht weiter.

UNBEKANNTER Terroristen treten gegen uns an. Meist junge Leute, die sich einbilden, sie könnten die reale Welt durch eine utopische ersetzen. Ich bestreite gar nicht, daß sie die edelsten Beweggründe haben. Aber im Namen der Abstraktion, im Namen der reinen Idee sind sie bereit, sich in den Strudel schmutziger und blutiger Taten zu stürzen. Im Namen der Wahrheit verstellen sie sich. Im Namen der Freiheit des Menschen bereiten sie die Sklaverei des Geistes vor.

ONKA Meiner Meinung nach ist das alles die Schuld der Eltern.

STUDENT Sie verdächtigen uns? *Alle drehen sich zum Studenten um. Der Student steht auf.* Herr Rechtsanwalt, ich fordere Sie auf, im Namen des Rechtes einzugreifen. Sind nach geltendem Recht Schuldvermutungen erlaubt? Entweder wir sind angeklagt, dann haben wir einen Anspruch auf Verteidigung. In dem Fall sind Sie mein Anwalt. Oder man hat uns nicht zu verdächtigen...

ONEK Mein Spezialgebiet sind Erbschaftsangelegenheiten...

STUDENT Unter diesen Umständen halte ich es nicht für

angebracht, mich länger einer rechtlich so unklaren Situation auszusetzen. Auf Wiedersehen. *Er verbeugt sich und geht den Pfad nach hinten an der Laube vorbei ab.*

ONKA Er ist mir durchaus verdächtig.

UNBEKANNTER Aber nein, man darf nicht übertreiben. Die Jugend, die Jugend... Sie kennen ihn?

BARONIN Sicher.

UNBEKANNTER Nun und?

ONEK Er ist etwas merkwürdig.

BARONIN Nichts ist merkwürdig an ihm, und ich bin nicht der Meinung, daß wir Gespräche dieser Art führen sollten.

UNBEKANNTER Nun, dann will ich Ihnen nicht länger Ihre Zeit stehlen. *Er steht auf.* Nicht den Mut verlieren! Ruhen Sie sich aus, genießen Sie die Ferien. Ich empfehle Ihnen Ausflüge... *Der Baron und Onek erheben sich. Der Unbekannte verbeugt sich vor den Damen, den Herren nickt er kurz zu. Der Baron verbeugt sich leicht und korrekt, während Onek einen Bückling macht.* ... zu Fuß und mit dem Fahrrad. *Onek streckt die Hand aus, der Unbekannte bemerkt es nicht. Er setzt seinen Hut auf und wendet sich zum Gehen.* Auf ein baldiges Wiedersehen, fürchte ich. *Er geht auf dem Pfad nach hinten. Onek läuft ihm nach. Der Unbekannte verschwindet hinter der Gartenlaube in der Nacht.*

ONEK *kehrt zurück.* Was wollte er? *Dunkel.*

Dritter Akt

Erste Szene

Vormittags. Das Wetter hat sich etwas verändert. Es ist nicht mehr der strahlende Sonnenschein, das Spiel von Lichtern und Schatten wie im ersten und zweiten Akt. Das Licht ist gleichmäßig streuend, weiß, matt. Es gibt weder Schatten noch funkelnde Lichtpunkte. Der Baron und Onek sitzen am Tisch. Der Baron auf der linken Seite, mit dem Rücken zur Kulisse. Onek sitzt ihm gegenüber. Sie spielen Schach. Der Baron macht einen Zug.

BARON Schach! *Pause. Onek meditiert über dem Schachbrett.* Sie sind heute sichtlich zerstreut.

ONEK Ich habe schlecht geschlafen.

BARON Ich habe Sie heute nacht auf der Treppe gehört.

ONEK Das war ich nicht.

BARON Das waren Sie nicht?

ONEK Nein. Aber wer dann?

BARON Ich jedenfalls auch nicht. *Onek macht einen Zug.* Vorsicht, den schlage ich mit dem Läufer. *Onek zieht seine Figur zurück. Er denkt nach.* Verriegeln Sie Ihre Tür?

ONEK Sie?

BARON Seit gestern. Außerdem habe ich einen Revolver.

ONEK Schöne Geschichte.

BARON Bis jetzt habe ich die Gefahr nicht ernst genommen. Aber nachdem, wie Sie sich gestern aufgeführt haben…

ONEK Es war Ihre Idee.

BARON Aber schlecht ausgeführt. Sie haben zu dick aufgetragen.

ONEK Na, weshalb haben Sie's dann nicht selber in die Hand genommen? Gute Ratschläge geben kann jeder.

BARON Ich fürchte, ich hätte auch nicht viel erreicht. Er ist zu intelligent.

ONEK Und wer hat Ihnen von Anfang an gesagt, daß die Buckligen schlau sind? Ich habe gebeten, ich habe gewarnt… Alles umsonst. Jetzt haben wir den Salat.

BARON Es gibt eine Chance, doch noch Erfolg zu haben, aber das müßte jemand anderes ausführen.

ONEK Wer?

BARON Eine Frau.

ONEK Soll er sich den Frauen überlegen fühlen?

BARON Nein, uns gleichberechtigt.

ONEK Das ist nicht möglich.

BARON Wenn ein Mann sich benachteiligt fühlt, dann meist Frauen gegenüber. Wenn er sich davon überzeugt, daß er's nicht ist, wird er aufhören, sich uns gegenüber benachteiligt zu fühlen… Mehr noch, wenn ihm das beweist… *Pause.*

ONEK Frauen mögen keine Buckligen.

BARON Nein?

ONEK Das ist doch ein Zwerg! Ein buckliger Zw… *Er hält sich den Mund zu und blickt zur Veranda.*

Auf der Veranda erscheint der Bucklige in einer Lederschürze. Er hat ein großes, gebogenes Gartenmesser in der Hand. Er kommt näher und bleibt neben dem Tisch stehen. Pause. Onek erhebt sich langsam vom Stuhl.

Zweite Szene

BUCKLIGER Ich wollte zu Ihnen, Herr Rechtsanwalt.
ONEK Zu mir?

Der Bucklige nimmt das Messer in die andere Hand und zieht einen Brief aus dem Hemd. Er überreicht ihn Onek und geht nach rechts.

BARON Und die Zeitung?
BUCKLIGER *bleibt stehen.* Keine da.
BARON Wieso nicht?
BUCKLIGER Es ist keine gekommen. *Er geht nach rechts ab. Onek läßt sich auf den Stuhl fallen.*

Dritte Szene

ONEK *flüstert* Hat er es gehört?
BARON Was denn?
ONEK *sieht sich um* Das mit dem buckligen Zwerg…
BARON Nicht ausgeschlossen.
ONEK Vielleicht hat er es nicht gehört.
BARON Aber mir hat sein Ton nicht gefallen.

ONEK Beleidigt, was?

BARON Schlimmer.

ONEK Herausfordernd?

BARON Das auch, aber noch was.

ONEK Dann sagen Sie es doch, um Gottes willen. *Pause. Onek wischt sich mit seinem Taschentuch den Schweiß von der Stirn.*

ONEK Glauben Sie, daß es Aussicht auf Erfolg hätte?

BARON Was meinen Sie?

ONEK Das mit den Frauen...

BARON Natürlich. Der letzte und einzig mögliche Versuch.

ONEK Ich bin keine Frau.

BARON Deswegen brauchen wir gar nicht darüber zu reden.

ONEK Eben.

BARON Denken wir also nicht mehr daran. Ihr Zug. *Dunkel.*

Vierte Szene

Auf dem Proszenium Onka und die Baronin. Sie warten, bis der Bucklige neben der Gartenlaube eine Hängematte an den Ästen befestigt hat.

BARONIN Warum verläßt du ihn nicht?

ONKA Er braucht mich.

BARONIN Wozu?

ONKA Du siehst das alles zu einfach, zu einseitig. Sei mir

nicht böse, aber du weißt nicht, was es bedeutet, wenn man gebraucht wird.

BARONIN Leider nein.

ONKA Ich bin bei ihm, und dadurch helfe ich ihm zu leben. Du hast recht, er ist kein starker Mann, aber gerade deswegen braucht er mich. Besonders jetzt.

BARONIN Besonders jetzt?

ONKA Seit ich erfahren habe, daß er trinkt.

BARONIN Wußtest du das nicht?

ONKA Nein, er hat es vor mir geheimgehalten, der Ärmste. Für mich ist das der beste Beweis, daß er mich liebt.

BUCKLIGER Fertig.

Die Damen gehen in den Hintergrund und setzen sich auf die Hängematte, mit dem Gesicht zum Publikum. Der Bucklige stößt sie an, sie schaukeln.

ONKA Und du, hast du es versucht?

BARONIN Was?

ONKA Von ihm loszukommen.

BARONIN Ich träume von nichts anderem. Aber du weißt, warum ich das nicht kann.

ONKA So doch nicht.

BARONIN Du meinst: Geliebte?

ONKA Mußt du immer alles gleich …

BARONIN Was möchtest du hören …

ONKA Das weißt du doch …

BARONIN Muß das sein?

ONKA Wenn du nicht willst, dann natürlich nicht.

BARONIN Nein.

ONKA Nein?

BARONIN Ich will nicht.

ONKA Erzähl …

BARONIN Ich erzähle nichts.

ONKA Na erzääääähl schon … *Die Baronin beugt sich vor und flüstert Onka etwas ins Ohr. Die Hängematte schaukelt schwungvoller.* Das ist nicht wahr.

BARONIN Doch.

ONKA Wirklich? *Die Baronin flüstert wieder.* Na und …?

BARONIN Das war alles.

ONKA Ich glaube dir nicht.

BARONIN Es stimmt leider. Ist dir so etwas nie passiert?

ONKA Mir? Natürlich.

BARONIN Jetzt lügst du.

ONKA Ehrenwort.

BARONIN Ach was!

ONKA Na ja, vielleicht nicht ganz so.

BARONIN Das heißt?

Onka beugt sich vor und flüstert der Baronin etwas ins Ohr. Die Baronin bricht in lautes Gelächter aus.

ONKA Lach nicht!

BARONIN Aber das ist wirklich komisch.

ONKA Ich erzähl dir nie wieder was.

BARONIN Warte, also das … *Sie flüstert.*

ONKA Na ja eben!

BARONIN Aber …

Die Baronin flüstert. Onka bricht in Gelächter aus. Jetzt lachen beide Damen. Die Baronin flüstert Onka wieder etwas ins Ohr.

Onka *lachend* Hör auf, hör auf!
BARONIN Na etwa nicht?
ONKA Oder …

Onka umarmt die Baronin und flüstert. Erneuter Lachanfall. Die Hängematte schaukelt jetzt sehr heftig. Die Damen lachen Tränen. Sie umarmen sich, halten ihre Hüte fest, die vom Luftzug bedroht sind. Ihre Kleider wehen im Wind. Plötzlich hören sie auf zu lachen. Auf der Veranda erscheint der Student. Er geht die Treppenstufen von der Veranda hinunter über die Bühne an der Hängematte vorbei, ohne den Buckligen oder die Damen, die ihn schweigend mit ihren Blicken verfolgen, zu beachten. Tief in Gedanken geht er rechts ab. Onka beugt sich in seine Richtung, bläst die Wangen auf und gibt einen vulgären, geringschätzigen Laut von sich. Beide Damen brechen wieder in fröhliches, sorgloses Gelächter aus. Dunkel.

Fünfte Szene

Vor dem Haus steht der Unbekannte. Er betrachtet das Haus. Durch das offene Fenster Parterre links fliegt ein Feldblumenstrauß, derselbe, den Onka von ihrem Spaziergang mit der Baronin mitgebracht und dem Baron geschenkt hatte. Der Strauß fällt dem Unbekannten zu

Füßen. Der Unbekannte hebt den Strauß verwundert auf. Im Fenster erscheint der Baron im Schlafrock. Als er den Unbekannten mit dem Strauß in der Hand sieht, will er sich zurückziehen, aber es ist schon zu pät.

UNBEKANNTER *lüftet den Hut* Danke, danke tausendmal.

BARON ...?

UNBEKANNTER Ich bin gerührt, aber ich habe das wohl kaum verdient.

BARON Ich fürchte, es war ein Irrtum.

UNBEKANNTER Ah... ja dann...

Unbekannter geht zum Fenster und reicht dem Baron den Strauß. In dem Augenblick, in dem der Baron mechanisch nach dem Strauß greift, erscheint von rechts Onek mit einer Angel über der Schulter. Er trägt einen Weidenkorb, der mit einem Weidendeckel verschlossen ist. Onek bleibt wie angewurzelt stehen.

BARON *nimmt den Strauß* Danke.

ONEK Hm, hm... *Er räuspert sich, um auf sich aufmerksam zu machen. Der Unbekannte dreht sich um.* Gestatten Sie?

UNBEKANNTER Was machen Sie hier?

ONEK Ich komme vom Angeln.

UNBEKANNTER Ach so, natürlich. Na und? Beißen sie heute an?

ONEK Klar.

UNBEKANNTER Ja, ja, heute ist gutes Angelwetter.

BARON Etwas schwül.

UNBEKANNTER Wie gewöhnlich vor einem Gewitter.

ONEK *kommt näher* Was für ein schöner Strauß...

UNBEKANNTER Ich fürchte, es war ein Irrtum...

ONEK Haben Sie ihn selbst gepflückt?

BARON Meine Frau hat aufgeräumt und...

UNBEKANNTER Ein reiner Zufall.

BARON Er hat mir gerade aus Höflichkeit den Strauß...

ONEK Ich verstehe, verstehe, Blumen sprechen mehr als Worte...

UNBEKANNTER *scharf* Ich hoffe, Sie haben einen Angelschein.

ONEK Ich?

UNBEKANNTER Ich muß Sie darauf aufmerksam machen, daß Angeln ohne Angelschein strafbar ist.

ONEK Aber ich habe gar nichts gefangen! Um die Wahrheit zu sagen, ich habe am See vor mich hingedöst. Bei dem Wetter...

UNBEKANNTER Ich warne Sie, Sie sind für uns kein unbeschriebenes Blatt.

ONEK Ich danke Ihnen herzlich. Ich bin Ihnen sehr verbunden... Ich gehe, ich geh schon. *Er zieht sich in Richtung Veranda zurück.*

UNBEKANNTER Einen Augenblick.

ONEK Ich will nicht stören, ich will nicht stören...

UNBEKANNTER Sagen Sie diesem jungen Menschen, daß ich ihn zu sehen wünsche.

ONEK Gern, er ist ein sehr sympathischer junger Mann.

UNBEKANNTER In einer dringenden Angelegenheit.

ONEK Ich verstehe, ich verstehe. Aber er ist nicht zu Hause.

UNBEKANNTER Woher können Sie das wissen?

ONEK Ich habe ihn am See gesehen.

UNBEKANNTER Ich wünsche Ihnen einen angenehmen Nachmittag. *Lüftet den Hut und geht nach rechts ab.*

ONEK Ich wußte nicht, daß Sie sich so gut kennen.

Der Baron zuckt mit den Schultern und verschwindet mit dem Strauß im Innern des Zimmers. Onek nimmt einen Fisch aus dem Korb und geht ins Haus. Pause. Durch das Fenster hört man das Klirren zerbrochenen Glases. Der Blumenstrauß fliegt wieder durchs Fenster und fällt auf die Bühne.

Sechste Szene

Tiefe Dämmerung, fast Nacht. Also sehr viel dunkler als am Ende des ersten und zweiten Aktes. Fröschequaken und Grillenzirpen. Das linke Fenster ist offen und erleuchtet. Der Lichtstrahl fällt aus dem Rechteck des Fensters auf den Rasenplatz. Aus der ebenfalls offenen Tür fällt Licht auf die Veranda. Einige Lampions hängen über dem Tisch (farbige Papierkugeln, in deren Innern Kerzen brennen, hängen an einem über die Bühne gespannten Draht). Im Innern des Hauses spielt jemand auf dem Klavier einen Walzer. Auf dem mit einem weißen Tischtuch gedeckten Tisch steht ein silberner Kübel mit einer offenen Champagnerflasche. Gläser, Teller, Schüsseln mit Salaten und Kuchenplatten. Es ist bereits reichlich zugelangt worden. Auf den fünf über die Bühne verteilten Stühlen hingeworfene Servietten. Auf einer Stuhllehne Onkas Schal, auf einer anderen Oneks Jackett. Man merkt, daß die Gesellschaft schon seit geraumer Zeit getrunken hat. Die Stimme einer Frau summt nicht besonders im Takt die Melodie des Walzers. Manchmal fällt eine männliche Stimme ein. Auf der Veranda sitzt der Student auf dem Schaukelstuhl mit einer Flasche Champagner in der Hand und schaukelt. Aus dem Innern des Hauses hört man Onkas Lachen und den Walzer. Dann kommt Onka mit einem Glas Champagner in der Hand auf die Veranda gelaufen. Hinter ihr Onek in Hemdsärmeln.

ONEK Schluß jetzt!

ONKA *setzt sich lachend auf die Lehne des Schaukelstuhls* Verteidigen Sie mich!

ONEK Bitte, Onka, du hast genug getrunken!

ONKA Ich bin eine verzauberte Prinzessin, und das ist mein Drache. Sie bekommen auch eine Belohnung. *Sie hält dem Studenten das Glas an den Mund und flößt ihm Champagner ein.*

ONEK Ich mache dich zum letztenmal darauf aufmerksam... *Der Student streckt Onek auffordernd die Flasche hin.* Ich dachte, Sie sind ein ernsthaft denkender junger Mann. Statt dessen sehe ich, daß auch Sie an dieser geschmacklosen Orgie teilnehmen.

STUDENT Ich fordere Sie zum Duell! Piff-paff! *Er tut, als ob er auf Onek mit den Händen wie mit einer Pistole schießen würde.*

ONEK Worüber lachst du?

ONKA Pscht! Du lebst doch nicht mehr. Hast du das nicht gemerkt?

ONEK Nein!

ONKA Du brauchst dich auch nicht zu wundern. Du bist betrunken. *Der Student steht plötzlich auf, wobei er Onka fast vom Sessel wirft.* Manieren sind das ... *Der Student geht in den Hintergrund der Bühne und steht mit dem Rücken zur Veranda. Er zieht seine Uhr heraus und sieht nach, wie spät es ist.* Tanzen wir! *Sie faßt Onek an der Hand und zieht ihn von der Veranda hinunter. Sie zwingt ihn zu einigen Walzerdrehungen.*

Der Walzer auf dem Klavier bricht ab. Onek und Onka lassen sich atemlos auf die Stühle fallen. In der Tür steht der Baron mit einem Glas in der Hand.

ONEK Aaaa, willkommen, willkommen. Sie sind verantwortlich für das, was hier passiert. Sie haben meine Frau betrunken gemacht.

BARON *zu Onka* Ist das wahr?

ONKA Lassen Sie ihn. Er ist ein Heuchler. Er will sich nur rechtfertigen.

ONEK Rechtfertigen? Habe ich vielleicht für alle Champagner bestellt?

ONKA Du? Champagner? Für alle?! Ausgeschlossen.

ONEK Wieso?

ONKA Un-vor-stell-bar. *Der Baron kommt von der Veranda herunter. Er nimmt den Schal von der Stuhllehne, legt ihn galant um Onkas Schultern. Er nimmt die Flasche aus dem Kübel. Onka hält ihm ihr Glas hin.* Noch ein Glas!

BARON Mit dem größten Vergnügen. *Er gießt ihr und sich ein. Er setzt sich und hebt sein Glas.* Auf die Gänse.

ONEK Auf was für Gänse …

BARON Wildgänse. Wissen Sie, daß die Wildgänse in diesem Jahr ungewöhnlich früh wegfliegen? Angeblich ist heute ein Gänseschwarm gesichtet worden, der nach Süden flog. Obwohl wir erst Juli haben.

ONEK Na und? Sollen sie doch fliegen.

BARON Ein außergewöhnliches Phänomen.

STUDENT *nähert sich dem Tisch* Haben Sie die Gänse gesehen?

BARON Ich persönlich nicht, aber unser Wirt hat es erzählt.

STUDENT Das ist gut möglich.

BARON Kennen Sie sich in Ornithologie aus?

STUDENT Nein, aber es ist sehr gut möglich.

BARON *zuckt mit den Schultern* Es sind Tatsachen.

STUDENT Tatsachen sind auch möglich.

BARON Ich verstehe Sie nicht.

STUDENT Macht nichts.

BARON Sie sind nicht übertrieben höflich.

STUDENT Besonders da ich auf Ihre Rechnung trinke, was?

BARON Es ist eine Ehre für mich.

STUDENT Sie haben recht.

ONKA Ist der Kronprinz nicht bei Laune?

Auf der Veranda erscheint die Baronin und schwenkt ein handschriftlich beschriebenes Blatt Papier hin und her.

Siebte Szene

BARONIN Ich hab es gefunden!

ONKA Komm zu uns, komm her! Wo warst du so lange?

BARONIN *kommt zu den anderen.* Wissen Sie, wo ich es gefunden habe? Im Schuh! Ein fabelhaftes Versteck, nicht wahr?

ONKA Ein Liebesbrief!

BARONIN Viel besser. Poesie.

ONKA Eeeh...

BARONIN Ein poetisches Werk. Ein Gedicht. Soll ich es Ihnen vorlesen?

BARON Nein.

ONEK Wer versteckt Verse im Schuh?

BARONIN Mein Mann. Habe ich Ihnen nicht erzählt, daß mein Mann ein Dichter ist?

ONKA Bravo!

ONEK Aber weshalb versteckt er seine Gedichte?

BARONIN Weil er sich schämt.

ONEK Da braucht er sich doch nicht zu schämen!

BARONIN Als Dichter ist mein Mann sehr schamhaft. Er versteckt seine Gedichte sogar vor mir. Nicht wahr, Liebling? *Der Baron schweigt.*

STUDENT Na bitte, wer hätte das gedacht!

ONEK Man soll nicht zu bescheiden sein...

STUDENT Sind es gefühlvolle Verse?

ONKA Vorlesen! Vorlesen!

ONEK Wir hören gerne zu.

STUDENT *schiebt sich einen Stuhl heran und setzt sich neben Onka* Vorlesen, vorlesen!

ONKA Vorlesen! Vorlesen!
BARON *leise* Ich würde es dir nicht raten.
BARONIN Also auf den allgemeinen Wunsch des Publikums …

Sie steht unter den Lampions in der parodistischen Pose eines Vortragskünstlers. Mit einer Hand hält sie das Blatt, die andere Hand legt sie auf ihr Herz. Zuerst der Titel. *Der Baron steht auf.* »Zur vierzigsten Wiederkehr meines Geburtstages« … *Der Baron geht einige Schritte auf sie zu und streckt seine Hand nach dem Blatt aus. Die Baronin weicht etwas zurück, behält aber ihre Pose bei und sieht auf das beschriebene Blatt. Onka wird ernst.*

BARONIN »Zur vierzigsten Wiederkehr meines Geburtstages« …
ONEK Das hatten wir schon!
STUDENT Bitte weiter!

Onka legt dem Studenten den Arm um die Schultern, um ihn zurückzuhalten. Der Baron macht wiederum ein paar Schritte auf seine Frau zu. Die Baronin weicht wieder zurück, jetzt ohne ihre Pose. Sie läßt die Hand sinken, die sie komödiantisch auf ihr Herz gelegt hatte. Sie wiederholt, aber leiser.

BARONIN »Zur vierzigsten …«

Der Baron schnippt mit der ausgestreckten Hand. Die Baronin verstummt und sieht ihn an. Sie läßt die Hand sin-

ken, in der sie das Blatt hält. Der Baron und die Baronin sehen sich in die Augen. Schweigen. Onka zupft nervös an ihrem Schal. Die Pause verlängert sich. Onka nimmt ein Glas vom Tisch und wirft es auf die Erde. Das Glas zerspringt klirrend. Das Klirren beendet die Pause. Alle, einschließlich des Barons und der Baronin, drehen sich zu Onka um.

ONKA Entschuldigen Sie, ich habe aus Versehen…

Onek bückt sich, um die Glassplitter aufzuheben, stößt dabei an den Studenten, der mit seinem Sessel etwas abrückt; es herrscht allgemein eine leichte Verwirrung. Die Baronin steckt das Blatt in ihren Ausschnitt und kommt zu den anderen an den Tisch. Der Baron ebenfalls. Er setzt sich.

ONEK *hebt das zerbrochene Glas auf.* Habe ich nicht gebeten und gewarnt…

BARONIN Es ist zu dunkel. Ich kann hier nicht lesen.

STUDENT Schade. Ich mag Poesie! Au! *Onka hat ihn ans Schienbein getreten.*

ONKA Entschuldigen Sie, das war keine Absicht.

ONEK Was ist denn mit dir! *Die Baronin steht hinter Onka. Sie beugt sich zu ihr hinunter, legt ihre Hände auf Onkas Schultern und küßt sie zart aufs Haar. Dann umarmt sie sie und legt ihre Wange an Onkas Wange. Onek steht auf und zieht sein Jackett an.* Gehen wir schlafen!

BARON Jetzt? Der Abend hat doch erst angefangen.

Der Student sieht auf die Uhr. Der Bucklige kommt mit einem Kübel voller Flaschen aus dem Haus. Bei seinem Anblick klatscht Onka Beifall.

Achte Szene

ONEK Nehmen Sie das sofort wieder mit.

Der Bucklige ignoriert Onek, stellt den Kübel auf den Tisch und beginnt, die Flaschen zu öffnen.

BARON *zu Onek, halblaut* Das war zu scharf.
ONEK Aber ich hab doch gar nichts gesagt…
BARON *steht auf* Meine Damen und Herren, trinken wir auf das Wohl unseres Wirts!
ONKA Prost! Prost!
BARON *nimmt dem Buckligen eine Flasche aus der Hand.* Seien Sie unser Gast.
ONKA Er soll leben!
STUDENT Mir ist alles gleich.

Der Baron öffnet die Flasche. Der Korken fliegt in die Luft, der Champagner schäumt über. Der Baron gibt dem Buckligen ein Glas. Onka und der Student stehen auf und gehen mit ihren Gläsern zum Baron. Der Baron schenkt zuerst dem Buckligen ein, dann den anderen.

BARON *zu Onek, der immer noch abseits steht* Und Sie?
ONEK Sie kennen meine Prinzipien.

BARON Was, Sie wollen nicht auf das Wohl unseres Wirtes trinken?

STUDENT Eins zu Null.

ONKA Ich sage ja, er ist ein Heuchler.

STUDENT *tut so, als schösse er mit einem Gewehr auf Onek* Piff-paff!

ONKA Du könntest wenigstens soviel Mut haben...

BARON Das ist nicht schön von Ihnen. Unser Wirt könnte sich mit Recht gekränkt fühlen.

ONEK *steht auf* Gut. Aber nur ausnahmsweise.

STUDENT Zwei zu Null. *Onek nimmt sein Glas und schließt sich der Gruppe an. Er verzieht sein Gesicht vor dem Buckligen zu einer Grimasse, die ein Lächeln bedeuten soll. Der Baron schenkt ein, der Student ahmt Jagdhörner nach, die das Ende einer erfolgreichen Jagd verkünden. Er legt die Hände trompetenförmig zusammen und bläst Onek penetrant ins Ohr.* Halaliii...

BARON *hebt sein Glas.* Also...

STUDENT Hala-liii...

ONEK *scheucht den Studenten fort.* Lassen Sie mich in Ruhe!

BARON Auf sein Wohl! *Alle trinken dem Buckligen zu, der einen Augenblick lang der Mittelpunkt ist und ebenfalls trinkt.* Ex, ex! *Außer Onek, der sein nur halb geleertes Glas hinstellt, trinken alle ihre Gläser aus.* Und jetzt kommt eine Überraschung.

STUDENT Feuerwerk und Festbeleuchtung.

Die Bühne wird einen Augenblick hell wie vom Widerschein eines entfernten Feuers. Dann hört man ein entferntes Donnergrollen. Alle sind einen Augenblick lang überrascht und still.

ONKA Was ist das?
ONEK Es donnert.
STUDENT Nein.
BARON Kennen Sie sich in der Meteorologie aus?
STUDENT Nein. Aber das ist kein Donnern.
ONEK Sondern was?
STUDENT Ein Feuerwerk.

Alle außer dem Buckligen lachen über den Scherz. Der Champagner tut ein übriges.

BARON Und jetzt die Überraschung. Ich schlage Ihnen ein Picknick vor.
ONEK Sind Sie verrückt geworden?
ONKA *klatscht in die Hände* Ein Picknick! Ein Picknick!
BARON Ein Picknick! Ein Landerkundungsausflug. Die Besichtigung der größten Attraktion der Gegend. Unvergeßliche Ausblicke! Metaphysische Trance! Wir gehen alle auf den verhexten Berg!
ONEK Jetzt mitten in der Nacht?
BARON Sie haben ja keine Ahnung. Hexen kann man nur in der Nacht sehen.
ONKA Wir sehen Hexen?
BARON Mit ein bißchen Glück …
ONKA Ich habe Angst!

BARON Den Damen droht keine Gefahr. Und was die Herren betrifft… das kommt auf die Einstellung an.

ONEK Im Dunkeln? In dieser Wildnis?!

ONKA Ja, wie finden wir dahin?

BARON Wir haben einen hervorragenden Führer. Unser Wirt begleitet uns. Er kennt die Gegend wie seine Westentasche. Nicht wahr?

Der Bucklige verbeugt sich.

ONKA *zur Baronin* Kommst du mit?

BARONIN Ja.

ONKA Wir gehen! Wir gehen!

ONEK Wahnsinn! Dafür rühr ich keinen Finger.

STUDENT Kein Bein.

ONEK Wieso kein Bein?

STUDENT Sie laufen doch nicht auf den Händen los.

ONEK Haha, wie witzig. Ich laufe überhaupt nirgends hin. Das ist doch Schwachsinn!

ONKA Mußt du uns jeden Spaß verderben?

BARON Sie haben keine Phantasie.

ONEK Nein, und ich erkläre, daß ich nirgends hingehe.

BARONIN Aber es zwingt Sie ja niemand.

ONEK Niemand?

BARONIN Natürlich nicht. Sie können zu Hause bleiben.

STUDENT Im Bettchen.

BARON Es wird uns leid tun, aber wenn Sie keine Lust haben…

ONEK Dann also gute Nacht.

ONKA Gute Nacht.

ONEK Mit wem redest du?

ONKA Mit dir!

ONEK Aber wir bleiben doch hier.

ONKA Du bleibst hier. Ich gehe mit.

ONEK Allein?!

BARON Sie geht mit uns.

ONEK Das verbiete ich dir!

Onka hakt den Baron unter. Die Baronin hakt den Studenten unter.

BARON Auf geht's.

Der Bucklige geht ins Haus. Beide Paare, der Baron und Onka voran, wenden sich nach rechts. Der Baron summt die Walzermelodie, die er vorhin auf dem Klavier gespielt hat. Onka summt mit. Sie fallen wieder in die heitere Stimmung, die am Anfang dieser Szene geherrscht hatte.

BARONIN Glauben Sie an Hexen?

STUDENT Mir ist alles gleich.

BARONIN Sie sind nicht übertrieben höflich.

STUDENT Ihr Mann war so gütig, mir vorhin dasselbe zu sagen.

BARONIN Sie mögen ihn nicht?

STUDENT Ich hasse ihn.

BARONIN Ich kann Sie sehr gut verstehen.

Beide Paare gehen rechts ab. Onek steht wie erstarrt da. Der Bucklige kommt in einer langen Pelerine, die bis zur

Erde reicht, aus dem Haus. Er trägt einen Korb und eine brennende Laterne. Ohne Onek zu beachten, nimmt er die Flaschen vom Tisch und legt sie in den Korb. Er geht rechts ab. – Onek folgt ihm zögernd, jeden zweiten Schritt bleibt er stehen. Plötzlich dreht er sich um, rennt zum Tisch, trinkt hastig sein Glas leer und läuft der übrigen Gesellschaft nach. Dunkel.

Neunte Szene

Es dämmert, der Himmel ist bewölkt, aber es regnet nicht mehr. Auf der Veranda sitzt Onek, in eine Decke gewickelt, auf dem Schaukelstuhl. Er schläft mit offenem Mund – der Kopf ist auf die Schulter gefallen, die eine Hand hängt willenlos herunter –, eine erstarrte dramatische Haltung, eine versteinerte Konvulsion. Er ähnelt einem Reisenden, der im Morgengrauen, gerädert von der Nacht im Zug, endlich eingeschlafen ist. Von Zeit zu Zeit schnarcht er. Um ihn herum die Reste des gestrigen Banketts. Erloschene Lampions. Der Baron kommt in einer Hausjacke, eine Teetasse ohne Untertasse in der Hand, auf die Veranda. Er nimmt die Tasse, da sie zu heiß ist, mal in die rechte, mal in die linke Hand. Er stellt sich neben Onek, rührt den Tee um und starrt vor sich hin.

BARON Sind sie immer noch nicht da? *Onek wacht mit einem heftigen Schnarcher auf.* Sind sie immer noch nicht da?

ONEK Was?

BARON Sie sind ein schöner Wächter. Schlafen auf Wache ein...

ONEK Wie spät ist es?

BARON Vier.

ONEK Sind sie immer noch nicht da?

BARON Das frage ich Sie gerade.

ONEK *wickelt sich aus der Decke; er steht auf.* Woher haben Sie den Tee?

BARON Aus der Küche.

Onek will zur Tür, ändert dann seine Meinung, kehrt um und steigt die Stufen von der Veranda hinunter. Er sieht sich um.

ONEK Es hat aufgehört zu regnen. *Er kehrt auf die Veranda zurück.* Vielleicht ist ihnen etwas zugestoßen.

BARON Glaube ich nicht. Sie sind in guter Begleitung.

ONEK Sicher haben sie sich verirrt.

BARON Kaum anzunehmen. Er ist ein Einheimischer.

ONEK Weshalb sind sie dann noch nicht da?

Der Baron setzt sich auf das Geländer der Veranda und trinkt mit Wohlbehagen einen Schluck Tee. Onek niest.

BARON Haben Sie sich erkältet?

ONEK Anscheinend. Ich bin bis auf die Haut naß geworden.

BARON Nicht nur Sie.

ONEK Habe ich nicht von vornherein gesagt...

BARON Fangen Sie schon wieder an?

ONEK Wie ist es nur passiert, daß wir uns verloren haben…

BARON Das wundert Sie? Bei dem Gewitter…

ONEK Sie sind schuld. Ich wollte nach links gehen.

BARON … und ich nach rechts. Woher wissen Sie, daß die andern ausgerechnet nach links gegangen sind?

ONEK Weil wir sie rechts nicht gefunden haben.

BARON Sie könnten ja auch geradeaus gegangen sein.

ONEK Eine teuflische Nacht.

BARON Romantisch.

ONEK Eher rheumatisch. Es reißt mich überall.

BARON Ja, der Wald war etwas feucht.

ONEK Ach hol's der Teufel!

BARON Ihre Frau hatte entschieden bessere Laune.

ONEK *setzt sich wieder auf den Schaukelstuhl.* Ich versteh nicht, was sie so lange machen.

BARON Sie gehen spazieren, sammeln Beeren, bewundern die Natur…

ONEK Quatsch!

BARON Haben Sie eine andere Erklärung? *Pause.*

ONEK Vielleicht sollte man ihnen entgegengehen?

BARON Ein Gentleman tut so etwas nicht.

ONEK Schließlich ist sie meine Frau!

BARON Eben deswegen.

ONEK Was meinen Sie…

BARON Ich? Nichts. Eher Sie… *Pause.*

ONEK Der Bucklige!

BARON Und wie!

ONEK Klein und bucklig. Ekelhaft. Ein Alptraum auf zwei Beinen. Meinen Sie nicht auch?

BARON Stimmt. Ein Scheusal.

ONEK *erleichtert* Eben. Kein Grund zur Besorgnis.

BARON Kennen Sie die Legende »Die Schöne und das Biest«?

ONEK Was ist das?

BARON Eine Geschichte in einer romantischen Landschaft. Im Wald. Eine schöne Frau trifft ein Untier. Und wissen Sie was?

ONEK Sie flieht…

BARON Nein, sie verliebt sich hoffnungslos.

ONEK Unsinn.

BARON Sie wissen doch: Gegensätze ziehen sich an.

ONEK Und ich sage Ihnen, das ist Unsinn!

BARON Wie Sie meinen. *Pause.*

ONEK Wie spät ist es?

BARON Nach vier.

STUDENT *kommt aus dem Haus auf die Veranda.* Vier Uhr zwanzig. *Er ist vollständig angezogen. Er trägt seinen Koffer und steckt gerade seine Uhr in die Tasche.*

Zehnte Szene

BARON Ich dachte, Sie schlafen.

STUDENT Nein, ich fahre ab.

BARON So plötzlich?

STUDENT Haben Sie was dagegen?

BARON Ach, Sie langweilen mich.

STUDENT *zu Onek* Wie steht es mit unserem Edelwild? Ist es schon zermürbt?

ONEK Gehen Sie zum Teufel.

STUDENT Auf Wiedersehen. Es war mir ein Vergnügen, Sie kennenzulernen. *Er verläßt die Veranda und wendet sich nach rechts.*

Von rechts treten Onka und die Baronin auf. Sie halten sich unter der Pelerine des Buckligen an den Händen. Hinter ihnen kommt der Bucklige mit dem leeren Korb und der Laterne. Onek steht auf, der Baron rührt sich nicht.

ONEK Ah, na endlich…

BARONIN *zum Studenten, der beim Anblick der Damen in der Mitte der Bühne stehengeblieben war* Sie verlassen uns?

STUDENT Ja, aber das ist unwichtig. Hier ist das Empfangskomitee. *Er weist auf Onek und den Baron.* Entschuldigen Sie, daß ich bei der Feierlichkeit nicht anwesend sein kann.

Der Bucklige geht an den beiden Damen und dem Studenten vorbei auf die Veranda, verbeugt sich leicht vor den beiden Herren und geht ins Haus. Onek dreht sich nach ihm um und starrt die Tür an, hinter der der Bucklige verschwunden ist. Der Baron trinkt einen Schluck Tee.

BARONIN Ich glaube, Sie werden hierbleiben, trotz allem.

STUDENT Ich bedaure unendlich, aber ich werde nicht. Mich rufen dringende Angelegenheiten.

BARONIN Ich bedaure unendlich, aber Sie bleiben. Die Polizei läßt niemanden auf den Bahnhof.

STUDENT Woher wissen Sie …

BARONIN Wir haben unterwegs Bauern getroffen, die vom Bahnhof zurückkamen und die andern gewarnt haben. Es sieht so aus, als ob das ganze Dorf im Aufbruch wäre. Mit Kind und Kegel, Hab und Gut.

Die Damen gehen auf das Haus zu. Der Student folgt ihnen. Als die Damen auf der Veranda sind, dreht sich Onek zu ihnen um. Die Damen bleiben stehen, weil Onek den Eingang versperrt.

ONEK Und jetzt reden wir miteinander.

BARONIN Sie stehen uns im Weg.

Onek rückt beiseite. Die Damen gehen ins Haus.

STUDENT Sie werden bezeugen, daß ich mich heute nacht in Ihrer Gesellschaft aufgehalten habe.

Da weder der Baron noch Onek reagieren, geht der Student ins Haus, ohne auf eine Antwort zu warten. Der Baron und Onek sehen sich an. Onek stürzt zur Tür und läuft ins Haus. Der Baron trinkt Tee. Dunkel.

Vierter Akt

Erste Szene

Vormittags. Wieder so schönes Wetter wie im ersten und zweiten Akt. Die Lampions sind verschwunden, die Spuren des Banketts beseitigt. Auf der Bühne stehen Onek und der Baron.

ONEK Sie fordern ihn zum Duell und erschießen ihn wie einen Hund.

BARON Das kann ich nicht. Es ist gegen meine Ehre, mich mit Krüppeln zu duellieren. *Pause.* Aber Sie können.

ONEK Ich?

BARON Ich leihe Ihnen eine Waffe.

ONEK Nein… Wenn Sie nicht können, dann kann ich auch nicht. Meine Ehre.

BARON Verzeihung. Ich wollte Sie nicht verletzen.

ONEK Und ohne Duell… würden Sie ihn nicht erschießen?

BARON Ich pflege nicht auf Dienstboten zu schießen.

ONEK Sie könnten eine Ausnahme machen.

BARON Ich bin nicht eifersüchtig.

ONEK Nein?

BARON Nein. Ich finde, ein Mann sollte seiner Frau trauen. Haben wir uns nicht Treue geschworen?

ONEK Ach was …

BARON Außerdem – als Christ verzeihe ich meinen Feinden.

ONEK Ich wußte nicht, daß Sie gläubig sind.

BARON Früher nicht, aber unter dem Einfluß der letzten Ereignisse hier habe ich mich bekehrt. Die Existenz des Buckligen ist ein Beweis für die Existenz Gottes.

ONEK Wie sind Sie denn darauf gekommen?

BARON Nur ein höheres Wesen kann ein niedriges Wesen erschaffen.

ONEK Und wir?

BARON Ich halte mich für kein so niedriges Wesen, als daß meine Existenz die eines höheren Wesens voraussetzen könnte.

ONEK Mit Ihnen ist also nicht zu rechnen.

BARON Ich kann Ihnen nur mit guten Ratschlägen dienen.

ONEK Aber daß so ein Buckliger, so ein … so ein … so ein …

BARON Dritter Grad.

ONEK Was?

BARON Sie erleiden Qualen dritten Grades. Ich bedaure Sie.

ONEK Und was ist der erste Grad?

BARON Eifersucht auf einen Rivalen, der uns an Schönheit gleichkommt. Der zweite Grad: Eifersucht auf einen Rivalen, der uns an Schönheit übertrifft. Aber in dem Fall können wir wenigstens noch davon träumen, genauso schön zu sein wie er. Der dritte Grad: Eifersucht auf einen häßlichen Rivalen. Hier können wir nicht einmal mehr wünschen, so zu sein wie er, denn wer möchte häßlich sein? Schon der Wunsch nach Unmöglichem ist unmöglich. Ja, Herr Rechtsanwalt. Eifersucht auf schöne Menschen ist peinlich, aber Eifersucht auf häßliche Menschen ist unerträglich.

ONEK Eine Dienerseele!

BARON Also sind Sie doch kein Demokrat.

ONEK Buckliger Lakai!

BARON Sie regen sich ganz unnütz auf. Die allgemeine Gleichheit kann man nur durch Mesalliancen erreichen, durch biologische und gesellschaftliche Mischung. Erst wenn alle Kinder einen kleinen Buckel haben, gleicht sich alles aus.

ONEK Ich schlage ihn zu Brei.

BARON Kein feiner Zug, Herr Rechtsanwalt. Obwohl… Wer weiß, ob Sie nicht recht haben, gerade als Demokrat und Liberaler… Überlegen wir mal. Das Ideal der Demokratie ist allgemeine Gleichheit. Ein so schönes Ideal, daß es sich lohnt, viele Opfer dafür zu bringen. Da Gleichheit zwischen einer Mehrheit und einer Minderheit unmöglich ist, was sich schon aus der Definition selbst ergibt, muß man entweder die Minderheit oder die Mehrheit beseitigen. Die Beseitigung der Mehrheit kommt nicht in Frage, weil wir ja Demokraten sind. Also muß man die Minderheit beseitigen. Und wenn wir bedenken, daß die Buckligen eine Minderheit sind… Ja, Sie haben recht.

ONEK Was reden Sie da. Ich habe nur so… Wissen Sie, in der Erregung weiß man oft selber nicht, was man redet.

BARON Ja, ja, Utopien. *Pause.* Wollen Sie die Pistole?

ONEK Wozu brauche ich …

BARON Zu Ihrer Sicherheit. Sie werden sich wohler fühlen.

ONEK Aber er hat es nicht mehr auf mich abgesehen. Jetzt, wo … Na, Sie verstehen mich. *Er ringt gequält die Hände.*

BARON Sie wollen sagen, jetzt, wo er sich gleichwertig fühlt? Wo er keinen Komplex mehr hat?

ONEK Ja, ja. *Er wischt sich den Schweiß von der Stirn, zerrt an seinem Kragen usw.*

BARON Bitte entschuldigen Sie, aber es gibt keinen Beweis, daß etwas vorgefallen ist.

ONEK Wie?! Sie glauben also, daß zwischen den beiden nichts war?

BARON Auch das läßt sich nicht mit Sicherheit behaupten.

ONEK *läuft zum Baron und packt ihn an den Schultern.* Also was? Was? Was ist eigentlich?! Wie ist es?! Reden Sie, um Himmels willen!

BARON Mit Sicherheit kann man überhaupt nichts sagen.

ONEK *läßt den Baron los.* Ich werde verrückt.

BARON Vielleicht denkt er sogar, daß er uns überlegen ist?

Der Bucklige erscheint auf der Veranda.

BUCKLIGER Ein Brief für … *Bevor er seinen Satz beenden kann, ist Onek schon weggelaufen.*

Zweite Szene

BUCKLIGER Ist der Herr Rechtsanwalt krank?

BARON Ich fürchte ja.

BUCKLIGER Ein Brief für Sie, Herr Baron. *Er gibt dem Baron einen kleinen Brief. Der Brief ist offensichtlich sehr kurz, denn der Baron überfliegt ihn in wenigen Sekunden.*

BARON Hat die Dame um Antwort gebeten?

BUCKLIGER Nein. *Pause. Der Bucklige dreht sich um, um zu gehen.*

BARON *scharf, brutal* Warten Sie! *Der Bucklige kommt zurück. Der Baron beherrscht sich, wieder höflich.* Bitte sagen Sie ihr, sie möchte sofort zu mir kommen.

BUCKLIGER Bitte sehr, Herr Baron.

BARON Ich warte hier auf sie.

Der Bucklige geht ins Haus. Der Baron setzt sich mit dem Gesicht zur Veranda auf einen Stuhl und zündet sich eine Zigarre an.

Dritte Szene

Onka kommt in einem Frisierumhang auf die Veranda. Der Baron erhebt sich. Onka steigt die Stufen von der Veranda hinunter, setzt sich auf einen Stuhl und schlägt die Beine übereinander. Der Baron bleibt stehen.

BARON Ich freue mich, Sie wieder bei Kräften zu sehen. *Pause. Onka betrachtet den Baron aufmerksam, als wenn sie ihn zum ersten Mal sähe.* Ich muß zugeben, die nächtliche Eskapade war etwas anstrengend. *Der Baron wartet vergeblich auf eine Antwort. Erst nach einer Weile…*

ONKA Also was?

BARON Ich hoffe, Sie nehmen es mir nicht übel.

ONKA Bitte.

BARON Ich möchte nicht, daß…

ONKA Sie haben um eine Unterredung gebeten.

BARON *leicht irritiert* Entschuldigen Sie, ich verstehe Sie nicht.

ONKA Bitte, ich kann warten.

BARON Wenn Sie erlauben, dann warte ich. Auf meine Frau.

ONKA Sie kommt nicht. *Pause. Der Baron setzt sich mit langsamen Bewegungen Onka gegenüber. Onka betrachtet ihre Fingernägel.*

BARON Sie kommt nicht?

ONKA Nein. Sie hat mich gebeten, an ihrer Stelle zu gehen. Falls ich Lust dazu hätte.

BARON Sie wissen… davon? *Er zeigt ihr das Briefchen.*

ONKA Natürlich, sie hat ihn in meiner Gegenwart geschrieben… *Pause…* und mich gebeten, zu hören, ob Sie was zu sagen hätten.

BARON Das heißt, es interessiert meine Frau nicht.

ONKA Nich im mindesten.

BARON So, so…

ONKA Haben Sie etwas zu sagen?

BARON Ihnen?

ONKA Ich richte es ihr dann aus.

BARON Da es meine Frau sowieso nicht interessiert…

ONKA Aber ich muß es ihr nicht ausrichten. Sie können es auch nur mir sagen.

BARON Und Sie interessiert das?

ONKA *betrachtet ihre Fingernägel* Ein bißchen.

BARON Sie sind sehr gütig.

ONKA Sie können auch von was anderem reden.

BARON Und das würde Sie ebenfalls interessieren?

ONKA Sogar mehr. *Sie wippt rhythmisch mit dem übergeschlagenen Bein.*

BARON Sehr freundlich! Ich weiß es zu schätzen.

ONKA Warum sind Sie so arrogant?

BARON Ich? Arrogant? Ich gebe nur meiner Dankbarkeit Ausdruck.

ONKA Sie sind arrogant. Aber jetzt haben Sie keinen Grund mehr.

BARON Meinen Sie?

ONKA Ich weiß es ganz sicher. Jetzt sind Sie nur noch soviel wert, wie Sie es wirklich sind.

BARON Und wieviel bin ich Ihrer Meinung nach wert… *Onka schweigt.* Danke. In Anbetracht dessen werde ich weiter arrogant sein. *Er steht auf.*

ONKA Gehen Sie nicht weg.

BARON Ich gehe nicht weg. Ich ziehe mich zurück.

ONKA *steht auf und geht zum Baron. Sie steht beträchtlich näher bei ihm, als es das Gespräch erfordert.* Wohin?

Der Baron antwortet nicht. Onka tritt ganz nah an ihn heran und sieht zu ihm hoch. Der Baron steht steif da, seine Arme hängen am Körper herunter. Pause, in der sich niemand rührt. Onka hebt die Hand und zupft sein Plastron zurecht. Der Baron wendet sich von ihr ab und geht ins Haus. Onka sieht ihm nach, bis er in der Tür verschwunden ist, dann geht sie langsam über die Bühne und setzt sich in die Gartenlaube mit dem Rücken zum Publikum. Hinter den Bäumen kommt der Student hervor. Er sieht sich nach allen Seiten um und geht auf Zehenspitzen nach rechts.

Vierte Szene

Als der Student schon fast die Kulisse erreicht hat, kommt von rechts der Unbekannte. Sie begegnen sich.

STUDENT Ich werde keine Fragen beantworten.

UNBEKANNTER Ich habe nicht die Absicht, Ihnen Fragen zu stellen.

STUDENT Dann haben wir uns nichts weiter zu sagen.

UNBEKANNTER Ich werde reden.

STUDENT Das verlange ich gar nicht.

UNBEKANNTER Aber ich bitte Sie, mich anzuhören. *Der Student dreht sich um und geht auf die Veranda zu. Der Unbekannte verstellt ihm den Weg.* Ich bitte Sie sehr. *Der Student setzt sich auf einen Stuhl. Der Unbekannte legt seinen Hut und seinen Stock auf den Tisch. Er setzt sich dem Studenten gegenüber an die andere*

Seite des Tisches. Sie sehen elend aus. Haben Sie heute nacht schlecht geschlafen?

STUDENT Wir haben einen Ausflug gemacht.

UNBEKANNTER Wir?

STUDENT Ich habe Zeugen.

UNBEKANNTER Dann müssen Sie auch die Explosion gehört haben.

STUDENT Explosion?

UNBEKANNTER Heute nacht sind die Ruinen der alten Mühle in die Luft gesprengt worden.

STUDENT Gehört haben wir was. Aber wir dachten, es sei das Gewitter.

UNBEKANNTER Was meinen Sie, wer könnte das gewesen sein?

STUDENT Weiß ich nicht.

UNBEKANNTER Denken wir gemeinsam nach. Sabotage ist ausgeschlossen. Die Ruinen standen seit langem leer. *Der Student reagiert nicht. Scharf.* Stimmt das oder nicht?

STUDENT *mürrisch* Ja, doch.

UNBEKANNTER Deswegen liegt die Vermutung nahe, daß die Explosion ein Symbol sein sollte. Es sind Ruinen in die Luft gesprengt worden. Also etwas, was noch existiert, aber keinen Nutzen mehr hat. Wie erklären Sie sich das?

STUDENT Ich verstehe überhaupt nichts.

UNBEKANNTER Aber gerade Sie als junger Mensch müßten das begreifen. Die Explosion ist ein Symbol der Revolution.

STUDENT Was ist das, eine Revolution?

UNBEKANNTER *steht auf, geht um den Tisch herum, nimmt sich einen Stuhl, stellt ihn neben den Studenten und setzt sich.* Ich verstehe, daß Sie kein Vertrauen zu mir haben. Ich werde Ihnen beweisen, daß Sie mir Unrecht tun. Wissen Sie, was mich hierhergeführt hat? Wir haben gute Gründe, anzunehmen, daß sich seit einiger Zeit jemand hier in dieser Gegend versteckt, den wir schon seit langem kennenlernen wollen. Ich habe beschlossen, mich mit seiner Identifizierung persönlich zu befassen.

STUDENT Und hatten Sie Erfolg?

UNBEKANNTER O ja. Diese Person befindet sich noch auf freiem Fuße, aber wir können sie jeden Augenblick verhaften.

STUDENT Warum tun Sie es nicht?

UNBEKANNTER Ich habe Ihnen einen Vertrauensbeweis gegeben. Was für eine Gewähr habe ich, Ihnen trauen zu können?

STUDENT Sie haben mir schon vertraut. Was Sie mir soeben erzählt haben, ist bereits Hochverrat. Wenn ich jemand anders wäre, kein gewöhnlicher Student…

UNBEKANNTER Es geht um den Grad des Vertrauens. Ich muß die Gewißheit haben, daß ich Ihnen noch mehr vertrauen kann.

STUDENT Wozu?

UNBEKANNTER Sind Sie nicht neugierig?

STUDENT Nein.

UNBEKANNTER Mein Pech. Ich riskiere es trotzdem. Ich verhafte diese Person nicht, aus reiner Sympathie.

STUDENT Sie? In Ihrer Stellung?

UNBEKANNTER Eine Schwäche. Ich bin auch nur ein Mensch. Seine Jugend hat mich gerührt. Ich bin nicht herzlos.

STUDENT Und aus gewöhnlicher Sympathie verraten Sie Gott, Ehre und Vaterland?

UNBEKANNTER *legt seine Hand auf die Hand des Studenten.* Es ist mehr als Sympathie.

STUDENT *zieht seine Hand zurück.* Es gibt nichts, was sie rechtfertigt.

UNBEKANNTER *steht auf* Aber Sie sind nicht überzeugt.

STUDENT Nein.

UNBEKANNTER Wenn Sie schon keine Gefühle gelten lassen, dann will ich Ihnen einen Grund sagen, den Ihr Verstand akzeptieren wird. *Er sieht sich um und stellt den Stuhl so, daß er dem Studenten direkt ins Gesicht sehen kann. Er setzt sich.* Ich will ihm etwas vorschlagen. Ein Abkommen. Ich lasse ihn laufen, und er rettet mir das Leben.

STUDENT Sie fordern mehr, als Sie geben.

UNBEKANNTER Nein. Das Abkommen ist gerecht. Für ihn bedeutet die Verhaftung etwas viel Schlimmeres als Tod. Sie können mir glauben.

STUDENT Ich glaube Ihnen. Aber Sie? Was droht Ihnen?

UNBEKANNTER Zunächst nichts. Aber morgen droht mir dasselbe, was ihm heute droht, wenn ich ihn verhaften würde.

STUDENT Aber er ist ein wehrloser, gehetzter Mensch! Er kann nichts für Sie tun.

UNBEKANNTER Heute nicht. Aber morgen kann er das gleiche für mich tun, was ich heute für ihn tun kann.

STUDENT Was für Wunder sollen inzwischen geschehen?

UNBEKANNTER Morgen wird er der sein, der ich heute bin, und ich…

STUDENT … und Sie werden der sein, der er heute ist. Ich verstehe.

UNBEKANNTER Alles klar, nicht wahr?

STUDENT Nein, weil ich nicht verstehe, weshalb Sie ausgerechnet mir dies alles erzählen. Sie müßten sich schon an ihn wenden.

UNBEKANNTER *steht auf* Sie lehnen ab?

STUDENT Ich würde Ihnen gerne helfen, aber ich bin nur ein armer, simpler…

UNBEKANNTER *sieht auf seine Uhr* Ich gebe Ihnen Bedenkzeit. Ich komme Punkt siebzehn Uhr dreißig wieder. *Er nimmt seinen Hut und seinen Stock vom Tisch.*

STUDENT Ich würde Sie gern wiedersehen. Man kann sich so gut mit Ihnen unterhalten… Aber ich bin wirklich…

UNBEKANNTER Hör zu, junger Mann. Du kannst entscheiden, was du für richtig hältst. Du kannst machen, was du willst. Du kannst alles. Ich rate dir nur eins nicht: dich über mich lustig zu machen.

STUDENT Und wenn ich mich gar nicht lustig mache?

UNBEKANNTER *setzt den Hut auf und wendet sich nach rechts.* Noch ist nicht morgen. *Er geht rechts ab.*

Der Student steht auf und wendet sich auch nach rechts. Er bleibt stehen. Nach einem Augenblick des Zögerns geht er nach links.

Fünfte Szene

Die Baronin kommt, gefolgt vom Baron, aus dem Haus.

BARON Wann reist du ab?

BARONIN Heute.

BARON Der Bahnhof ist umstellt.

BARONIN Seine Exzellenz stellt mir einen Passierschein aus. Er ist schließlich aus unseren Kreisen.

BARON Wie du willst. *Pause.* Ich verstehe nur nicht, wie es dazu gekommen ist.

BARONIN Ich auch nicht. Aber mich interessiert es nicht.

BARON Jetzt auf einmal?

BARONIN Es ist besser so.

BARON Entschuldige, wenn ich dir lästig falle, aber mich interessiert es rein psychologisch.

BARONIN Ich würde dir gern gefällig sein, aber ich weiß es nicht.

BARON Bin ich dir widerwärtig?

BARONIN Warum?

BARON Weil ich diesen… Ausflug organisiert habe?

BARONIN Unsinn! Na, vielleicht gestern… Ich weiß es nicht mehr.

BARON Versuch, dich zu erinnern.

BARONIN Ich habe keine Lust.

BARON Deine eigenen Empfindungen sind dir gleichgültig?

BARONIN Manche ja.

BARON Haßt du mich?

BARONIN Jetzt? Nicht im geringsten.

BARON Ich verstehe. Du spielst mir Gleichgültigkeit vor. Das hältst du für die beste Rache.

BARONIN Meinst du wirklich?

BARON Ich bin davon überzeugt.

BARONIN Bitte sehr.

BARON Aber du irrst dich.

BARONIN *zerstreut* Was?

BARON Du irrst dich, wenn du glaubst, daß du mich auf diese Weise triffst.

BARONIN Entschuldige, ich hab an etwas anderes gedacht.

BARON Willst du nicht darüber reden?

BARONIN Aber doch, sehr gerne, nur gibt es darüber nichts zu reden. Und außerdem muß ich jetzt an so viele Dinge denken... Ich muß meine Koffer packen, die Zugverbindungen heraussuchen...

BARON Nimmst du alles mit?

BARONIN Natürlich. Warum... Sag mir ehrlich, hättest du es gern, wenn ich bliebe?

BARON Da du abreisen willst...

BARONIN Gott sei Dank. Ich hasse Szenen.

BARON Ich auch.

BARONIN Merkwürdig...

BARON Was?

BARONIN Es macht mir überhaupt nichts aus, daß es dir nichts ausmacht.

BARON So? Und was folgt daraus?

BARONIN *streckt ihm die Hand entgegen.* Ich danke dir.

BARON Wofür?

BARONIN Eben dafür. Es heißt, daß ich dich wirklich nicht mehr liebe.

BARON Keine Ursache. *Sie geben sich die Hand.*

BARONIN Aber jetzt entschuldige, ich habe wirklich keine Zeit mehr.

BARON Aber bitte.

Die Baronin geht zur Gartenlaube. Onka steht auf. Beide Damen gehen ab (nach hinten). Der Baron sieht ihnen nach. Dunkel.

Sechste Szene

Es ist siebzehn Uhr dreißig. Auf der Bank sitzt der Unbekannte. Steif und aufrecht. Nach einem Augenblick zieht er seine Uhr heraus. Er sieht auf die Uhr. Er steckt die Uhr wieder ein. Er steht auf und geht rechts ab. Aus dem Hause kommt der Baron. Er nimmt den Schaukelstuhl und trägt ihn nach hinten an eine Stelle auf den Rasenplatz, von wo aus er die ganze Bühne übersehen kann. Er setzt sich und zündet sich eine Zigarre an. Der Bucklige kommt mit einem Blumentopf in beiden Händen aus dem Haus. Ohne den Baron zu bemerken, steigt er die Stufen von der Veranda hinunter und geht nach rechts. Als er in der Mitte der Bühne ist, fallen zwei Schüsse, direkt nacheinander. Der Bucklige bleibt stehen und sieht sich um nach links, nach rechts und nach hinten. Dann geht er rechts ab. Von links kommt Onek mit dem Kneifer auf der Nase. Er gelangt, ohne den Baron zu bemerken, bis zur Mitte der Bühne.

BARON Sie haben nicht getroffen.

ONEK *dreht sich überrascht um.* Hat jemand geschossen?

BARON *steht auf und geht auf Onek zu.* Sie haben nicht getroffen.

ONEK Ich habe einen Knall gehört und wollte eben… Sie haben nichts gesehen, was?

BARON Ich habe nichts gesehen, aber ich weiß alles. Sie haben nicht getroffen, und das zweimal.

ONEK Zweimal?

BARON Sie schießen erbärmlich.

ONEK Ich weiß gar nicht, wovon Sie reden…

BARON Aus der Entfernung nicht zu treffen… Und das zweimal.

ONEK Ich verstehe wirklich nichts.

Der Bucklige kommt ohne Blumentopf zurück und flüstert dem Baron etwas ins Ohr. Der Baron und der Bucklige gehen schnell rechts ab. Onek setzt sich auf einen Stuhl, nimmt den Kneifer ab. Er ist erschöpft und wie betäubt. Von rechts kommt der Baron, gefolgt vom Buckligen.

BARON *zum Buckligen* Schnell! *Der Bucklige läuft ins Haus. Der Baron geht auf Onek zu.* Ich hatte unrecht. Sie haben getroffen.

ONEK *sieht ihn entgeistert an* Ah?…

BARON Aber einen anderen.

ONEK Was ist passiert?

BARON Kommen Sie mit.

Onek steht auf und folgt dem Baron. Der Bucklige tritt mit einem Spaten aus dem Haus und geht rechts ab.

Siebte Szene

Onek und der Baron treten wieder von rechts auf. Onek verbirgt sein Gesicht in seinen Händen.

ONEK O Gott, Gott…
BARON Sie wissen, was darauf steht?
ONEK Aber ich habe doch nicht absichtlich…!
BARON Wie wollen Sie das beweisen?
ONEK *nimmt die Hände vom Gesicht* Aber ich war das nicht, ich schwöre es!
BARON Wer dann?
ONEK Ich habe nur einmal geschossen!
BARON Aber mit Erfolg. Genau in die Schläfe.
ONEK Das war jemand anders. Ich war hier… *Er zeigt nach links…* und der andere… *Er zeigt nach rechts.*
BARON Gut. Sie haben nur einmal geschossen. Nehmen wir an, ich glaube Ihnen. Nehmen wir an, daß Ihnen auch die Polizei glaubt. Natürlich kann man feststellen, welcher Schuß tödlich war. Aber woher wissen Sie, daß es nicht Ihr Schuß war? Wollen Sie eine Untersuchung riskieren, ohne vorher zu wissen, was dabei herauskommt? Und wie erklären Sie, weshalb Sie überhaupt geschossen haben?
ONEK Was soll ich machen, was soll ich machen…
BARON Ich weiß nicht. Das müssen Sie selber wissen.

ONEK Retten Sie mich.

BARON Lassen Sie uns überlegen. Es herrscht Ausnahmezustand. Das Verschwinden der Exzellenz kann nicht unbemerkt bleiben. Jeden Augenblick wird die Suche anfangen. Wenn sie ihn nicht finden, wird man vermuten, daß er Opfer eines Anschlags geworden ist. Was folgt darauf? Eine Großfahndung, Treibjagd, Repressionen auf allen Gebieten. Verhöre ... Dann haben Sie die Wahl, zu gestehen oder zu beweisen, daß Sie nichts wissen. Wenn Sie sich stellen, riskieren Sie eine Untersuchung, deren Ergebnis für Sie verhängnisvoll sein kann. Nehmen wir also an, daß Sie sich nicht stellen. Nur wir drei wissen, was passiert ist, der Bucklige, Sie und ich. Sie gestehen nichts, für mich bürge ich selbstverständlich, aber der Bucklige ...

ONEK Sagt aus!

BARON Sie müssen sich entscheiden. Vertrauen Sie ihm Ihr Leben an?

ONEK Mein Leben?

BARON Wir haben von einer normalen Untersuchung gesprochen – in normalen Zeiten. Aber während des Ausnahmezustandes ist eine standrechtliche Exekution ohne Gerichtsurteil wahrscheinlicher. Selbst wenn sich der Bucklige auf eine einfache Denunziation beschränkt und keine Erklärungen abgibt, die Sie zusätzlich belasten.

ONEK Ich bin verloren.

BARON Sie müssen sofort fliehen.

ONEK Wohin?

BARON Ins Ausland. Aber vor allem müssen Sie aus diesem Haus verschwinden. Und zwar sofort! Auf der Stelle! Sie haben keinen Augenblick zu verlieren.

ONEK *läuft wie von Sinnen zur Veranda; er bleibt stehen* Aber meine Frau?... Was sag ich meiner Frau...

BARON Am besten wäre es, wenn sie gar nichts erführe.

ONEK Ich soll wegfahren, ohne mich von ihr zu verabschieden?

BARON Das ist betrüblich, aber unvermeidlich.

ONEK Sagen Sie ihr...

BARON Was immer Sie wünschen.

ONEK Sagen Sie ihr, daß ich eine wichtige Nachricht erhalten habe. Eine plötzliche Vorladung. Ein Telegramm.

BARON Bitte, sehr gern.

ONEK Daß ich sie liebe und ihr bald schreibe.

BARON Ich werde nicht versäumen, ihr das auszurichten. Sie können ganz beruhigt sein.

ONEK Oder ich schicke ein Telegramm! *Er läuft zur Veranda.*

BARON Einen Augenblick!

Onek bleibt mitten im Laufen stehen. Der Baron streckt die Hand aus. Onek rennt zum Baron zurück, zieht dabei die Pistole aus der Tasche und gibt sie dem Baron zurück. Danun läuft er ins Haus. Der Baron steckt die Pistole in die rechte Jackettasche. Von rechts tritt der Student auf.

STUDENT Meine Verehrung! Was gibt es Neues in den höheren Kreisen? *Der Baron greift in die Tasche und holt aus der Brusttasche des Jacketts eine Pistole her-*

vor, die derjenigen, die er vor einem Augenblick in die rechte Jackettasche gesteckt hat, aufs Haar gleicht. Er gibt dem Studenten die Pistole. Was ist das, und wozu geben Sie mir das?

BARON Ich gebe es zurück. Als ehrlicher Finder …

STUDENT Aber wo haben Sie das gefunden!

BARON In der Hand des Ermordeten.

STUDENT Das heißt?

BARON In der Hand Seiner Exzellenz.

STUDENT Ist er tot?

BARON Man hat ihn vor einem Augenblick erschossen. *Pause.*

STUDENT Woher wissen Sie, daß es Mord war? *Der Baron zuckt die Achseln.* Seien wir logisch. Sie haben ihn mit der Waffe in der Hand gefunden, nicht wahr?

BARON Ja.

STUDENT Also hat er sich selbst erschossen.

BARON Das ist nicht sicher.

STUDENT Warum?

BARON Es könnte ihn jemand erschossen und ihm die Pistole in die Hand gedrückt haben.

STUDENT Wozu?

BARON Um einen Selbstmord vorzutäuschen. *Pause.*

STUDENT Und Sie verdächtigen mich?

BARON Ja.

STUDENT Unsinn. Was für Gründe sollte ich haben? Genausogut könnten Sie den Rechtsanwalt verdächtigen.

BARON Der ist über jeden Verdacht erhaben.

STUDENT Warum? Ich weiß, daß er eine Pistole hatte. Von Ihnen.

BARON Die Pistole, die ich ihm geliehen habe, war nur mit Platzpatronen geladen.

STUDENT Hat er das gewußt?

BARON Nein.

STUDENT Und Sie haben ihm eine Pistole geliehen und verheimlicht, daß sie nur mit Platzpatronen geladen war? Warum?

BARON Damit er kein Unheil anrichtet. Er ist nervös und unfähig, mit einer Waffe umzugehen.

STUDENT Weshalb haben Sie ihm dann überhaupt eine Pistole geborgt?

BARON Aus Höflichkeit. In letzter Zeit litt er unter Verfolgungswahn und bat mich, ihm eine Pistole zu leihen. Zur Selbstverteidigung, wie er behauptete. Ich habe seine Bitte erfüllt. Ich wußte, daß keine Gefahr bestand.

STUDENT Sehr fürsorglich.

BARON Außerdem konnte ich ihm nur Platzpatronen geben. Ich habe nie scharfe Munition im Haus. Meine Frau hat öfters hysterische Anfälle … *Pause.*

STUDENT Was geschieht mit der Leiche?

BARON Ich habe ihn begraben lassen.

STUDENT Ohne die Behörden zu benachrichtigen?

BARON Ich glaube, daß Diskretion in diesem Fall in unser aller Interesse liegt.

STUDENT Ich habe nichts zu verbergen.

BARON Wollen Sie, daß ich die Behörden benachrichtige?

STUDENT Nein.

BARON Ausgezeichnet.

Der Student geht auf die Veranda zu. Er bleibt stehen, kehrt um und geht ganz nah an den Baron heran. Er streckt die Hand nach der Pistole aus. Der Baron gibt ihm die Pistole.

STUDENT Sie brauchen keine? *Der Baron zieht die andere Pistole aus der rechten Jackettasche.* Platzpatronen.

BARON Jetzt nicht mehr. *Er nimmt das Magazin heraus und steckt es in die rechte Jackettasche. Dann greift er wieder in die Brusttasche und zieht ein anderes Magazin heraus. Er wirft es auf die Hand. Er steckt das Magazin in die Pistole.* Wir haben dasselbe Kaliber.

Der Student überprüft seine Pistole. Er merkt, daß das Magazin fehlt. Er steckt seine Pistole in die Tasche und geht wortlos ins Haus. Der Baron sieht ihm nach. Erst als der Student in das Haus eingetreten ist, steckt er die Pistole in seine Brusttasche. – Von rechts kommt der Bucklige mit dem Spaten.

BUCKLIGER Alles erledigt, Herr Baron.

BARON Es müßte mit einer Grasnarbe zugedeckt werden.

BUCKLIGER Habe ich gemacht. Keine Spur mehr.

BARON Sehen wir es uns mal an. *Der Baron und der Bucklige gehen rechts ab.*

Langsam öffnet sich die Verandatür. Onek erscheint mit seiner Reisetasche. Er setzt seinen Kneifer auf, sieht sich vorsichtig um und prüft, ob der Weg frei ist. Er rennt von der Veranda herunter und verschwindet links. Dunkel.

Achte Szene

Der Schaukelstuhl steht wieder auf der Veranda. Auf dem Schaukelstuhl sitzt der Baron. Er wartet. – Auf dem Pfad an der Gartenlaube vorbei kommen die Baronin und Onka. Der Baron steht auf und geht ihnen entgegen.

BARON *zu Onka* Ich möchte Ihnen gern etwas sagen. *Zur Baronin.* Du hast doch nichts dagegen?

BARONIN Aber keineswegs! Unterhaltet euch nur! *Sie geht ins Haus.*

BARON Ich fahre nach Italien.

ONKA Glückliche Reise.

BARON Venedig, Siena, Sorrent … ganz zu schweigen von Neapel und Capri.

ONKA Eine sehr schöne Reise.

BARON Ich lade Sie ein, mit mir zu fahren.

ONKA Habe ich Sie richtig verstanden?

BARON Ich bitte Sie, mich zu begleiten.

ONKA Also habe ich mich geirrt.

BARON Nein. Ich gebe zu, daß es etwas überraschend kommt, aber …

ONKA Ich dachte, daß Sie mich begleiten wollten.

BARON Wir fahren also zusammen.

ONKA Aber ich habe noch gar nicht zugestimmt.

BARON Aber Sie sind einverstanden.

ONKA Nicht im geringsten.

BARON Sie lehnen ab?

ONKA Natürlich! Was stellen Sie sich vor?

BARON Ohne nachzudenken?

ONKA Mein lieber Herr Baron. Ich glaube, ich sollte mich in keine Diskussion mit Ihnen einlassen. Ich wundere mich wirklich, wie Sie, ein Mann aus besseren Kreisen, mir einen solchen Vorschlag machen können. Ich wundere mich, daß Sie über meine Reaktion erstaunt sind, und gestehe, daß ich sehr enttäuscht bin. Ich hatte eine bessere Meinung von Ihnen. Ich wundere mich, weshalb ich noch mit Ihnen rede, statt ohne ein Wort zu gehen. Ich wundere mich überhaupt, und alles, was ich für Sie tun kann, ist, diesen geschmacklosen Vorschlag, der Sie kompromittiert, schnellstens zu vergessen.

BARON Was ist daran kompromittierend?

ONKA Sie vergessen, daß ich eine verheiratete Frau bin.

BARON Das wollen wir doch nicht so ernst nehmen.

ONKA Nein? Und warum nicht?

BARON Ihre Ehe scheint nicht sehr glücklich zu sein.

ONKA Das ist unerhört. Sie maßen sich das Recht an, über meine Ehe zu urteilen.

BARON Ich habe schließlich Gründe, zu glauben…

ONKA Sie haben Gründe! Sie vergessen nicht nur, daß ich eine verheiratete Frau bin, sondern Sie vergessen auch, daß es Männer gibt, die von ihren Frauen nicht verlassen werden. Aber nun ja, in Ihrem Fall ist das verständlich.

BARON Es gibt dagegen Frauen, die von ihren Männern verlassen werden.

ONKA Aber nicht ich.

BARON Natürlich Sie.

ONKA Das ist der Gipfel der Unverschämtheit.

BARON Ihr Mann hat Sie verlassen.

ONKA Was soll das heißen …

BARON Er hat Sie für immer verlassen. Ohne Abschied. Er hat den Augenblick Ihrer Abwesenheit genutzt, seine Sachen gepackt und ist abgefahren. *Onka setzt sich auf einen Stuhl.* Ich verstehe, es fällt Ihnen schwer, das zu glauben, aber Sie werden sich damit abfinden müssen. Selbst wenn Sie mir in diesem Augenblick nicht glauben, die Tatsachen sind unerbittlich. Sie sind eine Frau, die sitzengelassen worden ist.

ONKA Warum hat er das getan …

BARON Weil er Sie nicht liebte.

ONKA Woher wissen Sie das …

BARON Von ihm. Er hat es mir selber gesagt. Ich war sein Vertrauter.

ONKA Und das haben Sie gewußt, als Sie mir vorschlugen …

BARON Ja.

ONKA Warum haben Sie es mir nicht gleich gesagt?

BARON Das wäre … taktlos gewesen. *Onka schweigt. Pause.* Ich halte auf jeden Fall meinen Vorschlag aufrecht.

ONKA Reden wir jetzt nicht davon.

BARON Wir haben Zeit.

Onka geht ins Haus. Dunkel.

Neunte Szene

Abend. Rechts am Tisch sitzt der Baron. Der Bucklige kommt beladen mit Koffern, Hutschachteln usw. aus dem Haus. Er stellt die Koffer vor der Veranda ab. Der Baron sieht ihm zu. Der Bucklige geht ins Haus, um die nächsten Gepäckstücke zu holen. Dann tritt er links ab. Die Baronin und Onka erscheinen auf der Veranda. Der Baron steht auf. Onka hält sich abseits, die Baronin geht zum Baron und streckt ihm die Hand hin. Der Baron und die Baronin geben sich die Hände. Dann tritt die Baronin zur Seite. Onka geht zum Baron und streckt ihm die Hand hin, der Baron bleibt steif stehen.

ONKA Auf Wiedersehen.

BARON Aber Sie bleiben doch.

BARONIN Nein, sie fährt mit mir.

BARON Wohin?

BARONIN Venedig, Siena, Sorrent…

BARON *zu Onka* Ist das wahr? *Onka bestätigt es mit einem Kopfnicken.* Das ist nicht möglich…

BARONIN Ich nehme sie mit. In ihrer Situation ist es die beste Lösung.

BARON Mit dir?

BARONIN Ich brauche eine Gesellschaftsdame.

BARON Aber braucht sie dich?

BARONIN Natürlich, dieser Schuft hat sie ohne jeden Groschen sitzenlassen. Nicht wahr, meine Liebe? *Onka bestätigt es mit einem Kopfnicken.* Zum Glück nehme ich mich ihrer an.

BARON *zu Onka* Sie haben schließlich eine Alternative...

BARONIN In meiner Gegenwart brauchst du dich nicht hinter Anspielungen zu verstecken. Die Kleine hat mir alles erzählt. Nicht wahr? *Onka bestätigt es mit einem Kopfnicken.*

BARON Weshalb also...

BARONIN Du benimmst dich wie ein Schwein. Entschuldige den Ausdruck, aber man kann es schwerlich anders nennen. Was soll man von einem Mann sagen, der das Unglück einer verlassenen Frau ausnutzt? Nur das, was ich gesagt habe. Nicht wahr, meine Liebe?

BARON Ah, so hast du ihr das dargestellt...

BARONIN Da ich eine Frau bin, war es meine Pflicht, ihr die Augen für dein Verhalten zu öffnen. Sie ist meine Freundin, und ich lasse nicht zu, daß ein männlicher Schakal wie du...

Von links kommt der Bucklige, er zieht einen Wagen hinter sich her. Er bleibt vor der Veranda stehen und lädt das Gepäck auf.

BARON Sagst du das zu mir oder zu ihr?

BARONIN Zu dir natürlich.

BARON *zu Onka* Und Sie glauben ihr?

BARONIN Wenn etwas so offensichtlich ist, kann man nicht zweifeln.

BARON Ich habe dich unterschätzt.

BARONIN Ich danke dir für das Kompliment, aber ich brauche es nicht mehr. *Sie geht zum Wagen und zählt die Koffer. Der Baron und Onka stehen sich schwei-*

gend gegenüber. Eins, zwei, drei… wo ist mein Plaid…

ONKA In dem großen Koffer.

BARONIN Ich habe dir hundertmal gesagt, daß ich es gesondert haben möchte.

ONKA Ich hab's vergessen.

BARONIN Vergessen, vergessen, alles vergißt du, was ich dir sage. *Der Bucklige spannt sich vor den Wagen. Er geht, den Wagen ziehend, rechts ab. Die Baronin zu Onka.* Gehen wir. *Zum Baron.* Tschüs, mach's gut.

Der Baron richtet sich auf, rückt seine Schirmmütze zurecht, streicht das Jackett glatt und geht zu Onka. Er steht vor ihr.

BARON Wollen Sie meine Frau werden?

BARONIN Was soll das?

BARON *ohne auf die Baronin zu achten, direkt zu Onka* Ich bitte Sie um Ihre Hand.

BARONIN Um die Hand… Er bittet um ihre Hand… *Sie beginnt zu lachen, immer lauter zu lachen. Onka und der Baron hören unwillkürlich auf, sich anzusehen, und wenden sich zur Baronin. Ihr Lachen vernichtet die Feierlichkeit und die Spannung des Augenblicks.*

BARON Hör auf zu lachen!

BARONIN Er bittet um ihre Hand. Der König der Intriganten, der Kaiser der Betrüger, der Fürst der Schwindler und Lügner, der Baron von Bluff erklärt sich! Nein, ich kann nicht mehr, das ist zuviel!

BARON Bitte kümmern Sie sich nicht um sie. Ich meine es ernst.

BARONIN Ernst! Hör auf, das ist zu komisch. *Der Baron läßt Onka stehen und geht auf die Baronin zu, die immer noch hysterisch lacht.* Du bist großartig! Geradezu unwahrscheinlich! Aber schone dich, schone dich, du übernimmst dich!

Der Baron packt sie am Hals. Das Lachen der Baronin bricht ab, ihr Gesichtsausdruck verändert sich. Onka dreht sich um und läuft schnell nach rechts. Der Baron läßt die Baronin los und folgt Onka ein paar Schritte. Die Baronin betastet ihren schmerzenden Hals; mit einem Lachen, das kaum von Weinen zu unterscheiden ist, geht sie rechts ab. Dunkel.

Zehnte Szene

Dämmerung. Fröschequaken und Grillenzirpen. Um den Tisch stehen fünf Stühle. Aber nur zwei sind besetzt. Vom Baron und dem Studenten. Beide sitzen mit dem Gesicht zum Publikum. Auf dem Tisch stehen ein Samowar, eine Zuckerdose und eine Schale mit Keksen. Der Baron und der Student trinken schweigend Tee. Nach kurzem…

STUDENT Könnten Sie etwas spielen? Ich mag Musik. *Der Baron reagiert nicht. Der Student nimmt die Schale und bietet dem Baron Kekse an. Der Baron reagiert nicht. Der Student hält die Schale eine Weile lang vor dem Baron. Dann stellt er sie wieder auf den Tisch.* Sie haben doch immer gegessen. Poularden, Omelettes, Vol-au-vent, Sauce béarnaise, Champignons à la crème... Sie verstehen was davon... Delikatessen. Wollen Sie wirklich nicht? Vielleicht ein bißchen...

BARON Könnten Sie mal nichts reden?

STUDENT Warum? Am Tisch darf jeder reden. Sie waren immer die Seele der Unterhaltung.

BARON *gelangweilt* Halten Sie den Mund...

STUDENT Was höre ich? Und das von einem Menschen mit makellosen Manieren...

BARON Vor wem spielen Sie sich so auf?

STUDENT Ich?

BARON Ja. Es ist niemand mehr da. Also vor wem. Wir sind allein.

STUDENT Ja eben. Eine melancholische Bemerkung. Der Seufzer eines Schauspielers im leeren Theater. Das tragische Los eines Zauberkünstlers, der nur auf der Bühne lebendig ist. Aber im Zuschauerraum ist niemand mehr. Alle sind gegangen. Die Lichter sind erloschen. Also wozu, für wen? Also mit wem? Ich zähle nicht. Mich haben Sie nie in Betracht gezogen.

BARON Armes, vergessenes Knäblein...

STUDENT Alter Komödiant.

BARON Ungeliebt, also ganz arm dran, ganz arm...

STUDENT Alle außer mir haben sich täuschen lassen. Ein elegantes Spiel, sie hatten Tränen in den Augen. Besonders die Damen. Hysterische Anfälle, Applaus für den Publikumsliebling... Unser Star, unser erster Liebhaber... Aber die Vorstellung ist aus.

BARON Und dabei hatte man so auf Liebe gehofft…

STUDENT Schmierenkomödiant!

BARON Die Rache einer Jungfrau.

STUDENT Narr!

Der Baron wendet langsam sein Gesicht dem Studenten zu. Sie sehen sich schweigend an.

BARON Da haben Sie recht.

STUDENT Sie lieben niemanden.

BARON Und Sie?

STUDENT Ich hasse wenigstens.

BARON Wen?

STUDENT Sie.

BARON Und hebt das Ihr Lebensgefühl?

STUDENT Da habe ich wenigstens etwas.

BARON Wie lange kann man hassen…

STUDENT Bis an sein Lebensende.

BARON Sie sind jung…

STUDENT *steht auf* Aber ich werde nicht lange leben. *Er geht ins Haus. Dunkel.*

Elfte Szene

Ein sonniger Morgen, sehr früh. Vogelgezwitscher. Der Baron schläft, mit dem Kopf auf seinen Armen auf dem Tisch. Vor ihm auf dem Tisch stehen der Samowar, die Zuckerdose, die Schale mit den Keksen sowie eine leere Flasche und ein Glas. Neben dem Baron steht der Bucklige in einer Leinenschürze. In der Hand hält er ein Tablett, mit der anderen schüttelt er vorsichtig den Baron.

BARON *noch im Schlaf* He? *Der Bucklige weckt ihn, der Baron richtet sich auf.* Kaffee. *Er reibt sich die Augen.*

BUCKLIGER Es gibt keinen Kaffee.

BARON He?

BUCKLIGER Es gibt keinen mehr.

BARON Was?

BUCKLIGER Es gibt keinen zu kaufen. *Der Baron steht auf. Er sieht zerknautscht und unrasiert aus. Er geht auf die Veranda zu.* Herr Baron...

BARON *bleibt stehen.* Ja?

BUCKLIGER Ich mach den Laden hier zu.

BARON Wie?

BUCKLIGER Es lohnt sich nicht mehr. Die Gäste sind alle abgereist.

BARON Alle?

BUCKLIGER Der junge Herr ist auch weggefahren. Auf dem Fahrrad.

BARON Aha. Und ich könnte nicht bleiben?

BUCKLIGER Die Zeiten sind so unsicher geworden...

BARON Gut. Wann geht der nächste Zug?

BUCKLIGER Züge fahren nicht mehr.

BARON Fahren nicht mehr?

BUCKLIGER Mit dem letzten Zug sind die Damen gefahren.

BARON Dann bestell Pferde.

BUCKLIGER Es gibt keine Pferde mehr.

BARON Auf dem Land gibt es keine Pferde?

BUCKLIGER Nein.

BARON Sag den Bauern, daß ich gut zahle.

BUCKLIGER Es gibt keine Bauern mehr.

BARON Ach so! *Er geht ins Haus.*

Der Bucklige stellt den Samowar, die Zuckerdose, die Tassen, die Schale, dann die Flasche und das Glas auf das Tablett. Er stellt das Tablett auf dem Stuhl ab. Er nimmt die Decke vom Tisch, schüttelt sie aus und legt sie zusammen. Er legt das zusammengefaltete Tischtuch auf den Tisch. Er stellt das Tablett auf den Tisch, trägt die Stühle auf die Veranda, wo er sie in einer Ecke aufstapelt. Als er den letzten Stuhl aufgeschichtet hat, kommt der Baron aus dem Haus. Er trägt einen langen Mantel und einen Hut mit einem breiten Rand. In der linken Hand hat er einen Koffer, in der rechten einen Stock. Er geht nah an dem Buckligen vorbei, ohne ihn zu beachten, gleichgültig, als ob er nicht existierte. Er dreht sich nicht einmal zu ihm um; der Bucklige dagegen unterbricht seine Arbeit und sieht ihm nach. Der Baron steigt die Stufen der Veranda hinunter, ohne sich umzusehen. Der Bucklige sieht ihm nach, dann dreht er sich um und geht ins Haus. In der Mitte der Bühne bleibt der Baron stehen, stellt den Koffer ab, nimmt den Stock in die linke Hand und hebt mit der rechten den Koffer an. Der Bucklige kommt mit einem Paar Damenschuhen mit hohen Absätzen aus dem Haus. Er steht auf der Veranda und ruft dem Baron nach.

BUCKLIGER Herr Baron! Herr Baron! *Der Baron dreht sich um und wartet.* Ihre Frau hat ihre Schuhe vergessen.

Der Baron dreht sich um und geht rechts ab. Der Bucklige steht einen Augenblick lang mit den Schuhen in der Hand da, dann stellt er sie auf das Tablett, neben den Samowar, die Zuckerdose, die Tassen, die Schale, die Flasche und das Glas. Er wirft das zusammengefaltete Tischtuch über den Arm, nimmt das Tablett und trägt es ins Haus.

Die polnische Uraufführung des Stückes erfolgte 1975 in Krakau.

Das Haus auf der Grenze

Eine Posse

Personen

Ich
Ehefrau
Schwiegermutter und Schwiegervater
Vier Diplomaten
Zwei Zöllner
Zwei Kinder
Hauptmann der Pioniere
Schmuggler
Wächter

Vom Autor

Dieses Werk ist kein Theaterstück in dem Sinne, daß es nicht mit dem Gedanken an die Bühne geschrieben wurde. Es entstand als Fernsehfilm-Adaptation, die ich nach meiner eigenen Erzählung mit dem gleichlautenden Titel geschrieben habe.

Vielleicht kann man diese Adaptation der Erzählung zu einer Adaptation für das Theater umarbeiten, das die außertheatralischen Mittel adoptiert, um sich an die Gegenwart anzupassen.

Auf jeden Fall soll niemand sagen, daß ich, als es adaptiert wurde, abseits stand.

Erste Szene

Ein rechteckiger Tisch mit einer zu großen, fast bis auf den Boden fallenden Tischdecke. Auf dem Tisch sechs Gedecke. Das Zimmer ist ungleichmäßig beleuchtet. Am hellsten ist der Tisch beleuchtet, der Rest der Wohnung liegt im Halbdunkel. Die Stühle sind keine modernen. Andere Gegenstände, die später auftauchen, sind nicht teuer und schon gar nicht nach irgendwelchen ästhetischen Regeln zusammengestellt, sondern sind ganz verschiedene, im Laufe der Jahre abgenutzt.

ICH *eine durchschnittliche Person, ohne Jackett, in Hosenträgern. Hält eine Zeitung auf den Knien, liest sie aber nicht. Sitzt bequem ausgestreckt neben dem Tisch, redet laut, aber nicht zum Publikum, er sitzt im Profil zum Publikum.* Wie schön das ist. Der Abend kommt. Nach einem ganzen Tag schwerer, aber ehrlicher Arbeit versammeln wir uns am gemeinsamen Tisch. Die Frau, die Kinder, die Eltern der Frau … Wir sind nicht reich, aber was fehlt uns noch? Wir sitzen bei uns, zu Hause. Nur die eigene Familie. Ich, meine Frau, wir allein, bei uns. Wir brauchen sonst nichts. Von niemandem. Leben und leben lassen. Es lebe die Ruhe und die Unabhängigkeit! Die Dämmerung bricht an. Wie schön.

Die Frau erscheint mit einer Schüssel. Sie stellt die Schüssel auf den Tisch.

FRAU Abendessen.

ICH Da bitte, mein Abendessen in meinem Haus.

Am Tisch erscheinen der Schwiegervater und die Schwiegermutter, gewöhnliche alte Leute, er kann einen Bart und einen Schnurrbart haben.

SCHWIEGERVATER *reibt sich die Hände* Was gibt es, Klöße, scheint es…

SCHWIEGERMUTTER Da sind sie.

ICH Meine Schwiegermutter und mein Schwiegervater.

FRAU *ruft in die Tiefe des Hauses* Abendessen!

Die Kinder laufen herein.

ICH Meine Kinder… *Er runzelt die Stirn, überlegt.* Ja zum Kuckuck, meine!

FRAU Fehlt noch was?

ICH Setzt euch alle. *Er tut jedem auf, erst der Schwiegermutter; Nahaufnahme der Schwiegermutter* Mama?

SCHWIEGERMUTTER Mir nur ein bißchen.

ICH Der angenehmste Augenblick! Papa? *Nahaufnahme des Papas.*

SCHWIEGERVATER Mir schmeiß ruhig was drauf.

ICH Dieser mir so wohlbekannte Schnurrbart, so geliebt… Jetzt du, meine liebe Frau! *Nahaufnahme der Frau.*

FRAU Erst die Kinder.

ICH Oh, was für eine gute Mutter! So soll es sein. Eryk, schieb den Teller her.

Nahaufnahme eines der Kinder. Achtung, alle bisherigen Nahaufnahmen gehen direkt eine in die andere über, vielleicht eine illustrierende Musik dazu. Jetzt erscheint unerwartet ein distinguierter Diplomat in Frack und Zylinder, auf seinen Knien sitzt der kleine Eryk. Vielleicht ein Musikakzent. Einen Augenblick lang ein unbewegtes Bild, Stille.

ICH Und wer ist das?

1. DIPLOMAT *lüftet den Hut* Das bin ich.

ICH Und wie kommen Sie hierher?

1. DIPLOMAT Ich bin im Namen…

ICH Ganz gleich, ich gebe keine Klöße ab!

ERYK Papaaa… *weint.*

1. DIPLOMAT Ich erkläre das.

ICH Ich kenne Sie nicht! Ein Fremder in meinem Haus.

Wieder ein vehementer Musikakzent, Großaufnahme des 2. Diplomaten, auf dessen Knien das zweite Kind sitzt.

ICH Du lieber Himmel, noch einer, woher kommen die denn plötzlich!

2. DIPLOMAT *lüftet den Zylinder* Guten Abend…

ICH Guten…

3. DIPLOMAT *der in der folgenden Nahaufnahme erscheint und neben dem Schwiegervater auf dessen*

Stuhl sitzt, der Schwiegervater ist ebenfalls überrascht. Abend…

Die nächste Großaufnahme. Die Frau sitzt auf dem Schoß des 4. Diplomaten, der, ohne etwas zu sagen, den Kopf neigt und den Zylinder voller Courtoisie lüftet.

ICH Was soll das heißen?

Achtung: Bis dahin hat sich die Handlung bei Musikbegleitung und in einem gewissen »nichtrealistischen« Rhythmus abgespielt, jetzt wird sie »realistisch«, ähnlich wie in der Operette »realistische« Dialogpartien den Arien folgen.

1. DIPLOMAT Bitte verzeihen Sie uns, wenn das notwendig sein sollte. Wir kommen jedoch als Bevollmächtigte einer übergeordneten Organisation, die uns verpflichtet hat, eine Aufgabe zu erfüllen, die in den Bereich unserer Fähigkeiten und Vollmachten fällt.

ICH Wer sind denn die Herren?

DIPLOMATEN *im Chor* Diplomaten!

SCHWIEGERVATER Das ist aber eine Überraschung!

ICH Wenn es so ist, ist das was anderes. Willkommen, willkommen. Obwohl das merkwürdig ist, Diplomaten in meinem Haus… Und hier ist es nicht aufgeräumt, die Betten sind schon für die Nacht abgedeckt, überall Unordnung… Vielleicht einen kleinen Kloß?

1. DIPLOMAT Danke, wir haben schon gegessen.

SCHWIEGERVATER Eine diplomatische Antwort.

ICH So unerwartete Gäste! Wir sind arme Leute, was können wir Ihnen geben, wie sollen wir Sie bewirten. So eine Ehre!

I. DIPLOMAT Vor allem lassen Sie sich bitte nicht stören.

SCHWIEGERVATER Heilige Worte. Na, dann essen wir.

ICH Aber was führt Sie hierher, meine Herren?

I. DIPLOMAT Wir haben da so eine Angelegenheit.

ICH Und können wir bei dieser Angelegenheit helfen?

I. DIPLOMAT Es ist eine internationale Angelegenheit. Augenblicklich findet gerade eine Konferenz statt, im allgemeinen Rahmen versteht sich, absolut international, ganz universal.

SCHWIEGERVATER *der inzwischen seinen Teller geleert hat* Ich hätte gern noch was.

ICH Still, hier redet Europa!

SCHWIEGERVATER Aber ich habe Hunger.

EINER DER DIPLOMATEN Eine Konferenz die Grenzen betreffend.

EINER DER DIPLOMATEN ... Und es wurde festgelegt, daß die Grenze zwischen den Mächten ...

ICH *höflich* Sehr gut, bravo, bravo!

Ein lautes Kreischen von Eryk.

ICH Was ist los?

ERYK Er kneift mich!

ICH Wie redest du von dem Herrn, schäm dich!

I. DIPLOMAT Still, Kind. Es wurde also festgelegt, daß die Grenze hier ist.

ICH Ausgezeichnet!... Wie, hier?

I. DIPLOMAT Hier, bei Ihnen.

ICH Ich verstehe nicht, in meinem Haus?

I. DIPLOMAT Oh, oh, oh, genau.

ICH Hier in dieser Wohnung?

I. DIPLOMAT Und nicht anders.

ICH Durch diese Stube?

I. DIPLOMAT Und durch die Küche. Im übrigen werden wir die Grenze gleich ausstecken. Bitte die Herren. *Die Diplomaten erheben sich.* Fangen wir an.

ICH Augenblick mal, wie denn das, wir wohnen hier, schlafen, essen …

I. DIPLOMAT Wir bestätigen das und gehen.

KINDER *springen herum und skandieren fröhlich* Hier wird die Grenze sein, die Grenze, die Grenze!

ICH Ruhe! Einen Augenblick. Könnte man das nicht wenigstens hinter dem Haus machen? Durch den Hof, durch den Garten. Da ist es sehr schön. Die Sonne scheint, es regnet, eben Natur. Wieso bei mir? Bei mir ist es eng, traurig, langweilig …

I. DIPLOMAT Sie kennen sich da nicht aus. Es geht darum, daß die Grenze zwischen den Mächten auf möglichst natürliche Art und Weise verläuft.

ICH Was heißt das?

I. DIPLOMAT Sie werden gleich sehen.

KINDER *springen und hüpfen herum* Hier wird die Grenze sein, die Grenze, die Grenze …

ICH Ruhig, Kinder. *Zur Frau* Was sagst du dazu?

FRAU Daß sie mir nur nicht den Boden schmutzig machen, ich habe gerade aufgewischt.

ICH Haben Sie gehört, meine Herren?

FRAU Und daß kein Zug entsteht.

ICH Also bitte. Nur eine Bitte: sauber und ordentlich.

DIPLOMATEN *im Chor* Darum machen Sie sich keine Sorgen.

Zweite Szene

Die Tür von der Küche zum Wohnzimmer ist geschlossen. Vor der Tür sind versammelt: Ich, die Frau, der Schwiegervater, die Schwiegermutter. Der Schwiegervater sieht durchs Schlüsselloch.

ICH Was siehst du, Vater?

SCHWIEGERVATER Sie sitzen und beraten…

SCHWIEGERMUTTER Selbst die Kinder lassen sie nicht schlafen. Es ist schon spät. Schade um das Petroleum.

ICH Wie spät ist es?

Die alte Wanduhr schlägt zwölf.

SCHWIEGERVATER *sieht durchs Schlüsselloch* Sie beraten sich zäh und heftig.

ICH Eine historische Stunde, ein unsterblicher Abend. Noch nie in der Geschichte sind in diesem Haus so wichtige Ereignisse vorgefallen.

Die Tür geht auf, einer der Diplomaten kommt heraus, geht zum Estrich, sucht etwas. Ich tritt hinter ihn.

ICH Wie läuft der Kongreß?

EINER DER DIPLOMATEN Schwierige Sache.

ICH Aber es geht voran?

EINER DER DIPLOMATEN Langsam.

ICH Was für ein Ergebnis?

EINER DER DIPLOMATEN Noch keins. Ich suche ein Glas.

ICH Da. *Der Diplomat nimmt das Glas und geht zum Wasserhahn. Er füllt das Glas mit Wasser. Ich immer ihm nach.* Keine Neuigkeiten?

EINER DER DIPLOMATEN *trinkt Wasser* Die Grundsätze haben wir so notdürftig bis zu einem gewissen Grade festgelegt, daß zum Beispiel keine der beiden Seiten benachteiligt werden darf. Die natürlichen Ressourcen müssen so geteilt werden, daß es beiden Seiten gerecht wird.

ICH Was für Ressourcen?

EINER DER DIPLOMATEN Die natürlichen Ressourcen, natürlich.

ICH Ganz recht, aber…

EINER DER DIPLOMATEN Kein ›aber‹, es geht um historische Gerechtigkeit.

ICH Selbstverständlich, ich würde aber gern fragen…

EINER DER DIPLOMATEN Verzeihung, ich habe jetzt keine Zeit. Ich habe es sehr eilig zur Konferenz. Madame… *Er zieht den Zylinder vor der Frau und geht hinaus.*

ICH Habt ihr das gehört?

FRAU Sehr höflich.

ICH Ein schlauer Fuchs, er wollte mir nichts sagen.

FRAU Er ist eben Diplomat.

ICH Aber ich würde gern wissen…

Man hört Schläge wie mit einem Hammer aus dem Zimmer.

SCHWIEGERVATER *sich umsehend* O verdammte Scheiße!
ICH Laß mich durch, Vater.

Er schiebt den Schwiegervater beiseite und sieht selber durch das Schlüsselloch. Man kann durch das Schlüsselloch sehen, wie die Diplomaten ein Schild mit der Aufschrift: »Freiheit, Gleichheit, Brüderlichkeit« auf dem Tisch anbringen. Jetzt guckt auch die Frau durchs Schlüsselloch.

FRAU Sie machen die Möbel kaputt!
ICH Offensichtlich muß das so sein.
FRAU Der Tisch war ganz neu!
SCHWIEGERVATER Vielleicht machst du sie darauf aufmerksam?
ICH Um nichts in der Welt. Das sind schöne Parolen. Sind wir etwa Barbaren?
SCHWIEGERVATER Schade um den Tisch.
ICH Schade um den Tisch für eine Idee? Mir macht das nichts aus. Natürlich hätten sie das auch mit Leim machen können, warum gleich Nägel einschlagen.
SCHWIEGERVATER Na bitte, das ist Technik.
ICH Leise, sie kommen.

Die Tür geht auf, zwei Diplomaten kommen herein, verbeugen sich.

1. DIPLOMAT Wir haben eine Bitte.

2. DIPLOMAT Nichts Großes …

ICH Bitte, reden Sie.

1. DIPLOMAT Wir bräuchten irgendein Werkzeug, eine Säge oder so …

2. DIPLOMAT Eine Laubsäge …

ICH Aber wozu?

1. DIPLOMAT Gemäß den internationalen Vereinbarungen sollten alle Konferenzen an einem runden Tisch stattfinden. Aber bei Ihnen steht mit Verlaub ein rechteckiger Tisch. Das Protokoll erlaubt das nicht. Wir würden Ihnen also gern die Ecken absägen.

FRAU Was bitte?

1. DIPLOMAT Nur vier.

2. DIPLOMAT Einstweilen.

SCHWIEGERVATER Was zuviel ist, das ist ungesund.

ICH Still, Vater. Wie denn, ganz und gar, rund?

FRAU Meine Möbel!

1. DIPLOMAT Das wird so gemacht, es ist Gesetz.

SCHWIEGERVATER Aber später wird man die abgesägten Stellen sehen. Der Tisch ist die Zierde des Hauses. *Zu Ich* Was sagst du dazu?

ICH Könnte man nicht ohne Verletzungen …

1. DIPLOMAT Ich habe schon zweimal gesagt, daß man das nicht kann. Er muß rund sein.

ICH *zum Schwiegervater* Bring die Säge.

FRAU Vater, rette uns!

SCHWIEGERVATER Das ist der Ruin!

ICH Die Delegation wünscht das, hast du nicht gehört?

SCHWIEGERVATER Ich geh, ich geh ja schon …

FRAU O mein Tisch!

ICH Sie verzeihen, mein Schwiegervater hat einen beschränkten Horizont.

1. DIPLOMAT Aber wieso denn, das ist ein sehr intelligenter älterer Herr.

2. DIPLOMAT Und überhaupt ist es sehr angenehm bei Ihnen! Man würde gern so lange wie möglich hier bleiben! Eine zauberhafte Kleine. *Er faßt die Frau unterm Kinn.*

ICH Das ist meine Frau.

2. DIPLOMAT Pardon, ich dachte, es sei Ihr Sprößling. Sie sieht so jung und unschuldig aus. *Die Frau kichert.*

SCHWIEGERVATER *bringt die Säge* Da ist sie.

1. DIPLOMAT *überprüft die Schärfe* Genau darum ging es uns.

2. DIPLOMAT Wir gehen zurück, die Zeit drängt.

1. DIPLOMAT Obwohl wir uns sehr gut unterhalten haben, ruft uns die Pflicht. Adieu. *Sie wenden sich zur Tür.*

ICH Nur vorsichtig, um Gottes willen, vorsichtig…

EINER DER DIPLOMATEN Bitte?

ICH Ich wollte sagen…

2. DIPLOMAT Was?

ICH Nichts Wichtiges. *Die Diplomaten gehen hinaus.* Vorsichtig mit der Säge!

Man hört ein unbarmherziges Sägen. Ich hält sich die Ohren zu.

Dritte Szene

Ich, die Frau, Schwiegervater und Schwiegermutter vor derselben Tür. Alle vier liegen müde vor der Tür und schlafen. Hinter der Tür hört man charakteristische und unartikulierte Geräusche: feierliche pathetische Reden mit lautem Echo, die sich mit dem Schnarchen der Schlafenden vermischen. Plötzlich der laute Marsch eines Blasorchesters.

ICH Was ist das, was ist das?
SCHWIEGERVATER *steht stramm, salutiert im Schlaf* Achtung! Rechts um!
ICH *schüttelt den Vater* Was machst du denn, Vater, bist du verrückt geworden?
SCHWIEGERVATER Ach das bist du... Ich dachte, mir schien...
ICH Hast du was geträumt?
SCHWIEGERVATER Na sicher.
ICH Was?
SCHWIEGERVATER Hör doch... *Der vorherige Marsch bricht ab und man hört einen anderen.* Sie spielen...
ICH Irgendwelche Hymnen.
FRAU Wie spät ist es?

Dieselbe Uhr wie vorher schlägt drei Uhr.

SCHWIEGERMUTTER Drei Uhr früh.
FRAU Es dämmert schon fast.
SCHWIEGERMUTTER Und wir schlafen immer noch nicht.

FRAU Was soll das werden?

Der Schwiegervater sieht durch das Schlüsselloch.

SCHWIEGERVATER O verdammte Scheiße!

ICH Ich bin so nervös. Was ist da zu sehen?

SCHWIEGERVATER Irgendein Galafest.

ICH Irgendwas erlaubt mir nicht zu glauben, daß das ein Alptraum ist … Was, sind sie fertig?

SCHWIEGERVATER Sie haben schon die Fahnen gehißt, sie geben sich schon die Hände.

ICH Das ist sicher das Ende unserer Qual. *Er gähnt, streckt sich.* Ich will ins Bett.

SCHWIEGERVATER Sie unterschreiben!

ICH Na endlich.

FRAU Das hat aber lange gedauert.

SCHWIEGERVATER Sie sind alle sehr feierlich, jetzt unterschreiben die anderen.

ICH Offensichtlich haben sie sich geeinigt.

SCHWIEGERVATER Sie setzen Stempel drauf …

ICH Gottseidank.

SCHWIEGERVATER Jetzt haben sie wieder was von einer Parade verkündet, bestätigt …

SCHWIEGERMUTTER Ich bin schon völlig steif.

SCHWIEGERVATER Sie haben sich alle verbeugt …

FRAU Soll ich ihnen vielleicht Kaffee machen?

SCHWIEGERMUTTER Um die Zeit? Das gehört sich nicht.

FRAU Gäste sind immer …

SCHWIEGERVATER Jetzt sagt einer was zu ihnen … Sie kommen hierher!

ICH Na, dann ladet sie ein, sie sollen unsere Gastfreundschaft kennenlernen.

FRAU Aber ich sehe so unordentlich aus... *Zu Ich* Knöpf die Hosen zu.

ICH Denkt dran, nur forsch, bescheiden, würdig, ohne Ausreden. Das ist schließlich ein feierlicher Moment. Sie sollen wissen...

SCHWIEGERVATER Sie stehen vor der Tür.

ich ... daß sie mit uns rechnen müssen.

Die Tür öffnet sich weit, beide Seiten. Starker Durchzug. Im Wind knattern die Fahnen, die von der anderen Seite an den Türrahmen angebracht sind, man hört Theaterwind und Theatersturm. Die vier Diplomaten kommen herein, nacheinander verbeugen sie sich tief. Ein Diplomat geht zu Ich.

1. DIPLOMAT *drückt Ich die Hand* Ich gratuliere.

ICH *verwirrt* Wozu?

1. DIPLOMAT Das Problem wurde nach den besten Normen geregelt, unter Berücksichtigung aller Elemente, im Sinne der besten diplomatischen Traditionen. Ich will mich nicht loben, aber wir haben uns hervorragend unserer Pflichten entledigt, nicht wahr, Jungs? Wir haben uns wacker geschlagen.

DIPLOMATEN *im Chor* Kolossal. *Der 1. Diplomat drückt der Frau die Hand, der 2. Diplomat drückt Ich die Hand.*

1. DIPLOMAT Meine Hochachtung.

FRAU Wie das zieht!

1. DIPLOMAT An der Grenze zieht es immer.

2. DIPLOMAT *zu Ich* Beneidenswert.

ICH Stets zu Diensten.

Der 1. Diplomat drückt dem Schwiegervater die Hand, der 2. Diplomat der Frau, der 3. Diplomat die Hand des Ich.

1. DIPLOMAT Ein schönes Stück Arbeit.

SCHWIEGERVATER Gott vergelt's.

2. DIPLOMAT *zur Frau* Und ich auch, allerliebst, keine Grenze.

FRAU Wir danken für die Mühe.

3. DIPLOMAT *zu Ich* Darf ich Ihnen auch die allerherzlichsten Glückwünsche anläßlich der…

ICH Gleichfalls…

Der 1. Diplomat drückt der Schwiegermutter die Hand, der 2. Diplomat dem Schwiegervater, der 3. Diplomat der Frau und der 4. Diplomat die Hand des Ich.

1. DIPLOMAT *zur Schwiegermutter* Meine Ehrerbietung.

SCHWIEGERMUTTER *gerührt, wischt sich eine Träne ab.* Ach, die jungen Leute, die jungen Leute…

2. DIPLOMAT *zum Schwiegervater* Beneidenswert.

SCHWIEGERVATER Sie sind zu gütig…

3. DIPLOMAT *drückt die Hand der Frau* Meine Dame…

FRAU Ach, das ist nicht nötig…

4. DIPLOMAT *zu Ich, küßt ihn auf beide Wangen.* Vor Rührung finde ich keine Worte…

ICH Was haben Sie denn...

4. DIPLOMAT Sag Edek zu mir.

Die übrigen Diplomaten beenden das Händeschütteln.

1. DIPLOMAT Und jetzt bitte folgen Sie uns. Sie müssen unser Werk sehen, wir laden herzlichst ein. Mir nach, bitte sehr.

Die Diplomaten nehmen die anderen Personen an der Hand und alle verschwinden mit tänzelnden Schritten und unter Höflichkeitsbezeugungen im Nebenzimmer, die Tür schließt sich hinter ihnen. Nach einem Augenblick hört man eine Maschinengewehrserie. Die Tür geht auf. Ich und vier Diplomaten tragen die Schwiegermutter mit einem Leinentuch bedeckt herein.

1. DIPLOMAT Es ist mir unendlich peinlich, aber die alte Dame ist selber schuld. Hat denn schon mal jemand gesehen, daß man eine Grenze ohne Paß überschreiten kann. *Sie legen den Körper auf die Bank. Die Diplomaten stellen sich im Kreis herum und nehmen die Zylinder ab.*

ICH Sie war eine so stille, eine so gute Frau, sie hat nicht viel gegessen, uns die Strümpfe gestopft, woher soll ich denn eine zweite Schwiegermutter nehmen.

1. DIPLOMAT Leider war sie nicht auf der Höhe ihrer Aufgaben. In unserer Zivilisation hat die Kenntnis der internationalen Vorschriften eine erstrangige Bedeutung.

ICH Wieso, sie wollte doch nur zum Schrank gehen…

1. DIPLOMAT Und der Schrank ist auf der anderen Seite.

ICH Mein Schrank?

1. DIPLOMAT Ist ein politischer Schrank. Er wurde in die Zone A einbezogen. Es gab keinen anderen Ausweg. Wir haben versucht, einen exterritorialen Schrank daraus zu machen, aber aus übergeordneten Gründen war das nicht möglich. Der Schrank wurde stratifiziert, und dann ratifiziert. Nicht wahr, meine Herren?

DIPLOMATEN *im Chor* So ist es.

ICH Ist außer dem Schrank noch was stra… stratifiziert?

1. DIPLOMAT Alles.

ICH Zum Beispiel… die Speisekammer?

1. DIPLOMAT Die Speisekammer vor allem als eins der Hauptwirtschaftszentren. Aber seien Sie ganz beruhigt. Die Speisekammer gehört zwar zur Zone B, aber dafür haben wir der Zone A das Einweckglas mit den Kirschen in Spiritus, das neben dem Estrich steht, zugesprochen. Die Grenze ist so erdacht worden, daß keins der Grenzländer ungerecht behandelt wird. – Ähnlich sind wir mit anderen Gegenständen umgegangen. Wir haben ein ideales Gleichgewicht gewahrt.

ICH Bestimmt, bestimmt… nur, wie werde ich mich in dieser Wohnung bewegen?

1. DIPLOMAT Nichts einfacher als das. Sie bekommen entsprechende Passierscheine. Sie müssen sich nur der beiderseitigen Grenzkontrolle unterziehen. Wir haben alles vorhergesehen.

ICH Ich verstehe das ausgezeichnet. Aber… die Schwiegermutter lebt nicht mehr.

1. DIPLOMAT Ich drücke Ihnen mein Beileid aus.

ICH Ein Unglück.

1. DIPLOMAT Ein Zwischenfall.

ICH Ein unglücklicher Unfall.

1. DIPLOMAT Ein Präzedenzfall.

ICH Wie?

1. DIPLOMAT Ein Präzedenzzwischenfall.

ICH Sie haben mir meine Schwiegermutter präzedensiert.

1. DIPLOMAT Wir?

ICH Wer sonst?

1. DIPLOMAT Das sind nicht wir. Das ist die Geschichte.

ICH Ach so, dann bitte ich um Verzeihung.

1. DIPLOMAT Macht nichts. Wir sind in der Lage, Ihre Situation zu verstehen.

ICH Man weiß selber nicht, was man sagt. Es ist so leicht, sich zu irren.

1. DIPLOMAT Es gibt keine Irrtümer, wenn man die Vorschriften beachtet.

ICH Und was beachten die Vorschriften?

1. DIPLOMAT Die Vorschriften ergeben sich aus den entsprechenden Normen.

ICH Und die Normen?

1. DIPLOMAT Die Normen sind eine Konsequenz der Prinzipien. Haben Sie noch Fragen?.

ICH Nur noch eine: Wie soll ich das jetzt der Schwiegermutter erklären.

EINER DER DIPLOMATEN Das gehört schon nicht mehr in unsere Kompetenz. Wir haben das unsere getan. Ich verabschiede mich.

ICH Sie gehen schon?

I. DIPLOMAT Leider. Es war bei Ihnen sehr angenehm, aber neue Pflichten warten auf uns.

ICH Schade. Wir hatten uns schon an Sie gewöhnt. Die Schwiegermutter hat Sie auch gemocht.

I. DIPLOMAT Bitte übermitteln Sie ihr unsere Hochachtung.

ICH Sehen wir uns noch einmal?

EINER DER DIPLOMATEN Wer weiß... vielleicht im nächsten historischen Moment...

ICH Na, dann auf Wiedersehen.

I. DIPLOMAT Adieu!

Die Diplomaten gehen hinaus. Ich zieht das Leichentuch der Schwiegermutter zurecht.

Vierte Szene

Wieder derselbe Tisch wie zu Anfang. Am Tisch sitzt die Familie versammelt, mit Ausnahme der Schwiegermutter. Über dem Tisch ein echter, gestreifter Grenzschlagbaum. Auf der einen Seite des Tisches sitzen Ich und der Schwiegervater, auf der anderen Seite die Frau und die Kinder. Sie essen Abendbrot, aber so, daß die Teller sich auf verschiedenen Seiten des Schlagbaums befinden, sie greifen also jedes Mal mit der Gabel über den Schlagbaum. Auf jeder Seite sitzt auch ein Zollbeamter in Uniform (die Uniformen sind verschieden, wie auch alle anderen Uniformen in diesem Stück an keinerlei aktuell getragene Uniformen erinnern) und Mütze. Vor den Zollbeamten Papiere.

ICH Geschichte... Bis jetzt waren meine Klöße nur gewöhnliche Klöße, gegenwärtig sind es schon historische Klöße. Alles ist historisch. Der Tisch, der Teller, der Löffel, wer weiß, vielleicht auch ich selber... Vielleicht ist das besser? Wenigstens ist nichts bedeutungslos wie früher. Vielleicht sehe ich jetzt erst in meinem Leben einen anderen, überzeitlichen tiefen Sinn. Wenn man bedenkt, wie viele Jahre ich ohne historischen Sinn gelebt habe. Vergeudete Jahre.

Die Familie ißt. Jedes Mal, wenn jemand den Löffel zum Mund führt, beobachten die Zollbeamten das wachsam, zählen laut und schreiben was auf.

1. BEAMTER Einhundertsechsunddreißig...

2. BEAMTER Einhundertsiebenunddreißig...

1. BEAMTER Einhundertachtunddreißig...

2. BEAMTER Einhundertneununddreißig... *usw.*

ICH Wir essen. Trotz allem muß man sich ja ernähren. *Er führt die Gabel zum Mund.*

1. BEAMTER Halt!

ICH *hält die Gabel in der Luft.* Was ist?

1. BEAMTER Was für eine Pirogge ist das?

ICH Wie? Was für eine?

1. BEAMTER Es geht um die Feststellung der ordnungsgemäßen Anzahl.

ICH Ja, was weiß ich...

1. BEAMTER Sie vergessen, daß die Konsumtion durch den Zollbereich geht.

ICH Ach ja, richtig.

1. BEAMTER Also, wie viele Piroggen haben Sie gegessen?

ICH Ich erinnere mich nicht.

1. BEAMTER Sie erinnern sich nicht? Bitte antworten Sie!

ICH Elf. *Der 1. Beamte sieht in seine Papiere* Was denn, stimmt es nicht?

1. BEAMTER Nach meinen Aufstellungen ist es die dreizehnte.

ICH Das ist nicht möglich!

1. BEAMTER Nicht möglich? Bitte, hier ist die Rechnung.

ICH Mir schien es, daß ich elf gegessen habe.

1. BEAMTER Wollen Sie den Zoll in die Irre führen?

ICH Nie im Leben.

1. BEAMTER Na, dann schreiben wir dreizehn auf. Es sei denn, Sie wollen eine Beschwerde einbringen.

ICH Gerne.

1. BEAMTER Aber ich warne Sie, daß ich in dem Fall gezwungen sein werde, die aktuelle Pirogge zu stempeln, bis sich der Tatbestand aufgeklärt hat. Wünschen Sie das?

ICH Ach nee, dann schon lieber nicht.

1. BEAMTER Warum?

ICH Weil ich gestempelte Piroggen nicht ausstehen kann. Wissen Sie, Stempel schaden meinem Magen. Gestern, als Sie mir das Gulasch abgestempelt haben...

1. BEAMTER Wie Sie wünschen. Also schreiben wir... dreizehn.

ICH Okay, dreizehn. *Der Schwiegervater stößt Ich unter dem Tisch an.* Was willst da, Vater?

SCHWIEGERVATER *verschwörerisch* Nimm zwei auf einmal.

ICH Ich verstehe nicht.

SCHWIEGERVATER Ich sage, nimm zwei auf einmal, wie ich das mache.

ICH Was veranstaltest du denn da, Vater, das ist illegal.

SCHWIEGERVATER Sei doch nicht blöd, sonst wirst du dich nie satt essen.

ICH Und ungesund. Zwei Piroggen auf einmal…

SCHWIEGERVATER Nicht weiter schlimm. Man muß nur gut kauen.

ICH Und wenn sie es bemerken?

SCHWIEGERVATER Tun sie nicht, du mußt es nur geschickt machen. Ich habe da schon Übung.

2. BEAMTER Herr Kollege!

1. BEAMTER Bitte, Herr Kollege?

Der 2. Beamte zeigt auf die beiden Flüsternden.

1. BEAMTER Bitte nicht sprechen!

Fünfte Szene

Im Hintergrund ein Fenster. Auf dem Fensterbrett ein Blumentopf mit Blumen. Vor dem Fenster der geschlossene Schlagbaum. Ich nähert sich dem Schlagbaum mit einem Krug in der Hand. Er sieht sich um, dann klettert er über den Schlagbaum.

STIMME DES WÄCHTERS *Halt!*

Ich bleibt unbeweglich rittlings auf dem Schlagbaum sitzen. Es erscheint der Wächter mit einem Maschinengewehr. Ich hebt die Hände hoch, in einer Hand hält er immer noch den Krug.

WÄCHTER Wohin?

ICH Dahin...

WÄCHTER Wozu?

ICH Blumen gießen.

WÄCHTER Womit?

ICH *zeigt auf den Krug* Mit Wasser.

WÄCHTER Paß?

ICH *zieht mit einer Hand den Paß aus der Tasche und gibt ihn dem Wächter, der betrachtet lange das Dokument, sieht mal Ich, mal den Paß an. Dann kommt er mit dem Gesicht ganz nah an das Gesicht des Ich. Großaufnahme ihrer Gesichter. Pause.*

ICH *verwirrt, überfreundlich, versucht die Situation zu entspannen* Hehe, Sie erinnern mich an Jemanden, Herr Sergeant.

WÄCHTER Augen?

ICH Was?

WÄCHTER Ich frage, was Sie für Augen haben?

ICH Danke, ich sehe ein bißchen schlecht, aber zum Lesen benutze ich eine Brille.

WÄCHTER Ich frage, was für eine Farbe.

ICH Hehe, Sie sind wie eine Frau, Herr Sergeant, wirklich...

WÄCHTER *drohend* Was für welche?

ICH Blaue.

WÄCHTER Stimmt. Nase?

ICH *überprüft mit einer Hand seine Nase.* Gerade.

WÄCHTER Stimmt. Haare?

ICH Fallen aus … *denkt nach* Das heißt – dunkle, dunkle, Herr Oberst.

WÄCHTER Also was? Fallen sie aus oder sind sie dunkel?

ICH Sie fallen aus, aber sie sind dunkel, ich bekomme eine Glatze.

WÄCHTER Irgendwas gefällt mir hier nicht. Entweder fallen sie aus oder sie sind dunkel. Das eine oder das andere. Also wie?

ICH Das eine und das andere. Dunkelglatzig.

WÄCHTER *gibt den Paß zurück.* Wir werden das überprüfen.

ICH Kann ich jetzt die Blumen gießen?

WÄCHTER Gehen Sie durch. *Er öffnet den Schlagbaum.*

ICH *wartet, bis der Balken oben ist.* Wissen Sie, Kapuzinerkresse braucht viel Wasser. Wenn man sie nicht regelmäßig gießt …

WÄCHTER Augenblick: Was ist in dem Krug?

ICH Was heißt da was? Wasser.

WÄCHTER Vorzeigen! *Ich dreht den Krug um. Das Wasser läuft raus.* In Ordnung, gießen!

ICH Danke. Ich habe nichts mehr, womit ich gießen könnte.

Sechste Szene

Nacht. Ich schläft im Bett. Großaufnahme. Über dem Bett der Schlagbaum. Unregelmäßige Strahlen von Lichtscheinwerfern. Ich liegt bis zur Taille unter der Decke, im Pyjama. Offensichtlich hat er schlechte Träume, denn er wälzt sich herum und stöhnt im Schlaf. Plötzlich richtet er sich auf und setzt sich im Bett auf.

ICH Wer ist da?
SCHMUGGLER *hält ihm mit der Hand den Mund zu.* Leise, verdammt.
ICH Was ist, loslassen!
SCHMUGGLER *läßt ihn los.* Das bin ich, beruhigen Sie sich.
ICH Was für ein Ich, was für ein Ich?!
SCHMUGGLER Einer der Unsrigen.

Totale. Quer über dem Bett ein Mann in Hut und Mantel mit einem riesengroßen Rucksack auf den Schultern, auf allen vieren.

ICH Kenne ich nicht.
SCHMUGGLER Ein Zivilist.
ICH Was für ein Zivilist?
SCHMUGGLER Ich treibe Handel. Haben Sie keine Angst, ich will nichts von Ihnen.
ICH Wie sind Sie hierhergekommen?
SCHMUGGLER Ich gehe hier nur durch.
ICH Hier durch? Über mein Bett?
SCHMUGGLER Wo denn sonst? Die Grenze ist bewacht.

ICH Sie sind verrückt geworden! In jemandes Bett kriechen und dann noch mit Schuhen!

SCHMUGGLER Aber ich sage Ihnen doch, daß ich nur durchgehe. Schlafen Sie weiter. Ich geh durch, und alles ist erledigt.

ICH Hier durch? Jetzt in der Nacht?

SCHMUGGLER Du redest wie ein Kind.

ICH Aber wozu?

SCHMUGGLER Ich bringe Waren. Wissen Sie nun Bescheid?

ICH *schreit* Ein Schmuggler!

SCHMUGGLER *hält ihm wieder den Mund mit der Hand zu.* Was machen Sie? Sind Sie verrückt geworden? Willst du vielleicht, daß alle hierher rennen?

ICH Aber woher denn?

Der Scheinwerfer kommt näher, es besteht die Gefahr, daß er sie jeden Moment vollständig anstrahlt.

SCHMUGGLER Runter! *Beide fallen auf das Bett. Der Schmuggler versucht, sich mit der Decke zuzudecken und sie von Ich wegzuziehen. Der Scheinwerfer entfernt sich.* Da hat wenig gefehlt, und es wäre uns schlecht ergangen. Ziehen Sie eine Lehre daraus.

ICH Ich will überhaupt nichts lernen, ich will schlafen.

SCHMUGGLER Nichts zu machen. So sind die Zeiten.

ICH Ziehen Sie die Schuhe aus und gehen Sie schnell rüber. Ich will Ihretwegen keine Unannehmlichkeiten haben.

SCHMUGGLER Ich auch nicht. Aber könnte ich nicht in Schuhen? Schade um die Zeit. Ich zahle auch.

ICH Nein, das nicht. Ich verbitte mir das. Der Bezug ist sauber. Freuen Sie sich, daß ich nicht die Polizei gerufen habe.

SCHMUGGLER Das hätte noch gefehlt. *Er zieht die Schuhe aus und kriecht mit den Schuhen in der Hand über Ich.* Gute Nacht.

ICH Gute Nacht. Und daß Sie das nächste Mal nicht mit Schuhen hier durchkriechen.

SCHMUGGLER *verschwindet.* Okay, okay.

Siebte Szene

Derselbe Tisch wie vorher. Der Schlagbaum. Die Zollbeamten. Die Familie beim Abendessen. Dies Mal ist der Tisch aber von den herumwandernden Scheinwerfern erleuchtet, und die Zollbeamten haben sehr viel mehr Papiere vor sich als vorher sowie Rechenmaschinen, mit denen sie lautstark arbeiten. Klingeln und Rascheln der Maschinen, Zahlen, die von den Zöllnern ausgerufen werden.

SCHWIEGERVATER Habe ich nicht gesagt, daß sich der Zoll für Piroggen erhöht? Man hätte essen sollen, solange es noch Zeit war.

ICH Alles wird teurer. Offensichtlich brauchen sie Geld.

SCHWIEGERVATER Wozu brauchen sie soviel Geld?

ICH Wer soll das wissen...

1. BEAMTER Einhundertfünfundzwanzig...

2. BEAMTER Einhundertfünfundzwanzig...

SCHWIEGERVATER Sie passen immer mehr auf. Selbst mein System hilft da nicht mehr.

ICH Was wunderst du dich, Vater. Die Grenze …

SCHWIEGERVATER Aber vorher konnte man sich wenigstens freier bewegen. *Er senkt die Stimme.* Ich habe gehört, sie wollen die Passierscheine abschaffen.

ICH Ach, Gerüchte. Das ist nicht möglich. Das Leben hat auch seine Rechte.

SCHWIEGERVATER Wir werden ja sehen. Ah!

ICH Was ist passiert?

SCHWIEGERVATER Mich kitzelt was am Bein.

1. BEAMTER Einhundertzweiunddreißig …

2. BEAMTER Einhundertzweiunddreißig …

ICH *läßt versehentlich den Löffel fallen.* Entschuldigung.

Ich beugt sich hinunter und sucht nach dem Löffel. Da er ihn nirgends finden kann, steht er vom Stuhl auf, lüpft den Rand der Tischdecke und kriecht auf allen vieren unter den Tisch, sucht dort im Halbdunkel. Unter dem Tisch, direkt bei den Füßen des Schwiegervaters, bis zur Taille aus einem Loch im Boden herausguckend, sieht der Hauptmann der Pioniere mit Helm durch ein Jagdfernrohr in die Ferne. Auf dem Helm sind Zweige zur Tarnung angebracht.

HAUPTMANN DER PIONIERE Halt! Wer da?

ICH Das bin ich, ein Hiesiger.

HAUPTMANN DER PIONIERE Bist du einer der Unsrigen?

ICH Na sicher. Wir essen gerade Abendbrot, da oben. Und Sie?

HAUPTMANN DER PIONIERE *salutiert* Hauptmann der Pioniere.

ICH Warum sitzen Sie dann unter dem Tisch? Warum setzen Sie sich nicht zu uns. Es reicht für alle.

HAUPTMANN DER PIONIERE Ich kann nicht. Ich bin auf Posten.

ICH Ein Posten unter dem Tisch?

HAUPTMANN DER PIONIERE Na eben. Das ist meine Mission. Sie verstehen wohl…

ICH Ich versteh überhaupt nichts.

HAUPTMANN DER PIONIERE Wieso, sind Sie kein Patriot?

ICH Das kommt drauf an. Wissen Sie, durch diese Grenze haben wir so ein Wirrwarr im Kopf… Wenn ich mich zum Beispiel mittags auf das Sofa legen möchte – und das Sofa befindet sich auf der anderen Seite –, dann fühle ich mich wie ein Patriot auf einem Sofa. Aber wenn ich zum Beispiel ein anderes Mal ins Bad gehe, um mir die Füße zu waschen, und das Bad ist drüben, dann weiß ich selber nicht mehr, ob ich mich wie ein Patriot im Bad fühlen soll oder ob ich immer noch ein Patriot auf dem Sofa bin, auf dem ich schließlich schon nicht mehr liege. Und umgekehrt. Das ist eine komplizierte Angelegenheit.

HAUPTMANN DER PIONIERE *unzufrieden* Reden wir etwas leiser, wenn Sie so gütig sein wollen. Jedes leiseste Geräusch kann uns verraten. Wollen Sie, daß man uns hört?

ICH Wer?

HAUPTMANN DER PIONIERE Der Feind.

ICH Das heißt wer?

HAUPTMANN DER PIONIERE Das fragen Sie noch? Die von drüben natürlich.

ICH Und wenn sie uns hören, dann ist was?

HAUPTMANN DER PIONIERE Es könnte internationale Konsequenzen geben. Hier ist eine entmilitarisierte Zone aufgrund eines Vertrags über gegenseitige Freundschaft.

ICH Was machen Sie also dann hier?

HAUPTMANN DER PIONIERE Das ist was anderes. Verteidigungsnotstand.

ICH Sitzen Sie schon lange hier?

HAUPTMANN DER PIONIERE Militärgeheimnis. *Argwöhnisch* Und warum fragen Sie?

ICH Nur so, aus Neugier.

HAUPTMANN DER PIONIERE Ach so, aus Neugier. Und was geht Sie das eigentlich an?

ICH Eigentlich nichts. Man redet so vor sich hin.

HAUPTMANN DER PIONIERE Und überhaupt – wie kommen Sie eigentlich hierher, wer hat Sie geschickt, wie?

ICH Ich suche meinen Löffel.

HAUPTMANN DER PIONIERE Was für einen Löffel, oder suchen Sie vielleicht gar keinen Löffel?

ICH Doch, doch, meinen Löffel. Er ist mir runtergefallen, haben Sie ihn nicht irgendwo gesehen, Herr Kapitän?

HAUPTMANN DER PIONIERE Na ja, wenn er runtergefallen ist, dann muß er hier irgendwo sein, aber wenn er nicht da ist... *Er zieht seine Pistole.*

ICH Er ist da, er muß ganz sicher da sein... Ich finde ihn und gehe gleich wieder. *Er sucht fieberhaft.* Ich störe nicht, bitte, beobachten Sie nur weiter.

HAUPTMANN DER PIONIERE Aber vielleicht gab es da gar keinen Löffel, was?

ICH Doch, doch. *Er findet den Löffel.* Da ist er: Hehe, ich wußte, daß Sie nur scherzen.

HAUPTMANN DER PIONIERE *steckt die Pistole ein* Na, dieses Mal haben Sie Glück gehabt. Aber ich rate ihnen, sich in Zukunft nicht einzumischen.

ICH Das werde ich nie wieder, nie wieder, ich gebe mein Wort darauf. Kann ich abtreten?

HAUPTMANN DER PIONIERE Weg mit Ihnen. Aber kein Wort zu niemandem. Verstehen Sie? Sie werden uns noch nützlich sein. *Salutiert* Das Vaterland wird Sie rufen.

ICH Was für ein Vaterland?

HAUPTMANN DER PIONIERE Das erfahren Sie zu seiner Zeit. Marsch ab.

Wieder der Tisch vom Anfang der Szene.

SCHWIEGERVATER Wo warst du denn so lange? Es gibt schon das Dessert.

ICH Irgendwie ist die Zeit vergangen. Ich habe den Löffel gesucht.

SCHWIEGERVATER Wieso bist du so blaß?

ICH Das kommt vom Herzen.

SCHWIEGERVATER Wer kriecht da unten rum?

ICH Eine Katze.

Achte Szene

Der Ofen. Ich stellt einen Kohleneimer neben den Ofen. Er kniet nieder, nimmt den Feuerhaken, öffnet die Ofentür. In diesem Augenblick erscheint eine Hand aus der Ofentür und schlägt die Tür zu. Ich springt erschrocken zurück, wischt sich den Schweiß von der Stirn.

Neunte Szene

Ich geht ins Bad. Auf dem Klodeckel ein Schild: »Achtung Minen«. Ich flieht erschrocken, schlägt die Tür hinter sich zu.

Zehnte Szene

Ich sitzt im Sessel. Er liest mit Brille ein Buch. Über seinem Kopf schiebt sich langsam der Lauf einer großen Kanone. Ich, der sie nicht sieht, legt das Buch weg, streckt sich und stößt mit dem Kopf an den Lauf. Er flieht entsetzt.

Elfte Szene

Ich und die Frau sitzen am Tisch. Über dem Tisch der Schlagbaum, die Scheinwerfer sind nicht sichtbar, aber effektiv, sie dringen in die ganze Wohnung ein. Die beiden sichten Postkarten. Ein riesiger Haufen türmt sich auf.

FRAU *liest eine weitere Karte vor...* Zum Namenstag schicken wir die herzlichsten Glückwünsche.« Wieder irgendein Unbekannter. *Gibt Ich die Karte* Vielleicht kennst du ihn?

ICH *nimmt die Karte, liest.* Nicht daß ich mich erinnere.

FRAU Komisch. Du hast noch nie so viele Glückwünsche von so vielen Leuten bekommen.

ICH Vielleicht bin ich populär geworden?

FRAU Du? Ausgeschlossen.

ICH Also – wie soll man das erklären?

FRAU Ich weiß nicht. Aber es gefällt mir nicht. Hier bitte: *Sie liest vor.* »Sehr viele herzliche Grüße. PS. Wir werden uns erlauben, Sie an Ihrem Feiertag zu besuchen.«

ICH Nichts Besonderes. Noch eine Karte.

FRAU Aber sieh nur, wie viele Unterschriften.

ICH Tatsächlich.

FRAU Die kennst du auch nicht?

ICH Gib mal her. *Er liest die Karte.* Nein, kenne ich nicht.

FRAU Das sind ja einfach Massen. Und das von beiden Seiten der Grenze. Gottseidank lauter Männer. Vielleicht sind das doch frühere Kollegen?

ICH Nein. Schließlich weißt du, daß ich nicht viele Freunde hatte.

FRAU Hör mal. Aber wenn das irgendein Scherz oder eine List ist?

ICH Was für eine List denn wieder?

FRAU Ich weiß nicht, ich habe nur so eine schlimme Ahnung.

ICH Unsinn. Du bist nervös. Das Leben auf der Grenze hat keinen guten Einfluß auf die Nerven.

FRAU Glaubst du?

ICH Ganz bestimmt. *Klingeln an der Tür.*

FRAU Das ist sicher die Tante.

ICH So früh?

FRAU Sie sollte um fünf kommen. Sie will dir gratulieren.

ICH Aber wir feiern doch erst am Abend.

FRAU Aber die Tante hilft mir in der Küche. Ich geh aufmachen.

Die Frau geht raus. Man hört zahlreiche männliche Stimmen im Vorzimmer, »Guten Tag«, »Meine Hochachtung« usw.

FRAU *kommt zurück.* Unerhört.

ICH Die Tante?

FRAU I wo. Irgendwelche Leute.

ICH Bekannte?

FRAU I wo. Ich sehe sie zum ersten Mal.

ICH Wie sehen sie aus?

FRAU Alle irgendwie gleich. Alles junge Leute. Mit Rucksäcken, Mänteln...

ICH Was wollen sie?

FRAU Sie sagen, sie seien zu deinem Namenstag eingeladen worden.

ICH Hast du sie eingeladen?

FRAU Aber woher denn, ich kenne sie ja gar nicht. Und du?

ICH Um Himmels willen.

Pause.

FRAU Was machen wir jetzt?

ICH Was weiß ich... Sind es viele?

FRAU Ich habe sie nicht zählen können, Sie kamen in Viererreihen herein.

ICH Was machen sie?

FRAU Sie haben sich im Flur aufgestellt. Sie sagen, es sei in Ordnung so für sie, sie wollen dich nicht stören.

Im Flur hört man ein Abzählen: »Eins-zwei...«

ICH Sollen sie doch bleiben. Schließlich kann man sie ja nicht auf die Straße werfen. Jetzt, wo sie schon mal gekommen sind...

STIMMEN VOM FLUR Eins-zwei-eins-zwei...

FRAU Aber es reicht nicht für alle. Weder das Bier, noch die Brötchen...

ICH Man kann ja noch was dazukaufen, schick die Kinder...

FRAU Du mit deiner Verschwendungssucht.

Aus dem Flur hört man Befehle: »In Viererreihen nach rechts –«

ICH Gäste sind heilig.

FRAU Geh lieber zu ihnen raus und sag ihnen, daß sie gehen sollen. Sag ihnen, daß sie sich geirrt haben. Schließlich bist du der Hausherr.

ICH Das gehört sich nicht.

FRAU Natürlich, du ziehst es vor, daß sie dich ruinieren als daß du dich mal als Mann beweisen mußt.

Klingeln an der Tür.

FRAU Soll ich aufmachen?

ICH Ich weiß selber nicht...

FRAU Ich mache nicht auf!

ICH Mach auf!

FRAU Nein!

ICH Und wenn das die Tanten sind?

FRAU Mir egal, ich mache nicht auf.

ICH Sie wissen sowieso, daß wir hier sind.

FRAU Ach du. Aber daß nachher ja ich es nicht gewesen bin.

ICH Im Fall der Fälle sagst du, daß ich nicht zu Hause bin.

Die Frau geht hinaus. Ich steht vom Stuhl auf und wartet in größter Spannung. Im Flur Männerstimmen, noch lauter. Die Frau kommt zurück.

FRAU Habe ich es nicht gesagt?

ICH Wieder?

FRAU Fast die gleichen. Sie haben nur ein bißchen andere Mäntel an.

ICH *stöhnend* Mäntel...

FRAU Es scheint, daß sie unter den Mänteln irgendwas verstecken. Und Rucksäcke haben sie auch. Und so merkwürdige Hüte, wie aus Eisen.

ICH Aus Eisen.

FRAU Die einen wie die anderen haben beschlagene Schuhe an. Beschlagene Schuhe, verstehst du? Mit Nägeln beschlagen. Mein Fußboden.

Vom Flur her hört man inzwischen das Marschieren einer Kompanie, dann den Befehl: »Kooompanie – stillgestanden!«

ICH Hast du ihnen gesagt, daß ich nicht zu Hause bin?

FRAU Habe ich gesagt.

ICH Und was haben sie darauf gesagt?

FRAU Sie haben gesagt, macht nichts, wir warten.

ICH O Gott!

FRAU Was sollen wir machen?

ICH Tun wir so, als wenn uns nichts wundert.

FRAU Aber...

ICH Tun wir so, als sei alles in Ordnung.

FRAU Aber...

ICH *hysterisch* Widersprich mir nicht, hier gibt es keinen anderen Ausweg, wir müssen uns so benehmen, als wenn nichts wäre, verstehst du? Hier gibt es keinen anderen Ausweg!

FRAU Was ist los mit dir?

ICH Nein, du verstehst nichts, o heilige Einfalt!

FRAU Also was soll ich machen?

ICH Geh in die Küche, bereite alles für die Feier vor.

FRAU Wie du wünschst. Aber ich warne dich vorher, so viele Teller haben wir nicht.

ICH Geh schon, geh.

Die Frau geht hinaus. Ich benimmt sich wie in einer Falle. Im Flur hört man jetzt Trommeln und unartikulierte Kommandostimmen. Ichs Nervosität wächst. Als er die Spannung nicht mehr aushalten kann, stürzt er unter den

Tisch und zieht die Tischdecke etwas herunter. Unter dem Tisch ist es dunkler und etwas stiller.

STIMME Ach Sie sind das, endlich!
ICH Wer ist da?
STIMME Erkennen Sie mich nicht?
ICH Ich sehe nichts, es ist dunkel.
STIMME Macht nichts. Es wird gleich hell werden. Hell wie am Tag. Sogar heller.
ICH Herr Hauptmann!
STIMME Ja, das bin ich. Endlich haben wir es geschafft!

Die Abteilungen sind offensichtlich ins Zimmer gekommen, denn das Stampfen marschierender Soldaten, die Trommeln und die Befehle werden lauter.

ICH *lauter, um den steigenden Lärm zu übertönen* Was haben wir geschafft?
STIMME Die Stunde hat geschlagen!
ICH Was für eine Stunde?
STIMME Die historische Stunde. Die Befehle sind erteilt, alles ist bereit.
ICH Sie kommen.

Das Marschieren erreicht einen Höhepunkt. Ich steckt seinen Kopf unter den Arm, hält sich die Ohren zu, die Kolonnen marschieren offensichtlich schon neben ihm.

STIMME Sie kommen, aber unsere kommen auch. Noch einen Augenblick, nur noch einen Augenblick!

Ich stürzt nach vorn und läuft fieberhaft auf allen vieren.

STIMME Halt, wohin? *Ich läuft weiter auf allen vieren.* Das ist Fahnenflucht! Stehen bleiben, ich schieße! Stehen bleiben! Stehen bleiben! Stehen bleiben!

Einige Schüsse. Ich läuft immer noch auf allen vieren. Achtung: »realistisch« gesehen, müßte er schon lange weit weg vom Tisch sein, er befindet sich aber weiter unter dem Tisch wie in einem langen Tunnel.

Zwölfte Szene

Eine verschlafene, graue, herbstliche oder winterliche Landschaft. Ein kleines Provinzhaus, ein Garten, einige Bäume. Ein Weg, der in gerader Perspektive verschwindet. Aus dem Haus stürzt Ich heraus und rast auf den Horizont zu. Eine kleine, lächerliche, hüpfende Figur. (Vielleicht 16 Bilder pro Sekunde wie in den alten Chaplinfilmen.) Die Figur fuchtelt mit den Armen herum, entfernt sich schnell, verschwindet in der Perspektive des Weges in der Landschaft.

Dieses Fernsehspiel wurde 1975 erstmals im Norddeutschen Rundfunk ausgestrahlt. Als Theaterstück wurde es in Warschau 1978 uraufgeführt.

*Bitte beachten Sie auch
die folgenden Seiten*

Sławomir Mrożek im Diogenes Verlag

»Mrożek ist ein engagierter Schriftsteller – also hält er die Literatur nicht für eine erhabene Spielerei mit Worten, sondern für ein Mittel, auf die Menschen zu wirken. Er ist Humorist – also meint er es besonders ernst. Er ist Satiriker – also verspottet er die Welt, um sie zu verbessern. Er ist Surrealist – also geht es ihm um die Wirklichkeit, die er mit überwirklichen Motiven verfremdet, um sie zu verdeutlichen. Er ist ein Mann des Absurden – also zeigt er das Widersinnige, um die Vernunft zu provozieren.« *Marcel Reich-Ranicki*

Striptease und andere Stücke
Aus dem Polnischen von Ludwig Zimmerer. Inhalt: *Polizei, Auf hoher See, Karol, Striptease, Das Martyrium des Piotr O'Hey, Der Truthahn*

Tango und andere Stücke
Deutsch von Christa Vogel und M. C. A. Molnar. Inhalt: *Eine wundersame Nacht, Zabawa, Der Kynologe am Scheideweg, Der Tod des Leutnants, Tango, Der Hirsch, Racket-baby*

Watzlaff und andere Stücke
Deutsch von Ludwig Zimmerer und Rolf Fieguth. Inhalt: *Watzlaff, Nochmal von vorn, Die Propheten*

Emigranten und andere Stücke
Deutsch von Christa Vogel. Inhalt: *Emigranten, Schlachthof, Buckel, Das Haus auf der Grenze*

Der Botschafter und andere Stücke
Deutsch von Christa Vogel und M. C. A. Molnar. Inhalt: *Der Botschafter, Ein Sommertag, Alpha, Der Vertrag, Das Portrait, Die Witwen*

Liebe auf der Krim
Eine tragische Komödie in drei Akten. Deutsch von Christa Vogel

Tango
Schauspiel in einem Akt. Deutsch von Ludwig Zimmerer

Emigranten
Schauspiel in drei Akten. Deutsch von Christa Vogel

Auf hoher See / Striptease
Zwei Einakter. Deutsch von Ludwig Zimmerer

Die Giraffe und andere Erzählungen
Deutsch von Christa Vogel und Ludwig Zimmerer

Die Geheimnisse des Jenseits und andere Geschichten
Deutsch von Christa Vogel

Der Perverse und andere Geschichten
Deutsch von Christa Vogel

Anton Čechov im Diogenes Verlag

● Das dramatische Werk
Aus dem Russischen und mit Anmerkungen von Peter Urban
Der Kirschgarten. Komödie
Der Waldschrat. Komödie
Die Möwe. Komödie
Onkel Vanja. Szenen aus dem Landleben
Ivanov. Drama
Drei Schwestern. Drama
Die Vaterlosen [Platonov]. Das ›Stück ohne Titel‹
Sämtliche Einakter

● Das erzählende Werk
Deutsch von Gerhard Dick, Wolf Düwel, Ada Knipper, Hertha von Schulz, Michael Pfeiffer und Georg Schwarz, Anmerkungen und Nachweise von Peter Urban
Ein unbedeutender Mensch. Erzählungen 1883–1885
Gespräch eines Betrunkenen mit einem nüchternen Teufel. Erzählungen 1886
Die Steppe. Erzählungen 1887–1888
Flattergeist. Erzählungen 1888–1892
Rothschilds Geige. Erzählungen 1893–1896
Die Dame mit dem Hündchen. Erzählungen 1897–1903
Eine langweilige Geschichte/Das Duell. Kleine Romane I
Krankenzimmer Nr. 6/Erzählung eines Unbekannten. Kleine Romane II
Drei Jahre/Mein Leben. Kleine Romane III
Die Insel Sachalin. Reisebericht
Das Drama auf der Jagd. Eine wahre Begebenheit. Neu übersetzt von Peter Urban
Die Dame mit dem Hündchen/Herzchen. Zwei Erzählungen
Meistererzählungen. Ausgewählt von Franz Sutter. Deutsch von Ada Knipper, Herta von Schulz und Gerhard Dick

● Briefe
in 5 Bänden. Die größte nicht-russische Briefausgabe in der Neuübersetzung und -edition von Peter Urban
Jeder Band enthält Faksimiles, einen umfangreichen Anhang mit editorischem Bericht, Anmerkungen und einer Chronik; im letzten Band zusätzlich ein Personen- und Werkregister

● Tagebücher/Notizbücher
Herausgegeben und neu übersetzt von Peter Urban. Mit Vorwort, editorischem Bericht, ausführlichen Anmerkungen und Personenregister

● Čechov-Chronik
Leben und Werk von Anton Čechov
Herausgegeben von Peter Urban

● Anton Čechov Sein Leben in Bildern
Herausgegeben von Peter Urban. Mit 739 Abbildungen, einem Anhang mit Daten zu Leben und Werk und einem Personenregister

● Freiheit von Gewalt und Lüge
Gedanken über Aufklärung, Fortschritt, Kunst, Liebe, Müßiggang und Politik. Zusammengestellt von Peter Urban

● Das Čechov Lesebuch
Herausgegeben, kommentiert und mit einem Vorwort von Peter Urban

● Über Čechov
Herausgegeben von Peter Urban

● Wie soll man leben?
Anton Čechov liest Marc Aurel
Herausgegeben, übersetzt und mit einem Vorwort von Peter Urban

Friedrich Dürrenmatt im Diogenes Verlag

● Das dramatische Werk

Es steht geschrieben / Der Blinde
Frühe Stücke

Romulus der Große
Eine ungeschichtliche historische Komödie in vier Akten

Die Ehe des Herrn Mississippi
Eine Komödie in zwei Teilen und ein Drehbuch

Ein Engel kommt nach Babylon
Eine fragmentarische Komödie in drei Akten

Der Besuch der alten Dame
Eine tragische Komödie

Frank der Fünfte
Komödie einer Privatbank

Die Physiker
Eine Komödie in zwei Akten

Herkules und der Stall des Augias / Der Prozeß um des Esels Schatten
Griechische Stücke. Zwei Hörspiele und eine Komödie

Der Meteor / Dichterdämmerung
Zwei Nobelpreisträgerstücke

Die Wiedertäufer
Eine Komödie in zwei Teilen

König Johann / Titus Andronicus
Shakespeare-Umarbeitungen

Play Strindberg / Porträt eines Planeten
Übungsstücke für Schauspieler

Urfaust / Woyzeck
Zwei Bearbeitungen

Der Mitmacher
Ein Komplex

Die Frist
Eine Komödie

Die Panne
Hörspiel und Komödie

Nächtliches Gespräch mit einem verachteten Menschen / Stranitzky und der Nationalheld / Das Unternehmen der Wega
Hörspiele und Kabarett

Achterloo
Komödie. Mit einem Nachwort des Autors

F. Dürrenmatt & Charlotte Kerr
Rollenspiele
Protokoll einer fiktiven Inszenierung und ›Achterloo III‹

Midas
oder Die schwarze Leinwand

● Das Prosawerk

Aus den Papieren eines Wärters
Frühe Prosa

Der Richter und sein Henker
Kriminalroman. Studienausgabe mit zahlreichen Fotos aus dem Film und einem Anhang

Der Verdacht
Kriminalroman

Der Hund / Der Tunnel / Die Panne
Erzählungen

Die Panne
Eine noch mögliche Geschichte

Grieche sucht Griechin / Mr. X macht Ferien / Nachrichten über den Stand des Zeitungswesens in der Steinzeit
Grotesken

Das Versprechen / Aufenthalt in einer kleinen Stadt
Erzählungen

Das Versprechen
Requiem auf den Kriminalroman

Theater
Essays, Gedichte und Reden

Kritik
Kritiken und Zeichnungen

Literatur und Kunst
Essays, Gedichte und Reden

Philosophie und Naturwissenschaft
Essays, Gedichte und Reden

Politik
Essays, Gedichte und Reden

Der Sturz
Erzählungen: ›Der Sturz‹ / ›Abu Chanifa und Anan Ben David‹ / ›Smithy‹ / ›Das Sterben der Pythia‹

Zusammenhänge
›Essay über Israel‹ /

Nachgedanken
unter anderem über Freiheit, Gleichheit und Brüderlichkeit in Judentum, Christentum, Islam und Marxismus und über zwei alte Mythen

Labyrinth
Stoffe I–III: ›Der Winterkrieg in Tibet‹/ ›Mondfinsternis‹/›Der Rebell‹. Vom Autor revidierte Neuausgabe

Minotaurus
Eine Ballade. Mit Zeichnungen des Autors

Justiz
Roman

Der Auftrag
oder Vom Beobachten des Beobachters der Beobachter. Novelle in vierundzwanzig Sätzen

Versuche
Essays und Reden

Denkanstöße
Ausgewählt und zusammengestellt von Daniel Keel. Mit sieben Zeichnungen des Dichters

Durcheinandertal
Roman

Turmbau
Stoffe IV–IX: ›Begegnungen‹ / ›Querfahrt‹ / ›Die Brücke‹ / ›Das Haus‹ / ›Vinter‹ / ›Das Hirn‹

Gedankenfuge

Das Mögliche ist ungeheuer
Ausgewählte Gedichte. Mit einem Nachwort von Peter Rüedi

Der Pensionierte
Fragment eines Kriminalromans. Text der Fassung letzter Hand. Faksimile des Manuskripts. Faksimile des Typoskripts mit handschriftlichen Änderungen. Mit einem Nachwort von Peter Rüedi und einem editorischen Bericht

Die Schweiz – ein Gefängnis
Rede auf Václav Havel. Mit einem Gespräch des Autors mit Michael Haller sowie einer Rede von Bundesrat Adolf Ogi

Der Pensionierte
Fragment eines Kriminalromans. Mit einem möglichen Schluß von Urs Widmer und einem Nachwort von Peter Rüedi

Das Dürrenmatt Lesebuch
Herausgegeben von Daniel Keel. Mit einem Nachwort von Heinz Ludwig Arnold

Meistererzählungen
Mit einem Nachwort von Reinhardt Stumm

● Das zeichnerische Werk

Die Heimat im Plakat
Ein Buch für Schweizer Kinder

Die Mansarde
Die Wandbilder aus der Berner Laubeggstraße. 24 Abbildungen mit Texten von Friedrich Dürrenmatt. Mit einem Essay von Ludmila Vachtova

● Gespräche

Gespräche 1961 – 1990
4 Bände in Kassette. Band 1: Der Klassiker auf der Bühne 1961–1970. Band 2: Die Entdeckung des Erzählens 1971–1980. Band 3: Im Bann der ›Stoffe‹ 1981–1987. Band 4: Dramaturgie des Denkens 1988–1990. Herausgegeben von Heinz Ludwig Arnold. In Zusammenarbeit mit Anna von Planta und Jan Strümpel

● Über Dürrenmatt

Elisabeth Brock-Sulzer
Friedrich Dürrenmatt
Stationen seines Werkes. Mit Fotos, Zeichnungen, Faksimiles

Über Friedrich Dürrenmatt
Essays, Zeugnisse und Rezensionen. Mit Chronik und Bibliographie. Herausgegeben von Daniel Keel. Erweiterte Ausgabe

Herkules und Atlas
Lobreden und andere Versuche über Friedrich Dürrenmatt. Herausgegeben von Daniel Keel

Friedrich Dürrenmatt
Schriftsteller und Maler
Ein Bilder- und Lesebuch

play Dürrenmatt
Ein Lese- und Bilderbuch. Mit Texten von Friedrich Dürrenmatt, Hugo Loetscher, Peter Rüedi, Guido Bachmann u.a. sowie Handschriften, Zeichnungen und Fotos